Lehrer zähmen leicht gemacht

Stephan Borchers

LEHRER ZÄHMEN LEICHT GEMACHT

Wie du es schaffst, im sympathischsten Irrenhaus der Welt zu überleben

Mit Illustrationen von Jana Moskito

SCHWARZKOPF & SCHWARZKOPF

INHALT

Eltern wissen: Ein Kind, das in der Schule scheitert, wird immer scheitern. Eltern haben nämlich voll die Ahnung von Psychologie. Dass Kids sich entwickeln, sich verbessern können, halten sie für mittelklassigen Hokuspokus! Sie hoffen es zwar, glauben aber nicht daran. Was im Übrigen auch für Lehrer gilt. Noch lange kein Grund, die Hoffnung komplett aufzugeben. In diesem Sinne: Viel Spaß beim Zähmen!

DIREKT AUS DER ANDERSWELT: LEHRER

Schüler wollen raus aus der Schule. Sollte klar sein. Lehrer, es handelt sich hierbei um die Gestalten vorne an der Tafel, waren auch mal Schüler und wollen trotzdem wieder *rein* in die Schule. Dieses in jeder Hinsicht unverständliche Verhalten kann auf mehrere Faktoren zurückzuführen sein:

a) Sie fanden Schule schon immer toll und glauben, dass sie mit ihrer aktiven (oder passiven) Mithilfe noch toller wird.

b) Sie sind für jede andere Arbeit schlicht und einfach zu dämlich und würden sogar daran scheitern, bei Aldi die Einkaufswagen zusammenzuschieben.

c) Sie erhoffen sich wenig Arbeit, dafür aber enorm lange Ferien und freie Nachmittage.

d) Sie finden es absolut klasse, Klassenarbeiten, Tests und Klausuren zu korrigieren – allein schon, weil sie sich damit endlich mal fühlen können, als hätten sie wirklich etwas zu melden in dieser Welt.

e) Sie haben das erschreckend lebensferne Bedürfnis, Gutes zu tun, und wollen mit ihrer motivierenden Unterrichts- und Lebensart ihre Schüler (also dich) im Kleinen und die Welt im Großen verändern.

Lehrer haben, sicherlich absolut berechtigt, in der Gesellschaft nicht gerade den besten Ruf. Noch nicht einmal unter Lehrern. Was daran liegt, dass einige von ihnen tatsächlich stinkend faul und/oder vollkommen inkompetent sind, sowohl was ihre Fächer als auch was ihre Fähigkeiten im Umgang mit Schülern betrifft. Von Talent, jener komischen angeborenen Begabung, haben sie leider viel zu häufig noch nie etwas gehört.

Viele Lehrer wissen wirklich viel, empfinden gegenüber ihren Schülern aber entweder Abscheu und Ekel oder Angst und noch mehr Angst. Diese Lehrer haben definitiv den falschen Beruf gewählt. Wären sie mal lieber Currywurstverkäufer in einer Fußgängerzone in der Sahara geworden …

Drauf geschissen. Du bist Schüler und musst dich mit deinen Lehrern abfinden. Und dabei am besten noch zu passablen Zensuren kommen, welche dich nicht in einen Hausarrestmarathon treiben. Ja, es ist erschreckend: Viele Eltern finden gute Noten immer noch total super, obwohl doch eigentlich die inneren Werte ihrer Kinder entscheidend sein sollten. Aber was sind schon innere Werte gegen eine Zukunft als Promi-Zahnarzt auf Mallorca? Eben! Nichts natürlich!

Um ein solcher Promi-Zahnarzt zu werden, sprich, um zu erreichen, dass dir auch die härtesten, trotteligsten, idiotischsten, debilsten, beklopptesten Pädagogen aus der Hand fressen, musst du herausfinden, mit was für einer Art Mensch du es jeweils zu tun hast. Denn leider – oder Gott sei Dank – sind Lehrer nicht alle gleich. Mit anderen Worten: Kenne deinen Feind! Nur dann kannst du ihn besiegen. Und vielleicht wird er gar irgendwann dein Freund. Allerdings sollten wir nun auch nicht übertreiben. Man will schließlich auch keinen Frosch küssen – die häufige Annahme, dass dieser sich in einen Prinzen (oder in eine Prinzessin) verwandelt, ist nämlich leider falsch.

Stephan Borchers

1. KAPITEL

TAUSEND LEHRER – TAUSEND TYPEN

In der internationalen Welt der Autos gibt es tausend Marken. Jede Marke hat dabei besondere Charakteristika und steht für irgendwas besonders Großartiges. Für Geschwindigkeit. Für Stil, für Eleganz. Für geringen Benzinverbrauch. Für »besonders ökologisch«. Für »ohne Stil und Eleganz«. Für besonders hohen Benzinverbrauch. Für Großfamilien. Für Geländetauglichkeit. Für Individualisten. Für Leute, die einfach nur protzen wollen. Für Leute, die nur einen kleinen Pimmel haben, und so weiter und so fort. Genauso ist es auch bei Lehrern. Viele Marken. Viele Charakteristika. Viel Gut. Viel Schlecht. Viel »Oh meine Fresse, was für eine Scheiße«.

Im Wesentlichen sind Lehrer sehr leicht zu unterscheiden. Du hast zum Beispiel gute Lehrer. Glaubst du nicht? Guck dich mal um – wenn du ganz genau hinsiehst, wirst du sie finden, auch wenn es vielleicht etwas Fantasie erfordert. Oder viel. Andererseits arbeiten an deiner Schule solche Lehrer, die einfach nur kacke sind. Du bist trotzdem gezwungen, irgendwie mit ihnen auszukommen

Versuchen wir uns also nunmehr an einer Kategorisierung. Weil wir's können! Lehrer packen ihre Schüler schließlich auch in Schubladen – mit etwas Pech steckst du dauerhaft in einer unten gelagerten Abteilung –, es spricht also überhaupt nichts dagegen, wenn du es genauso machst. Denn (siehe Vorwort) nur, wer seinen Feind kennt, kann ihn beherrschen und zähmen!

DER FACHIDIOT

IRGENDWANN IN DEINER SCHULKARRIERE wirst du auf ihn treffen. Ihn, das Genie, den Klügsten unter den Hohlbirnen, ihn, der alles weiß: den Fachidioten. Der Fachidiot ist insofern ein interessantes pädagogisches Exemplar, als dass er sich wirklich auskennt. Er ist unangefochten, unfehlbar und im Endeffekt genauso langweilig wie ein Glas lauwarmes Wurstwasser. Die beiden Fächer, die er studiert hat, beherrscht er mit erstaunlicher Perfektion. So kann er stundenlang vorne herumstehen und hochgradig spannende Monologe halten – oder was er selbst dafür hält. Die meisten seiner Zuhörer können sich an seinen Ergüssen allerdings eher weniger erfreuen, weil der Fachidiot sie spätestens beim zweiten Wort inhaltlich abgehängt hat.

Der Fachidiot hat während seines Studiums nämlich so unermesslich viel »spannendes« Wissen erworben, dass er tatsächlich davon ausgeht, dass alle anderen sein Geblubber ebenfalls »spannend« finden. Um absolut sicherzugehen, dass ihn wirklich keiner seiner Schüler mehr versteht, benutzt er pro Satz mindestens ein Dutzend Fremdwörter – die Fragezeichen in den Augen seiner Schüler interpretiert er dabei als ehrliches Interesse. Womit er im Regelfall genauso danebenliegt wie ein Vogel, der glaubt, die Abluftanlage eines Atomkraftwerkes wäre bestimmt ein ganz prima Platz zum Kinderkriegen.

Der Fachidiot beherrscht übrigens wirklich *nur* sein Fach. Er hat zwar normalerweise zwei davon – eines davon interessiert ihn aber nicht. Als Physiklehrer ist er somit außerstande, auch nur den kleinsten Bruchteil von Biologie zu wissen. Allein der Anblick eines ganz normalen grünen Blattes verwirrt ihn. Ist er Religionslehrer, kann man nun wirklich nicht erwarten, dass er sich auch noch mit den Grundlagen der Mathematik auskennt, als Mathematiker wiederum findet er es ätzend, dass er die Gleichung »Gott« nicht berechnen kann. Andererseits – will er auch gar nicht.

Mit einem Fachidioten sind Gespräche über das Leben konsequent nutzlos. Mit dem Leben will er nichts zu tun haben. Das wäre, als würdest du mit einem Eichhörnchen über die faszinierende Welt des Fliegens diskutieren.

Da die Welt aber ohnehin von Langweilern überfüllt ist, bleibt dir nichts anderes übrig, als auch mit diesem Monarchen der Monotonie irgendwie klarzukommen. Sicher, sein Unterricht ist eine Perfektion der Eintönigkeit, eine reizlose Symphonie der Ödnis – trotzdem kannst du etwas mitnehmen. Der Mann (wahlweise auch die Frau) hat etwas zu erzählen. Er ist wissend. Er ist klug und schlau und eventuell sogar genial. Wissenden, klugen, schlauen und eventuell genialen Menschen sollte man zuhören. Immer. Auch wenn sie sich morgens scheinbar Schlaftabletten in ihren Ingwertee kippen.

DER AHNUNGSLOSE

DAS KOMPLETTE PÄDAGOGISCHE GEGENSTÜCK zum Fachidioten ist sein nächster, allerdings hirntoter, Verwandter: der Ahnungslose – ein Meister des gepflegten Nichts. Der Ahnungslose existiert irgendwo im intellektuellen Nirwana und weiß meistens noch nicht einmal, wie er morgens den Weg in die Schule gefunden hat. Er ist schon erfreut, dass er überhaupt angekommen ist.

Ja, auch der Ahnungslose hat studiert. Ja, auch der Ahnungslose hat sein Studium irgendwie abgeschlossen – meistens mit einer Note, die gar nicht mehr messbar war und sich auf jeden Fall im Negativbereich bewegte – und hat dann, wahrscheinlich aus purem Versehen oder aus Unfähigkeit, den Fluchtplan zu lesen, in der Schule sein ganz persönliches Abstellgleis gefunden. Leider ist er nicht imstande, den Ausgang zu finden, was dazu führt, dass er Generationen von Schülern mit seiner erschreckenden Mischung aus Nichtwissen und Elementarblödheit auf die Nerven geht.

Der Ahnungslose muss kein schlechter Mensch sein, vielleicht mag er seine Schüler sogar, als Wissensvermittler aber ist er ein

Totalausfall und erinnert verdächtig an Dünnschiss mit heißen Kirschen, wobei dieser Vergleich irgendwie sinnentleert ist – genau wie der Ahnungslose selbst.

Gerne kannst du versuchen, einen ahnungslosen Geschichtslehrer nach Basiswissen à la »Wie lange dauerte der Dreißigjährige Krieg?« zu fragen. Normalerweise wird er irgendeine Formel ablassen: »Das gehört gerade nicht zum Thema, aber wenn du wirklich interessiert bist, dann finde es eben selbst heraus«, oder: »Das ist gar nicht so einfach zu beantworten. Also, das war ungefähr so …«

Alsdann wird er stundenlang irgendetwas erzählen, weil »irgendwas« das Einzige ist, was er weiß. Garantiert passt seine Antwort null und nicht mal im Ansatz zu deiner Frage, und genau darum geht es dem Ahnungslosen. Verwirrung ist sein zweiter Vorname. Falls er wider Erwarten doch die korrekte Antwort spontan zur Hand haben sollte, so verfügt er wahrscheinlich über hellseherische Fähigkeiten und hat das Problem mithilfe des Internets bereits von zu Hause aus geklärt, vorausgesetzt natürlich, er weiß, was das Internet ist und wie es funktioniert.

Charakteristisch für den Ahnungslosen ist, dass er jede Antwort, die er selbst geistig nicht zu durchdringen in der Lage ist, sofort als »falsch« klassifiziert. Ohnehin ist er ohne sein Lösungsbuch genauso hilflos wie eine Krötenkarawane im Starkregen auf der Autobahn. Besonders witzig wird der Unterricht, wenn er sein Lösungsbuch

    a) vergessen hat,

    b) verloren hat oder es

    c) von einem Schüler »ausgeliehen« wurde.

Sprich: Du hast es geklaut und treibst damit den Ahnungslosen bewusst oder unbewusst in die absolute Verzweiflung. Du kannst davon ausgehen, dass er, bis das neue Lösungsbuch geliefert wurde, nur noch total faszinierende Dokus oder Spielfilme zeigen wird, die, auch davon kann man ausgehen, garantiert keine Verbindung zum Unterrichtsthema haben.

Auf keinen Fall solltest du den Ahnungslosen etwas fragen, was er nicht beantworten kann. Also – keine Fachfragen! Auch keine allgemeinen Fragen! Am besten gar keine Fragen! Das Prinzip »Frage« wird vom Ahnungslosen intellektuell einfach nicht durchdrungen. Er weiß nicht, wie er reagieren soll, und ist automatisch verwirrt. Andererseits: Verwirrung kann auch lustig sein! Wenn du also Lust auf Spaß hast, bereite dich zusammen mit dem Rest deiner Klasse sehr genau auf das jeweilige Thema vor und treibe den Ahnungslosen mit einer Frage nach der anderen vor dir her. Vorteil 1: Bei der Vorbereitung lernst du mehr über den Unterrichtsgegenstand als im Unterricht selbst. Vorteil 2: Du erreichst eine deutliche Lockerung der Unterrichtsatmosphäre! Feine Sache also!

DER FAULE

WÄHREND DER FACHIDIOT UND DER AHNUNGSLOSE wenigstens *versuchen*, Unterricht zu machen, so ist ein Verwandter des unteren pädagogischen Stammbaumes, nämlich der »Faule«, aufgrund einer dauerhaften Bewegungs- und Denkstörung (lat. *haltus null bockus*) nicht einmal dazu in der Lage.

Meistens betritt der Faule, wenn überhaupt, den Klassenraum erst eine halbe Stunde nach Gongzeichen (Zitat: »Ich musste noch mit dem Kollegen X sprechen, und ihr wisst ja, dass der immer zu spät kommt«), gibt irgendeine idiotische Aufgabe und verschwindet wieder mit dem Kommentar: »Ich habe noch Verwaltungskram zu machen.« Gerne darf hier auch das berühmt-berüchtigte »Hab noch ein Elterngespräch« als Entschuldigung dafür herhalten, dass er heute, genauso wie gestern und vorgestern und all die Jahre davor, schlicht und einfach keine Lust hat.

Nun kannst du den Faulen beschimpfen und verachten, doch solltest du dir vor Augen führen, was eigentlich tagtäglich von ihm erwartet wird.

So muss er in erster Linie unterrichten. Dieser Unterricht muss – im Idealfall – vorher geplant werden. Eine elende Plackerei, die einem von keinem Schwein gedankt wird! Ganz im Gegenteil! Dann noch ein Arbeitsblatt aus irgendeinem Lehrerhandbuch kopieren, das heißt Ewigkeiten am Kopierer stehen und dabei hochgradig giftige Kopiergerätedämpfe einatmen. Und dann erst das Unterrichten selbst. Herrje! Im schlimmsten Fall ist er dabei sogar gezwungen, das grüne oder weiße Ding – »Tafel« genannt –, zu benutzen und irgendetwas daranzuschreiben.

Alles in allem: Diesen enormen Anforderungen kann niemand gerecht werden! Sicherheitshalber zeigt er dann doch lieber einen Film oder gibt 20 Seiten Text rein mit der Aufforderung an die Schüler, selbigen zu lesen und schriftlich zusammenzufassen, während er selbst entweder vorne gammelt, Ballerspiele am Handy spielt oder natürlich ein »Elterngespräch« führt, welches komischerweise immer im Lehrerzimmer neben der Kaffeemaschine stattfindet.

Bleibt er trotzdem im Raum (weil wegen zu faul zum Laufen), kannst du davon ausgehen, dass die Tafel ganz bestimmt nicht zum Einsatz kommt – dafür müsste er sich schließlich bewegen und sein sagenhaft schweres Kreidedöschen aus der Tasche holen. Falls er einen besonders kreativen Tag hat, wird er die Ergebnisse (sofern es welche gibt) von Schülern an die Tafel kritzeln lassen. Er selbst kann es sich währenddessen auf seinem Thron gemütlich machen. Auch gedenkt er nicht, sich zu erheben, wenn du eine Frage hast und ihn freundlich bittest, mal an deinem Tisch vorbeizukommen.

Der Faule muss noch nicht einmal fachlich inkompetent sein – er will einfach nur nicht unterrichten. Und das Drumherum (Klassenarbeiten korrigieren, Schülergespräche führen et cetera) will er schon mal gar nicht. Das ist zwar schade, irgendwo aber auch verständlich. Man denke nur an die fürchterlichen Arbeitsbedingungen und die beschissene Bezahlung! Jeder Sandkörnchenzähler im Sandkastenland verdient mehr als er, was er regelmäßig als Rechtfertigung für seine Null-Bock-Haltung mit anführt.

Gerne macht der Faule deshalb in den Ferien, wenn irgendwie möglich auch in der Schulzeit, eine längere, wohlverdiente Burn-out-Therapie, wobei man unter »Burn-out« eine psychische Krankheit versteht, welche anfängliche Motivation in tiefsitzende Trübsal verwandelt. Der Faule ist demnach nicht faul, weil er faul ist, sondern weil er a) sich in seinen letzten Berufsjahren dermaßen überanstrengt hat, ihm b) nie jemand »danke« gesagt hat für den hervorragenden Unterricht und weil er c) nun einfach auch mal sein »Recht auf Ruhe und Erholung« wahrnehmen möchte.

Interessanterweise gelten für den Faulen auch andere Ferientermine als für andere Lehrertypen. So beginnen die Ferien bei ihm bereits mindestens zwei Wochen vor offiziellem Schulschluss. In diesen Phasen werden dann aus Prinzip nur noch Filme gezeigt. Auch das beliebte Eisessen gehört mit zum Programm, genauso wie der Besuch des Computerraums mit der Ansage »Recherchiert mal was«. Immerhin geben dir diese Stunden endlich mal Zeit, deine Social-Network-Profile zu aktualisieren und alles zu liken, was nicht bei drei auf den Bäumen ist.

Auch hat »Faulus« offenbar bei der jeweiligen Landesschulbehörde einen Antrag auf »Verlängerung des Wochenendes« eingereicht – zumindest ist anders nicht zu erklären, warum er montags oder freitags eher selten in der Schule anzutreffen ist. Soll der Faule in deiner Klasse mal als Vertretung einspringen, musst du dir keine großen Gedanken machen. Falls er sich überhaupt bequemt, den weiten Weg zu deinem Klassenraum auf sich zu nehmen, hat er ganz bestimmt nicht vor, irgendwelche Themen durchzusprechen, geschweige denn sie irgendwie zu bearbeiten. Bearbeiten hat schließlich mit Arbeiten zu tun – und Arbeit ist für den Faulen wie schimmeliger Fußpilz: Beides gilt es mit aller Kraft, aber möglichst wenig Aufwand zu vermeiden, um bloß nicht in Verdacht zu geraten, ein Streber zu sein.

Im Gespräch mit Kollegen fährt der Faule eine Doppelstrategie. So regt er sich einerseits tierisch über die »schulischen Verhältnisse und die Dummheit der Schüler« auf, erwähnt aber gleichzeitig, wie viel er leistet und wie viel er arbeitet und schuftet und knüppelt. Auch Schüler spüren natürlich, dass der Faule eigentlich total motiviert wäre, würde er nicht von allen Seiten wie ein billiger Sklave ausgebeutet werden.

So gesehen ist es falsch, über einen faulen Lehrer zu schimpfen. Vielmehr bedarf es hier Mitgefühl und Mitleid – und durchaus darfst du und solltest du, auch wenn deine Mitschüler vielleicht keinen direkten Nutzen darin sehen und dich in der Pause ordnungsgemäß verprügeln werden, den Faulen einfach mal in den Arm nehmen und ihn sich ausheulen lassen.

DER KARRIERIST

Heulen wiederum ist eine Fähigkeit, die der nächsten Spezies komplett abzusprechen ist. Für solche Späßchen fehlt ihm nämlich die Zeit: Der Karrierist, eine Untergattung der schleimigen Warzenschnecke, die sich eigentlich kaum in Klassenzimmern aufhält, kann durchaus sein Fach können. Vielleicht mag er auch Schüler und könnte sogar unterrichten. Auch ist er vielleicht ein richtig fleißiger Geselle. Ist ihm aber alles egal.

Er will nicht unterrichten – bringt ihm nichts. Er will auch keine Beziehungen zu Schülern aufbauen – hilft nicht weiter. Und auf Klassenfahrten gehen will er schon mal gar nicht – Aufwand ohne Lohn! Er will schlicht und einfach nur Karriere machen.

Karriere machen an einer Schule ist wiederum total simpel: Man arbeitet sich vom Hausmeistergehilfsassistenten (pinker Kittel) langsam zum Hausmeistergehilfen (grüner Kittel) und dann zum Hausmeister (blauer Kittel = wichtiger Kittel – mit Platz für drei Handys) hoch, bevor man quasi automatisch seine Lehrbefähigung ausgehändigt bekommt und endlich keinerlei Kittelding mehr tragen muss. Jetzt darf man unterrichten. Nur in Ausnahmefällen ist ein vorheriges Studium notwendig.

Der Karrierist allerdings hat höhere Ziele. Unterrichten kann schließlich jeder. Er aber will nicht ins Klassenzimmer, ihm dürstet es vielmehr nach einem Büro. In der Verwaltungsebene. Dort kann er zum Beispiel Stundenplanschreiber werden. Oder »Mittelstufenorganisator«. Oder am besten gleich Schulleiter.

Aber wir wollen nicht vorgreifen, erst mal muss er natürlich ein wenig Feldarbeit leisten und ist bedauerlicherweise gezwungen, sich zu Beginn seiner Karriere unten anzustellen – und zwar, zumindest an einem Gymnasium, als Studienrat. Dabei handelt es sich um einen handelsüblichen und überaus billigen Dienstgrad, den nur wenige Pädagogen jemals verlassen. Die nächste Stufe auf der Gehaltsleiter ist der Oberstudienrat, dann folgt der Studiendirektor, und ganz oben, auf seinem Balkon, einem altägyptischen Gottkönig gleich, steht der Oberstudiendirektor und winkt.

Das Tolle an den meisten dieser Jobs ist: Man muss nichts, wirklich absolut nichts dafür können. Man muss es nur wollen.

Wenn an einer Schule die gesamten Verwaltungsbüros von Volldeppen bevölkert werden, wird mit hundertprozentiger Sicherheit niemals jemand dort einziehen, der tatsächlich etwas auf dem Kasten hat. Ähnlich wie in der Tierwelt: Eine Familie voller Kühe in einem Kuhstall käme niemals auf die Idee, einen Delfin zu adoptieren. Bestimmte Dinge passen einfach nicht zusammen.

Der Karrierist tut für das Erklettern der Karriereleiter alles – beziehungsweise alles, was dafür notwendig ist, und Unterrichten gehört glücklicherweise nicht dazu. Er muss lediglich über die Fähigkeit des Blendens verfügen. Betont er also tausendmal, dass er von allen Dingen unglaubliche Ahnung hat, werden es ihm die anderen Lehrerlemminge wahrscheinlich irgendwann abkaufen und ihn nicht nur als einen der ihren feiern, sondern ihn gleich zum Großmeister der Pädagogik erheben, inklusive des gewünschten Büros und einer groß angelegten Beförderungsfeier. Hat er dieses

Büro erst einmal bezogen, ist normalerweise sein Lebensziel erreicht, und er stellt jegliche Arbeit mit sofortiger Wirkung und bis auf Weiteres ein. Er hat sozusagen den »ewigen Schlafschein« erworben, welcher bekanntlich nur an besonders verdiente und großartige Lehrer vergeben wird.

Neben diesem »Büro-Karrieristen« gibt es, was die meisten Schüler weder wissen noch wissen wollen, noch einen anderen Typus: den »Minimal-Karrieristen«. Dieser ist selbst zum Blenden zu blöde und erreicht niemals eine richtig hohe Gehaltsstufe – und ein Büro schon mal gleich gar nicht. Glücklicherweise bietet eine Schule aber auch solchen Leuten Möglichkeiten, nicht mehr ganz so häufig unterrichten zu müssen: Vielleicht gibt es in deiner Schule einen »Rechtschreibförderungsbeauftragten«, der, oh Wunder, Schüler mit Schreibproblemen fördern soll. Ein Rechtschreibförderungsbeauftragter hat im Regelfall schon mal irgendwas geschrieben, und sei es nur eine 4,4 in seiner Examensarbeit. Aber er ist jetzt Beauftragter, also ist er kompetent.

Für seine enormen Arbeitsleistungen in diesem Feld darf er von der schulinternen »Entlastungsregelung« Gebrauch machen. Er gibt also an, ganz total viele Schüler total hart zu fördern, und muss dafür dann total viel weniger Zeit in richtigen Klassenzimmern verbringen.

Wenn du als Schüler dich jemals an ihn wenden solltest, kannst du dein Leben darauf verwetten, dass du ihn a) nicht findest, wenn du etwas von ihm willst, oder b) wenn doch, er nicht den Hauch einer Ahnung hat, was er mit dir anfangen soll. Er versteht wahrscheinlich noch nicht mal dein Anliegen und drückt dir, aber nur, wenn es sich um einen wirklich engagierten Beauftragten handelt, irgendein Buch in die Hand. Mit etwas Glück hat es sogar entfernt was mit dem Thema Schreiben zu tun.

Es gibt an einigen Schulen sogar einen Hygienebeauftragten. Nicht, dass er Ahnung von Hygiene hätte, aber zumindest hat er schon mal ein Paket Seife gekauft. Der Hygienebeauftragte ist auf jeden Fall nicht zuständig, wenn die Toiletten stinken. Zuständig ist er nur, wenn in der Mensa eine Topfpflanze steht, denn das geht ja mal gar nicht.

Deine Schule hat einen Beauftragten für Austauschprogramme mit England oder Frankreich oder Amerika? Weißt du nicht? Ist aber leicht herauszufinden. Einen Beauftragten für Austauschprogramme gibt es immer dann, wenn solche Fahrten nicht stattfinden. Es finden sich ebenfalls, du wirst es echt nicht glauben, Beauftragte für schulinterne Entwicklung, für Entwicklung der schulinternen Entwicklung, für Kaffeemaschinen-Entkalkung, für die Mensa, die Stühle in der Mensa, die Stuhlbeine der Stühle in der Mensa, für Frauen, Kinder und Senioren, für Rassisten und gegen Rassisten, für und gegen Mobbing, für Leseförderung, gegen Leseförderung, für Gastschüler aus dem Ausland, für Ausländer aus dem eigenen Land, für Kreide, für Kreidestaub, für Tafeln und Medien und Tafelmedien – kurz, für all das, wofür man eigentlich keinen Beauftragten braucht. Gewöhn dich dran – an deutschen Schulen sind Leistung und wahre Kompetenz nicht relevant, vielleicht noch nicht einmal gewünscht.

Wenigstens ist eine »Beauftragung« für den Karrieristen schon mal ein kleiner Anfang.

Von dir als Schüler erwartet ein bislang lediglich »beauftragter« Karrierist – also jemand, der noch längst nicht da ist, wo er seiner festen Überzeugung nach hingehört – auf jeden Fall schon mal denjenigen Respekt, den er sich zwar noch nicht verdient hat, den er aber glaubt, unbedingt einfordern zu müssen. Schließlich ist er Beauftragter und du bist Schüler.

Hast du einen solchen karrieregeilen Sack (oder Säckin), als Lehrer, bleibt dir nichts anderes übrig, als trotzdem gute Noten einzufahren. Bloß wie?

Karrieristin hören total gerne, dass sie besser sind als andere Lehrer und dass sie für so ziemlich jeden Posten an einer Schule geeignet wären – und zwar deutlich besser als die momentanen Posteninhaber. Sag ihm doch einfach mal, dass die Schule mit ihm/

ihr als Schulleiter viel besser dran wäre und nur er das »gewisse Etwas« hat. Dass er, und nur er (oder sie), genügend Kompetenz und Charisma und Intellekt und Verstand hat, den Laden zu leiten. Dass er eine Führungsfigur ist. Oder Figürin. Und dass es bedauerlich ist, dass andere dies noch nicht erkannt haben.

Wichtig zu bedenken ist, dass Karrieristen immer eine Gefolgschaft um sich scharen: Sie brauchen Leute, die sie verehren und anbeten. Also – wenn er der Messias ist, oder sich zumindest dafür hält, sei du sein Jünger!

DER PÄDAGOGISCHE

ALS BESONDERS PROBLEMATISCHER LEHRERTYPUS gilt selbstverständlich der Pädagogische. Falls du auf ihn treffen solltest, ist es absolut notwendig, ihn auf deine enormen persönlichen Probleme hinzuweisen. Ob du wirklich welche hast, ist völlig schnuppe! Auf diese Weise bist du praktisch für alle Zukunft von der aktiven Teilnahme am Unterricht befreit und wirst trotzdem mindestens ein »gut« im Zeugnis vorfinden.

Der Pädagogische interessiert sich nur bedingt für Leistung – viel wichtiger ist ihm, wie es dir geht, was er dafür tun kann, damit es dir noch besser geht, ob du über deine Probleme reden möchtest und ob und in wen und wie lange du unglücklich verliebt bist. Teile dein Privatleben mit ihm, sprich auch gerne mit ihm über Sex, ob du ihn hast oder nicht, und du wirst auf alle Zeiten einen Freund haben!

Der Pädagogische legt viel Wert darauf, jeglichen Unterrichtsgegenstand zu emotionalisieren, was ihm immer wieder auf erstaunliche Art und Weise gelingt. Der pädagogische Mathelehrer, der aus einer Berechnung des Kreisumfanges eine Beziehung zum Kreislauf des eigenen Lebens herstellen kann, ist dabei ähnlich genial wie die pädagogische Religionslehrkraft, welcher es ohne Umwege gelingt, das Leben Gottes mit deinem eigenen zu vergleichen.

Der Pädagogische kennt alle Namen aller Schüler aller Klassen bereits am ersten Schultag. Inklusive Geburtstag und Lieblingsessen. Wenn man ihn zu Hause besucht – worauf er absoluten Wert legt –, so betritt man eine Kunstlandschaft aus Schülerfotos. Seine absoluten Lieblinge stehen dabei direkt auf dem Schreibtisch, andere Schülerbilder finden sich ohne Rahmen an der Wand gegenüber dem Klo hängend.

Scheinbar handelt es sich hierbei um eine große Ehre! Zu keiner Zeit will der Pädagogische den Kontakt zu »seinen« Kindern abreißen lassen, und natürlich steht er auch in den Ferien immer für Problemgespräche zur Verfügung. Notfalls auch an Heiligabend. Gerade auch deshalb zeigt der Pädagogische eine auffallende Ähnlichkeit zum GWW – aber dazu später mehr.

DER METHODENFUCHS

NICHT IMMER, ABER IMMER ÖFTER, findest du auch einen Kumpel des Pädagogischen, nämlich den Methodenfuchs. Beide wären in freier Wildbahn absolut nicht überlebensfähig, haben sich im Ökosystem Schule allerdings hervorragend eingerichtet und sind dort vor inneren wie äußeren Feinden geschützt – meistens sogar vor eigener Intelligenz. Der Methodenfuchs vermittelt keine Unterrichtsinhalte. So was ist ihm viel zu schnöde.

Stattdessen zeigt er dir, auf welche Art und Weise man sich Inhalte selbst erarbeiten kann. Er liebt »Lernen an Stationen«, was für ihn bedeutet, dass er einmal in seinem Leben zu einem Thema X ungefähr 3.000 Kopien machen darf, welche er dann in regelmäßigen Abständen in seine Klassen wirft. Außerdem steht er volle Axt auf Rollenspiele, am besten solche mit moralisierendem Hintergrund. Soll heißen: Du sollst nicht etwas Bestimmtes dabei lernen, sondern vielmehr am Ende reflektieren, wie du dich während des Spiels gefühlt hast und wie du, basierend auf deinen Gefühlen, die Welt verbessern kannst. Wogegen ja prinzipiell nichts einzuwenden ist.

Ganz superklasse findet der Methodenfuchs zudem »Wochenplanarbeit«, ein Begriff, der in pädagogischen Fachbüchern auch häufig als »Geplante Langeweile« bezeichnet wird. Hier gibt der Fuchs dir einen Plan mit tonnenweise Aufgaben, die du dann im Verlauf eines Halb- oder Schuljahres beantworten darfst. Der Schüler, also du, zeigt – so die Theorie – während dieser Zeit ein hohes Maß an Eigenverantwortung und ist gebadet in Euphorie angesichts dieser großartigsten aller methodischen Sozialformen, auch weil er, also du, solche »Wochenpläne« natürlich niemals alleine machen darf: Ohne Teamwork geht bekanntlich gar nichts! Und wenn du nicht fähig bist, in einem Team zu arbeiten, bist du kein richtiger Mensch und verhältst dich egoistisch. Und Egoismus darf in der Welt des pädagogischen Methodenfuchses nicht vorkommen. Deshalb ist »Gruppenarbeit«, und zwar in all ihren erschreckend abartig-perversen Formen (Gruppenpuzzle, Expertengruppenpuzzle, Gruppen mit Kleingruppen, die sich in Großgruppen teilen, um sich dann zu addieren oder zu dividieren et cetera), beim Methodenfuchs an der Tagesordnung.

Mal ehrlich: Gruppenarbeit ist insgesamt eine feine Sache und kann Spaß machen – sofern der Mist nicht täglich auf die Schülerschaft abgeladen wird. Wie wäre es stattdessen mit coolen »neuen« Ideen wie Plakate erstellen lassen? Oder Wandzeitungen? Oder Wandzeitungen, die wie Plakate aussehen, aber keine sind, weil sie eben Wandzeitungen heißen? Und was zur Hölle sind eigentlich Wandzeitungen, wofür sind sie gut? Der Methodenfuchs verfügt jedenfalls über ein reichhaltiges Repertoire von Möglichkeiten, den Unterricht »aufzupeppen«: Im Chemieunterricht sollen chemische Symbole gelernt werden? Dann aber bitte mithilfe eines Raps, am besten mit musikalischer Blockflötenuntermalung inklusive Triangelsolo.

In Geschichte geht es mal wieder um irgendeinen Krieg? Sehr schön! Dann wird dieser natürlich auf dem Schulhof, notfalls auch in der Fußgängerzone, nachgespielt. In besagtem Krieg kommen biologische Waffen zum Einsatz? Herrlich! Was liegt näher, als diese vorher in der Biostunde herzustellen? Es geht um eine Massenschlacht? Selbstverständlich wird diese originalgetreu nachgestellt, mit einem Haufen hässlicher Fünftklässler als Opfer. Es gibt keine Gewinner? Wie in Kriegen generell üblich? Dann trägt jeder natürlich den ganzen Tag ein Schild um den Hals mit der Aufschrift »Loser«. Der Kaiser, der den Krieg begonnen hat, wird abgemurkst? Perfekt – dann bietet sich die Aufschrift »Big Loser« an, um sich voll und ganz mit dem toten Monarchenmuckel zu identifizieren. Unnötig zu erwähnen, dass man dieses Schild (aus Eisen, schließlich soll man das »Gewicht der Schuld« dauerhaft fühlen) auch nach dem Unterricht tragen muss, das heißt zu Hause, im Schwimmbad, im Bus … Wer dann verprügelt wird, kann wirklich nachempfinden, wie sich so ein Krieg anfühlt. Pädagogik vom Feinsten also!

Unregelmäßige englische, französische, spanische oder lateinische Verben? Sicher hat der Methodenfuchs auch hierfür eine Idee auf Lager: Vielleicht kann man die Dinger ja tanzen? Oder man bastelt sich einen Song zurecht? So einen, bei dem selbst ein tauber Wellensittich mit schweren Zuckungserscheinungen tot von der Schaukel fällt.

Alles möglich. Alles albern. Alles methodisch – was die Sache nicht besser macht. Wenn dir in der 10. Klasse noch eine anglistische, tuntig aussehende Stoffmaus namens »Fluffy Fliffy« als Sprechsteinersatz in die Hand gedrückt wird, fühlst du dich verständlicherweise verarscht. Da kommt sich auch der coolste Mensch vor wie ein Baby, das gerade in den Karottenbrei gefallen ist.

Noch lange kein Grund, den »Fuchs« zu kritisieren. Spiel das Spiel mit – wann hat man schließlich schon mal Gelegenheit, sich in einem geschützten Umfeld komplett verkackeiern zu lassen? Überrasche den Fuchs doch mal mit eigenen Ideen zur methodisch anregenderen Unterrichtsgestaltung und schlage vor, das »Guten Morgen« ab sofort im Kanon zu singen oder seine Fragen ausschließlich pantomimisch zu beantworten! So wähnt sich dein Lehrer auf einer Wellenlänge mit dir – was so toll aber nun auch wieder nicht ist …

DER FRONTALE

DIREKTER FRESSFEIND, oberster Gegner und für den obigen Fuchs lediglich eine bemitleidenswerte Existenz ist natürlich der Frontale. Dieser ist meist ein knallharter Lehrer ohne jedes noch so kleine Verständnis für jegliche Art sozialer Sozialformen, die ihn selbst nicht die Bohne integrieren, äh, interessieren. Für ihn sind Gruppenarbeiten, Wochenplanarbeiten, Kugellagerdiskussionen, Wandzeitungen und sonstige Perversitäten Werkzeuge des Teufels, vom Fürsten der Finsternis mit dem einzigen Zweck erfunden, Schüler von ernsthafter Arbeit abzulenken.

Der Frontale versteht sich als Diktator. Er dirigiert den Laden. Seine Worte sind wie die Worte Gottes. Er gibt Anweisungen, die bei ihm aber immer verdächtig nach Befehlen klingen, und sieht sich nicht so sehr als Unterrichtenden, sondern als General, der seine Truppen unterjochen muss. So jedenfalls steht es in seinem Arbeitsvertrag.

Der Frontale beginnt den Unterricht immer mit einer Karikatur, auch wenn sie überhaupt nicht passt, erzählt dann etwas, wirft

Arbeitsblätter rein und sammelt die Ergebnisse am Ende an der Tafel. Die Arbeitsblätter werden nur so bearbeitet, wie der Frontale es verlangt: niemals zusammen mit dem Sitznachbarn und schon gar nicht in der ganzen Gruppe. Vielmehr ist Einzelarbeit, und nur Einzelarbeit, und immer Einzelarbeit, das Maß aller Dinge. Laut dem Frontalen werde man schließlich auch im Knast nicht in Gruppenhaft kommen. Was irgendwie Sinn macht.

Der Frontale findet Zeitverschwendung – also Gruppenarbeit – zum Kotzen und liegt damit durchaus auf Linie mit einem beachtlichen Teil seiner Schüler. Es ist ihm wichtig, dass seine Schüler etwas aus dem Unterricht mit nach Hause nehmen – nämlich erlerntes Wissen und erlernte Kompetenzen. Wenn der Frontale will, dass du sämtliche amerikanische Präsidenten auswendig lernst, dann wird dazu nicht gerappt oder getanzt oder gehiphopped oder gesungen. Er geht vielmehr die Liste von oben bis unten durch, kennt sogar die Vizepräsidenten, schreibt den Kram an die Tafel und erwartet, dass du das Ganze lernst. Und zwar mit der einzigen Methode, die der Frontale kennt: indem du dich selbst dazu zwingst.

Setz dich auf den Arsch!

Prügel dir ohne Gnade Infos ins Hirn!

Steh erst auf, wenn jedes Datum, jeder Name – natürlich mit Lieblingsgericht – perfekt sitzt!

Dass eine solche Vorgehensweise wiederum in komplettem Widerspruch steht mit dem, was der Ahnungslose so verzapft, sollte auch für eher unbeteiligte Schüler offensichtlich sein. In freier Wildbahn wurde von fachkundigen Biologen schon häufiger beobachtet, wie der Frontale dem Ahnungslosen auflauerte, ihn ohne zu zögern attackierte und ihn anschließend mit ordentlich Curryketchup und ohne Serviette in einem Rutsch verputzte!

Noch lieber als Ahnungslose verspeist der Frontale allerdings den aus seiner Sicht übelst schwächlich-jämmerlichen Pädagogischen, welcher bereits beim kleinsten Windhauch Angstattacken bekommt und somit ein leichtes und verdientes Opfer darstellt.

DER HARTE

AUCH BEIM ZUSAMMENTREFFEN mit dem folgenden Lehrertyp hat der Ahnungslose keinerlei Chance auf Überleben: Der Harte macht keine Gefangenen! Sonst hieße er ja der Sanfte. Der Harte ist in genau zwei Dinge verliebt: sich selbst (sehr) und Disziplin (noch sehrer).

Er setzt klare Regeln, denn nur mit klaren Regeln kann man klaren Regeln folgen. Folgst du einer Regel nicht, nennt er das »Regelverletzung«, und der nächste Verletzte bist du selbst: Nachsitzen, Extrahausaufgaben, chilliges Angeschrien-Werden, Reinigen seines Autos – oder sofortiger Tod durch das Schlucken von wahlweise zwei Kartons Kreide oder des nach hygienischen Maßstäben gemessen nicht mehr ganz sauberen Tafelschwamms – nass oder trocken oder beides.

Der Harte ist aber nicht nur hart zu anderen, sondern auch zu sich selbst: Nachdem er morgens um halb fünf (auch in den Ferien) von einer selbst gebauten Bewässerungsanlage mit Eiswasser geweckt wird, läuft er je nach Wetterlage einen Halbmarathon oder geht aufs Klo, nur um im Anschluss noch Gewichte zu stemmen, wobei es sich meist um seine Schultasche und einen Berg Klassenarbeiten handelt.

Wenn der Harte weint, können seine Tränen zur Krebstherapie genutzt werden. Leider haben Wissenschaftler festgestellt, dass der Harte überhaupt keine Tränen produzieren kann. Manche Tränenforscher allerdings glauben, dass er sehr wohl weinen kann – er hat halt einfach weder Bock drauf noch Zeit dafür. Außerdem würde er mit der Heulerei seinen knallharten, steinernen Ruf ramponieren.

Kurzum: Er weint nicht, er gefühlsduselt nicht, er unterrichtet einfach nur. Bei ihm besteht die extreme Gefahr, tatsächlich etwas zu lernen. Natürlich vorausgesetzt, dass du ihm nicht mit dauernden Zwischenfragen, Herumgezappel, Handyspielereien, Kaugummikauen oder sonstigem Gedöns auf die Nerven gehst. In solchen Fällen diskutiert der Harte eher selten. Das sympathische Buschmesser, welches er als Zeigestab und Korrekturstift benutzt, ist durchaus auch für beziehungsweise gegen Disziplinverstöße zu gebrauchen.

DER GEMOCHT-WERDEN-WOLLER

DER HARTE UND DER FRONTALE, extrem enge Freunde, Jagdgenossen und Mitglieder im Ich-kann-mich-nackt-auf-einen-Grill-setzen-und-grinse-mich-dabei-scheckig-Klub, scheren sich naturgemäß voll frontal einen feuchten Fasanenfurz darum, ob sie von Schülern wie dir gemocht werden oder nicht.

Ganz anders der Gemocht-Werden-Woller. Wenn ein Exemplar dieser Gattung das Schulgebäude am ersten Arbeitstag betritt, möchte es am liebsten sofort loslegen. Natürlich nicht mit Unterricht, sondern mit Gemocht-Werden.

Der Gemocht-Werden-Woller hatte – dies ist wichtig, um seine Psyche zu verstehen – meist eine sehr schwere Kindheit, die gänzlich ohne Liebe, Zuneigung, Sympathie oder Mitleid auskam. Diesen Liebes-, Zuneigungs-, Sympathie- und Mitleidsentzug versucht er nun in der Schule auszugleichen. Er will so gesehen nicht deinen Respekt oder deine Mitarbeit im Unterricht oder gar deinen schulischen Lernerfolg – er will schlicht und einfach zum beliebtesten Lehrer der Schule gewählt werden. Dafür geht er sogar über Leichen!

Ganz bestimmt hat der Gemocht-Werden-Woller nicht vor, Schüler mit umfangreichem Faktenwissen zu langweilen. So musst du dir um Vokabeltests, am besten noch unangekündigte, keine Gedanken machen. Auch solche barbarischen Vorgehensweisen wie das trichterartige Reinfüllen von historischen Daten und Personen lehnt der GWW absolut ab – mit dem Hinweis, die »persönliche Entwicklung« des Schülers könnte Schaden nehmen. In Wirklichkeit fürchtet er, dass seine Schüler ihn nicht mehr mögen, wenn er sie mit zu viel Bildung belästigt. Soll heißen, um »persönliche Entwicklung« geht es ihm einen feuchten Rattenfurz!

Zensuren »im braunen Bereich«, in Fachkreisen auch bekannt als »Drecksnoten«, sind bei ihm genauso verpönt wie abgelaufener Hackbraten mit Kohlrabikruste. Denn schlechte Zensuren, das ist dem GWW völlig klar, führen zum Nicht-Gemocht-Werden und stehen somit seinem Lebensziel krass entgegen.

Hilfreich im Umgang mit einem GWW ist es, wenn du imstande bist, Liebe zu zeigen oder selbige wenigstens zu heucheln. Befreunde dich mit ihm bei Facebook, schick ihm ganz viele tolle Smileys nach jeder Unterrichtsstunde, selbstverständlich aber auch am Wochenende oder in den Ferien. Gib ihm, zum Beispiel durch das Mitbringen selbst gebackener Muffins mit besonders viel Zuckerglasur und wenn möglich rosa Herzchen drauf, ganz klar und unmissverständlich zu verstehen, dass du dich für ihn, und nur für ihn, ohne mit der Wimper zu zucken vor einen fahrenden Güterzug werfen würdest!

Er ist dein Lieblingslehrer, dein einziger Lieblingslehre; dies darfst du auf keinen Fall einfach nur denken, du musst es ihm auch aktiv kommunizieren. Nur so fühlt sich der Gemocht-Werden-Woller wirklich wie bekifft auf Wolke sieben – und, hey, mal ehrlich, wollen wir nicht alle ein wenig mehr gemocht werden?

DER DYNAMISCHE

DIE FOLGENDE SPEZIES, sehr häufig innerhalb der Gattung des noch leicht pickeligen Junglehrers zu finden, ist für alle Beteiligten ein absolutes Ärgernis und läuft sogar ohne Strom oder Batterien noch im Dauermodus. Natürlich wissen biologisch interessierte Leser bereits, um welche bedauerliche Art es sich hier handelt: den Dynamischen!

Der Dynamische bewegt sich, wie der Name schon andeutet, als hätte er Dynamit gefrühstückt. Er korrigiert Tests schneller, als du sie schreiben kannst, weiß heute schon, was morgen für Themen drankommen und was er am Dienstag in der 3. Stunde macht – nächstes Jahr. Auf seinem Schreibtisch ist bereits der Unterricht für die nächste Dekade geplant, zu erkennen an 20 riesigen, prall gefüllten Ordnern mit der Aufschrift »Unterrichtspläne Zukunft«.

Der Dynamische dreht sich so schnell, dass er selbst manchmal gar nicht mehr weiß, wo er sich gerade befindet. Er verfügt über mindestens drei Terminplaner – allesamt sind sie voll. Außerdem legt er unglaublich viel Wert auf Kommunikation, leider auch mit deinen Eltern. Bereits am ersten Schultag teilt er dir mit, wann er dich und deine Erzeuger zu Hause besuchen wird.

Tipp: Für die Entwicklung deiner Zensuren ist es sicherlich positiv, wenn an diesem Tag Häppchen zum Kaffee gereicht werden. Da der Dynamische unter Dauerstrom steht, ist es dringend notwendig, ihn mit Lachspastetchen, Rührei und vielleicht einem kleinen, mageren Steak wieder aufzuladen. Gegebenenfalls hilft auch eine Ladung Kinderriegel. Deine Mutter möge also bitte vorbereitet sein.

Sicherlich will der Dynamische auch dein Zimmer sehen – und erwartet, dass du vorher nichts auf- oder wegräumst, damit er einen wirklich völlig realen Blick auf deine natürliche »Lern- und Lebensumgebung« erhaschen kann.

Ist der Dynamische einmal krank, so kannst du drauf wetten, dass er für den Vertretungshoschi Unmengen an Material dagelassen hat. Und selbstverständlich bietet er seinen Schülern an, ihnen in den Ferien täglich eine Ladung spannender Aufgaben und Texte – natürlich total freiwillig (sicher doch) – per Mail zu schicken, notfalls auch per Post. Porto übernimmt er selbst!

Für ein Privatleben, Freunde und Hobbys hat ein Supertyp wie der Dynamische keine Zeit; ihn mag sowieso keiner so richtig. Er lebt auch am Wochenende einzig und allein für seine Schüler und tut nichts lieber, als seine Abende in irgendwelchen angesagten Diskotheken zu verbringen, mit der einzigen Intention, seine Schüler (sprich: dich!) so gut es geht im Blick zu behalten.

Dir sei also geraten, bei spontanen Flirtaktionen, womöglich gar unter leichtem Alkoholeinfluss, nicht ins Blickfeld des Dynamischen zu geraten, es sei denn natürlich, du wünschst dir einen spontan-dynamischen Vortrag über die Vor- und Nachteile verschiedener Verhütungsmethoden. Der Dynamische hat hierfür sogar ein Merkblatt vorbereitet, sowohl ausgedruckt als auch im Digitalformat, damit er es dir direkt aufs Handy schicken kann. Dass er deine Nummer und sämtliche andere Kontaktinfos bereits hatte, bevor du ihn überhaupt kennenlernen durftest, bedarf keiner weiteren Erwähnung und ist entweder seinen telepathischen Fähigkeiten oder seinen Internethacker-Qualitäten geschuldet.

Leute, die auf Dynamit laufen, sind definitiv gestört. Gestörte wiederum soll man nicht stören! Lass die Dynamischen also gewähren, immerhin haben sie Gutes im Sinn. Sie haben Lust auf Schule, was ja schon mal eine nette Abwechslung darstellt. Und ein bisschen mehr Dynamit im Frühstückshaferbreimüsli wäre für dich vielleicht auch keine so dämliche Idee, oder?

DER FRUSTRIERTE

NICHT SELTEN VERWANDELT SICH DER DYNAMISCHE im Laufe der Zeit in seinen pessimistischen Ableger: den Frustrierten. Im Umkehrschluss war der Frustrierte früher vielleicht mal dynamisch …

Auf jeden Fall gehört genau dieses »früher« inzwischen zu seinem Lieblingswortschatz. Früher war alles besser. Früher waren die Schüler klüger. Früher konnte man noch richtig spannende und anspruchsvolle Sachen mit denen machen. Früher hatten die Schüler noch Spaß am Unterricht. Früher gab es ja nicht diesen ganzen Quatsch mit den Medien und die Schüler waren aufmerksamer. Früher wollten die Schüler noch lernen.

Im Gegensatz zu eben »heute« – ein absolutes Hasswort für den Frustrierten. Heute nämlich sind die Schüler ignorant. Und zwar alle. Eingebildete, die Nase hochtragende Schnösel und Schnöseletten. An nichts interessiert außer der Anzahl der Likes auf ihrem Facebook-Account oder irgendeinem anderen Zeitverschwendungsaccountmoduldinginternetkack, wovon der Frustrierte freilich keine Ahnung hat.

Moderne Schüler kümmern sich, zumindest seiner Meinung nach, nur noch darum, wie sie aussehen. Jammern die ganze Zeit nur rum. Benehmen sich wie Motzkekse mit Baldriankern und Haschglasur. Haben keinen Bock auf gar nichts. Und das Elternhaus bietet total die tolle Unterstützung in Bildungsfragen. Nämlich überhaupt keine.

Bisheriger Erkenntnisgewinn aus Lehrersicht: a) »Früher war alles besser«, b) »Ganz früher war alles noch viel, viel besserer«, c) »Würde ich heute noch mal Lehrer werden, würde ich mich erschießen«.

Der Frustrierte hat damit die bittere Wahrheit erkannt: »Heute« ist Daumen runter. Früher kam sogar aus dem Arsch noch Sonnenschein raus. Und morgen? Weiß man nicht. Kann aber nur schlechter werden.

Für dich als Schüler ist der Umgang mit dem Frustrierten ein Problem. Bist du ein guter Schüler, kannst du drauf wetten, dass er der Meinung ist, dass du früher noch besser gewesen wärest. Bist du ein schlechter Schüler, hast du auch verloren, weil es früher keine schlechten Schüler gab und du offenbar gar keine Lust hast, dich bildungstechnisch weiterzuentwickeln.

Interessanterweise setzt die Frustrationsphase mitunter bereits bei Junglehrern ein. Sie haben an der Uni gelernt, wie toll das Lehrerleben ist, und müssen in der harten Realität feststellen: Na ja. Soooo toll ist es nun auch wieder nicht.

Anstatt sich einzugestehen, dass sie vielleicht einfach nichts auf der Pfanne haben und besser eine Ausbildung zum Maurerhilfsgehilfen hätten machen sollen, missbrauchen diese Jungfrustrierten kurzerhand schon jetzt das »früher« als Ausrede für ihr Unvermögen.

Hin und wieder ist Lehrerfrustration sogar verständlich: Da machen die sich die Mühe, Unterricht tatsächlich zu *planen*, haben vielleicht eine schöne methodische Idee – und die Schüler zeigen einfach nicht die eigentlich fest eingeplante Begeisterung! Statt

Lalala-La-Ola auf den Tischen zu tanzen, gähnen sie, ohne die kleinste Spur von Leidenschaft!

Ja ja, vielleicht liegt an dem Tag noch eine schwierige Klassenarbeit an; vielleicht beginnen am nächsten Tag Ferien, vielleicht steht auch eine Zombieapokalypse bevor – sprich, vielleicht gibt es einfach wichtigere Dinge, über die du dir Gedanken machst. Aber mach das mal dem Frustrierten begreiflich! Er kann schlicht und einfach nicht verstehen, dass es Wichtigeres auf der Welt gibt als genau diesen Unterricht, genau jetzt zu genau dieser Tageszeit in genau diesem Raum bei exakt ihm. Bedeutet also: Er muss noch viel lernen …

Trotzdem: Frag mal Oma oder Opa oder die Omas und Opas von Oma oder Opa, wie »früher« wirklich war, vor allem in Bezug auf Kinder, Jugend, Schule, Lehrer et cetera. Vielleicht stellst du dabei fest, dass einige Dinge in diesem komischen »früher«, von dem du nun schon so viel gelesen hast, wenn schon nicht besser, dann doch zumindest anders waren. Unter Umständen ließe sich daraus etwas lernen.

Tausend Lehrer, tausend Tode – eine Bestandsaufnahme

Kommen dir wenigstens einige dieser Typen bekannt vor? Der Fachidiot zum Beispiel? Der Faule? Der Gemocht-werden-Woller? Der Dynamische? Oder treten diese Typen an deiner Schule eher in Mischformen auf? Tatsächlich belegen Untersuchungen an Schulen im deutschen Sprachraum, dass es *den* Lehrertyp kaum noch gibt, dass *der* Lehrertyp stark an der Grenze zum Abnippeln steht. Um also seine Gattung vor dem endgültigen Aussterben zu schützen, hat zum Beispiel ein Typ X Eigenschaften des Typs Y übernommen.

So fanden Forscher nach langwierigen Forschungen in Forschungslaboren mit Hilfe von Forschungsfragen heraus, dass der Faule sich genetisches Material des Ahnungslosen angeeignet hat, wohingegen der Methodenfuchs offenbar häufigen Sexualverkehr mit dem Pädagogischen oder dem Dynamischen hatte, was zwangsläufig zu einer Steigerung der Geburtenrate von methodisch-pädagogischen Dynamos führte. Und der GWW ist eine Superhohlnuss mit Sprühsahnekern. Diese ganzen genetischen Kreuzungen oder Mutationen haben im Laufe der Zeit dazu geführt, dass es immer schwerer wird, einen Typus klar und präzise einzugrenzen. Somit ist es für dich als Schüler auch mit viel gutem Willen nicht leicht, dich auf moderne Lehrkörper einzustellen. Häufig kannst du einfach nicht mehr erkennen, wen du da gerade vor dir hast.

Der Lehrer ist zu einem Wesen geworden, das unscharf ist. Wobei »scharf sein« und Lehrer ohnehin eher wenig miteinander zu tun haben. Falls du also beim Anblick eines beliebigen Lehrers oder einer Lehrerin scharf wirst, solltest du dringend mit deinen Eltern sprechen und eine Einweisung in eine psychiatrische Klinik für Durchgeknallte in Erwägung ziehen.

Was du willst ... und was du kriegst

Wenn du als Schüler einen neuen Lehrer bekommst, von dem du noch nie in deinem Leben unterrichtet worden bist, so bist du wahrscheinlich tatsächlich ein klein wenig aufgeregt – auch wenn du gegenüber deinen Mitschülern natürlich Desinteresse heuchelst. Deine beinahe sexuell anmutende Spannung ist nachvollziehbar, denn schließlich musst du mit ihm oder ihr mindestens ein ganzes Schuljahr verbringen.

Du hast also Erwartungen an einen Lehrer – genauso wie der Lehrer auch an dich. Die meisten Schüler wissen ganz genau, was sie eigentlich von Lehrern wollen. Und was sie nicht wollen.

Nicht wollen wollen sie bemuttert werden. Auch das gute, alte Verprügelt-Werden wird von den meisten Schülern aus eigentlich unverständlichen Gründen eher ablehnend betrachtet. Ebenso wenig haben sie Lust auf dauerndes »methodisches Arbeiten« und schon gar nicht auf unfaires Verhalten.

Was also wollen sie? Etwas lernen? Erstaunlicherweise erweist sich diese Annahme sogar als richtig, was im Übrigen ein Beleg dafür ist, dass der Autor dieses Buches tatsächlich Recherche betrieben hat. In der Tat hat der Schreiber, beziehungsweise seine bulgarischen für einen Hungerlohn schuftenden Untergebenen, wirklich (ganz im Ernst jetzt!) lange recherchiert, Ewigkeiten praktisch und, um ehrlich zu sein, eigentlich überhaupt nicht, aber trotzdem wissen wir nunmehr hundertprozentig genau, was für einen Lehrer du dir wünschst:

DER IDEALE

Er soll menschlich und vertrauenswürdig sein. Du hast ganz bestimmt nicht vor, ihm deine privatesten Geheimnisse ans Bein zu binden, aber du willst das Gefühl haben, dass du es theoretisch könntest. Du willst, dass er in der Lage ist, dir zuzuhören, und nicht gleich alles deinen Eltern petzt und dass er dir durchaus auch mal so was wie Lösungsvorschläge unterbreitet.

Ein Lehrer, so wie du ihn dir backen würdest, wenn du den Unterschied zwischen Mehl und Milch endlich begreifen würdest, soll seinen Kram (Fachwort: Unterricht) abwechslungsreich, interessant und verständlich gestalten und dabei eventuell sogar einen längerfristigen Plan verfolgen; er soll konsequent sein, soll sich nicht mit cooler Jugendsprache einschleimen; soll nicht erwarten, geliebt zu werden. Autorität verschafft sich dieser Lehrer nicht mit elefantösem Rumgebrülle, sondern durch Ausstrahlung (angeboren), Wissen (erworben) und Durchsetzungsvermögen (hat man einfach!).

Viele Schüler, so fand der Autor heraus, stehen tatsächlich morgens auf und gehen zur Schule, zwar nicht unbedingt von Euphorie getrieben, sondern eher von ihren Eltern, aber mit dem klaren Wunsch, ausnahmsweise mal etwas zu lernen beziehungsweise im Unterricht etwas aufzuschnappen, mit dem man tatsächlich in der realen Welt etwas anfangen kann oder was zumindest den Horizont erweitert.

Dabei erwarten sie, dass sich der Eumel, der sie unterrichtet, fair verhält, dass er niemanden bevorzugt, klare Anweisungen gibt, Ahnung von seinem Fach und seinem Job hat, Sympathie gegenüber seinen Schülern aufbaut und als kleines Extra hin und wieder mal ein Witzchen einstreut. Dann darf er auch gerne mal streng sein. Wobei er es mit Letzterem nicht übertreiben sollte. Ein freundliches, aber bestimmtes Aus-dem-Fenster-Werfen von Schülerinnen und Schülern wird von der Mehrheit der Eltern nach wie vor eher ungern gesehen!

Aus unerfindlichen Gründen finden viele Schüler es außerdem toll, wenn Lehrer ihre Schüler respektieren und ihre Meinungen ernst nehmen. Schüler, die Respekt erwarten … irre! Noch irrer ist, dass Schüler absolut bereit sind, ihre Lehrer ebenfalls zu respektieren – sofern diese denn wirklich was auf der Pfanne haben und nicht bloß faule, dumme, ignorante, karrieregeile Gemocht-Werden-Woller sind.

Recht haben sie, denn eigentlich sollten nur die Besten überhaupt Lehrer werden. In einigen Staaten der Welt ist dies so. Bei uns läuft es anders ab: Rechtzeitig vor Schuljahresbeginn begibt sich der Schulleiter deiner Schule auf eine langwierige Wanderschaft mit dem Ziel, irgendwo noch einen Lehrer aufzutreiben.

Er schaut unter Parkbänke und unter Autobahnbrücken, besucht Schulen für Analphabeten und erkundet Gummizellen in Nervenheilanstalten, und mit etwas Glück wird er nach langer Suche fündig und findet jemanden, der zu nichts, wirklich absolut gar nichts, noch weniger als nichts zu gebrauchen ist und dem beim besten Willen niemals, absolut niemals, irgendjemand seine Kinder, noch nicht einmal seine Zahnbürste, anvertrauen würde. Perfekt also! Diese Person ist jetzt Lehrer.

Für pädagogische Berufe braucht es nun wirklich keine besondere Ausbildung. Sagen Schulbehörden und Schulleiter und befinden sich damit im Widerspruch zur Kundschaft: Schule darf laut Schülermeinung nämlich vieles sein, aber bitte kein Auffangbecken für Totalversager, die schon mit dem Beschmieren eines Toastbrotes mit Marmelade Schwierigkeiten haben; die nicht imstande sind, sich die Schuhe zu binden, und daher dauernd, auch im Winter, potthässliche Sandalen oder Sneaker mit Klettverschluss tragen; die nicht *einen* fehlerfreien Satz an die Tafel schreiben können und die im Englischunterricht bereits bei der Übersetzung von »Scheiße« überfordert sind.

Respekt gegenüber Lehrern haben heißt allerdings ganz bestimmt nicht, dass man sich nicht auch mal mit ihnen anlegen darf. Nur weil Lehrer mehr wissen (lol) und alles können (rofl), darf man ihre Meinungen trotzdem anzweifeln. Auch wenn es historisch gesehen üblich war, dass Sklaven nur brav mit dem Kopf nickten, wenn ihre Herren oder Herrinnen etwas zu Protokoll gaben: Heutzutage darf man, selbst als bemitleidenswerter Schüler ohne jegliche Rechte, seine ganz persönlichen Ansichten mitteilen und seine eigene Meinung auch gegenüber der des Lehrers verteidigen.

Das Grundgesetz gestattet Meinungsfreiheit – dies gilt nicht nur für Menschen, sondern ganz eindeutig auch für Schüler. Biologische Untersuchungen, durchgeführt von Biologen in einem biologischen Lebensraum, haben nämlich ergeben, dass auch junge Menschen zur Gattung Homo sapiens gehören, auch wenn dies auf den ersten Blick absurd anmutet.

Übrigens muss man, was die freie Meinung betrifft, zwischen normalen Schülern und Schleimstreberschülern unterscheiden. Letztere kommen nämlich gar nicht erst auf die Idee, eigene Meinungen zu entwickeln. Sie verfügen vielmehr über die seltene Gabe, die Meinung des Lehrers bereits im Vorfeld zu erahnen und sie wortgewaltig zu bestätigen.

Gute Lehrer aber wissen Schüler mit eigenen Positionen zu schätzen und fahren regelrecht ab auf den Dialog, den knallharten Austausch von Argumenten. Notfalls auch mit Beschimpfungen! Ohne Beschimpfungen ist ein vernünftiges Streitgespräch bekanntlich gar nicht möglich oder macht zumindest null Spaß.

Schlechte Lehrer hingegen befördern Schüler, die eine eigene Meinung vertreten, mit einem Arschtritt aus dem Raum. Sie geben dir zu verstehen, dass du »nutzlose und nicht unterrichtsdienliche Kommentare« zukünftig tunlichst zu vermeiden hast. Im Klartext heißt das: »Schnauze!«

Der perfekte Schüler, aus Lehrersicht, ist immer fleißig, stets körperlich und manchmal auch geistig anwesend.

2. KAPITEL

BERUFSBILD SCHÜLER – NO MONEY, NO FUTURE, NO LIFE

Es ist also klar bewiesen, dass du Erwartungen an Lehrer hast und offenbar nicht komplett uninteressiert bist. Lehrer wiederum, das mag verwundern, haben ebenfalls Erwartungen. Zuallererst erwarten sie natürlich dringend die nächsten Ferien; daneben aber haben sie, wenn sie einigermaßen etwas taugen, durchaus vernünftige Vorstellungen davon, wie du dich verhalten beziehungsweise ganz allgemein »sein« sollst.

Der perfekte Schüler nämlich, aus Lehrersicht, ist immer fleißig, stets körperlich und manchmal auch geistig anwesend, jederzeit nett und höflich und respektvoll Menschen und Gegenständen gegenüber, inklusive der Tafel. Er erledigt seine Arbeit mit Leidenschaft, Ausdauer und Sorgfalt und geht auch gerne mal darüber hinaus, er ist an allem, wirklich *allem*, auch an der langweiligsten Moppelkotze, total interessiert und freut sich über neuen intellektuellen Input, den er sofort verarbeiten will. Er weiß sich gewählt auszudrücken (Fremdwörter sind dabei superwichtig!) und ist imstande, eine eigene Meinung zu entwickeln, selbst dann, wenn man zu einem Thema gar keine Meinung haben kann.

Außerdem soll der perfekte Schüler nicht aussehen wie ein optisches Täuschungsmanöver und sich zumindest einigermaßen schulgerecht anziehen. Daher verzichtet der perfekte Schüler auch auf das Tragen erotischer Badebekleidung im Unterricht. Dieser perfekt gekleidete und gestylte Schüler (du!) kennt die Schulordnung selbstverständlich auswendig und ist sich nicht zu schade, andere Schüler auf falsche Verhaltensweisen aufmerksam zu machen, auch wenn dies für seinen Popularitätsstatus ziemlich kacke ist.

Er wischt die Tafel auch dann, wenn sie überhaupt nicht schmutzig ist, und freut sich, wenn er mit dem Lehrer gemeinsam Eis essen gehen kann – natürlich nur zu zweit.

Übertriebene Vorstellung? Zum Teil vielleicht. Trotzdem aber gibt es einiges, was du tun kannst, um schulisch über die Runden zu kommen. Von einer gehörigen Portion Intelligenz mal abgesehen, welche wir hier als Selbstverständlichkeit voraussetzen. Notfalls beim Fahrradfahren einfach mal den Mund geöffnet lassen – die ständige Zufuhr von Fliegen und Stechmücken erhöht das intellektuelle Potenzial des Schluckers um ein Vielfaches!

Arbeit ... anders als Chillen!

Arbeit. Arbeit. Arbeit. Kein besonders schönes Wort. Ein ekeliges Wort eigentlich. Wird auch bei Wiederholung nicht besser. Klingt verdächtig nach einer Krankheit. Einer todbringenden Seuche. Fast so wie Genitalherpes. Oder Pickellandschaften und Mitesserplantagen. Überhaupt nicht sexy und nicht einmal mit Eigenurin zu besiegen.

Als Arbeit bezeichnen Wissenschaftler normalerweise die lästige, nutzlose, aber irgendwie unvermeidliche Unterbrechung von Freizeit. Soll heißen: Eigentlich hast du total viele viel bessere Dinge zu erledigen, bist aber gezwungen, dich mit Dingen zu beschäftigen, auf die du keine Lust hast.

Fälschlicherweise wird der Begriff »Arbeit« häufig mit Geld verknüpft – einer eher absurden Theorie zufolge wird nämlich Letzteres durch Erstere verdient. Diese sonderbare Logik ist glücklicherweise in der Schule noch nicht angekommen. Richtig so! Du willst schließlich keine Kohle machen. Dir reicht es, einzig und allein Wissen aufzusaugen. Am liebsten würdest du sogar selbst dafür bezahlen, richtig? Tu dir keinen Zwang an! Es ist überhaupt nicht verwerflich, deinem Lehrer nach der Stunde das eine oder andere Scheinchen auf den Tisch zu legen, vielleicht sogar in Herzform geschnitten. Sollte aber niemals aus deiner eigenen Tasche kommen – dein Taschengeld ist eh mickrig genug. Bediene dich lieber an der Geldbörse von Mama oder Papa. Die haben normalerweise so viel Knete, dass sie das Fehlen vor allem großer Scheine gar nicht erst bemerken.

Der Verdienst normaler Lehrer ist dermaßen blamabel-beschämend, dass viele von ihnen unter Brücken oder Parkbänken hausen müssen. Immerhin haben sie dort ein Dach über dem Kopf und, an Regentagen, fließend Wasser. Aus Gründen erhöhten Komfortbedarfs und der Einfachheit halber leben nicht wenige Pädagogen

auch direkt in der Schule, entweder im Klassenraum oder in einem liebevoll eingerichteten Verlies im Hausmeisterkeller.

Die Behauptung, dass Lehrer zu viel Geld verdienen und pünktlich zu Schulschluss auf den Golfplatz gehen, ist also falsch. Gut, vielleicht gehen sie wirklich auf den Golfplatz, aber ganz bestimmt nicht, um in feinen, weißen Klamotten auf einer Golfkarre übers Grün zu brettern. Eher, um den Rasen mit einer Nagelschere zu schneiden! Ein ehrlicher, würdevoller Nebenjob, den man keineswegs verachten sollte. – Aber natürlich schweifen wir vom Thema ab. Nicht die Arbeit des Lehrers, sondern *deine* Arbeit soll schließlich im Vordergrund stehen.

Wie jetzt? Meine? Ich denk ja gar nicht dran! Lieber würde ich mir die Pulsadern aufschneiden oder Katzenfutter zum Frühstück essen. Sogar das nasse Zeugs mit den Bröckchen. Arbeit? Niemals! Coole Personen wie ich haben Arbeit nicht nötig, schon gar nicht in der Schule. Was sollen denn die anderen denken? Meine Freunde und Freundinnen? Meine Kumpels und BFF? Müsste ich nicht im Boden versinken, wenn ich arbeiten würde? Aktiv mitarbeiten?

Ums kurz zu machen: Nein! Müsstest du nicht!

Es spielt keine Rolle, ob du arbeiten *willst* – du *musst*. Nicht, weil dein Lehrer dich dazu zwingt. Nicht, weil deine Eltern dich dazu zwingen. Sondern weil deine Zukunft dich zwingt. Als »Zukunft« bezeichnen wir an dieser Stelle das Morgen, welches sich wiederum in ein Übermorgen und Überübermorgen ausdehnen kann.

Insgesamt ist »Zukunft« der Rest deines Lebens. Und falls du nicht in einem Disney-Park als quiekende Micky-Maus-Figur im Fettpolsterkostüm bei 40 Grad im Schatten schuften oder bei McDonald's die abgenagten Whopper-Reste in der Biotonne zählen möchtest, ist schulische Arbeit zwingend erforderlich. Die Welt ist, zumindest bei näherer Betrachtung, kein rosaroter Ponyhof mit Hotdog-Stand und auch kein Kindergeburtstag, wo irgendwann ein fettnasiger Clown auftaucht und Spießigkeit verbreitet.

Ob es dir gefällt oder nicht: Du lebst in einer Leistungsgesellschaft. Wohlgemerkt – *Leistung* wird verlangt. Nicht Perfektion. Perfektion hast du schließlich bereits mit deiner Optik erreicht. Mehr geht halt einfach nicht.

Aktiv ... anders als Passiv!

Wenn dein Lehrer im Unterricht eine Frage stellt und du sogar eine Antwort parat hast, bieten sich dir ein paar ganz einfache Optionen:

A) Du schläfst in aller Seelenruhe weiter.
B) Du starrst aus dem Fenster und betreibst Beobachtungen in Sachen Wolkenmuster.
C) Du betest, dass du nicht angesprochen wirst, denn du hast gerade mal echt keinen Bock und willst auch nicht im Mittelpunkt stehen, und außerdem hast du einen Pickel auf der Nase, der echt scheiße aussieht, gegen den du aber nichts tun kannst, außer ihn zu zerquetschen, was gerade aber nicht geht ... und so weiter.

Die ideale Option wäre natürlich eine Mischung aus A, B und C: Also debil grinsend rausgucken, dabei so tun, als ob du schläfst, aber eigentlich vor dem inneren Spiegel das Aussehen checken. Noch idealer wäre nur Option D: Hand heben, Antwort geben, Erfolg erleben, Keks freuen.

Mal ehrlich – was ist so schwer daran, sich zu melden? Beide Hände und Arme gebrochen? Gar nicht erst vorhanden? Oder, wenn doch, versehen mit unheilbar-unheilvollen Lähmungserscheinungen? Vielleicht gar das Stimmchen verloren? Einfach auf dem Nachttisch liegen gelassen? Noch nicht wiedergefunden? Besonders schlimme Halsschmerzen verbunden mit Heiserkeit? Lutsch halt 'nen Bonbon! Oder hast du kleine Lusche/Luschin einfach Angst davor, dass Sich-Melden gesundheitliche Folgeschäden verursacht?

Absolut grundlos, diese Angst: Aktive Mitarbeit im Unterricht führt weder zu Selbstmordgedanken noch zum Selbstmord noch zu schweren Depressionen noch zum Hungertod. Eventuell zum Muskelkater im Meldearm. Zugegeben sehr schmerzhaft, aber überlebbar.

Lehrer sind verpflichtet, deine mündliche Mitarbeit zu bewerten (und hiermit meinen wir nicht deine sicherlich beachtlichen Qualitäten im Bereich Knutschen). Wenn nun aber keinerlei mündliche Mitarbeit vorhanden ist, dann werden sie ganz bestimmt nicht sagen: »Nun ja, mit der Unterrichtsbeteiligung läuft's nicht so, aber wenigstens ist Justin-Mandy ein netter Mensch.«

Außerdem haben erst kürzlich Wissenschaftler, die sich mit der Zeit befassen, sogenannte »Uhrologen«, herausgefunden, dass mithilfe aktiver Mitarbeit die Zeit, zumindest gefühlt, viel schnel-

ler vergeht. Eine an sich kacklangweilige Schulstunde kann also durch Sich-Beteiligen schneller vorüber sein als gedacht. Und viel schneller als gedacht kannst du dich wieder sozialen Kontakten widmen – wahrscheinlich ohnehin der einzige Grund, weshalb du morgens das Gebäude betrittst.

Besonders wagemutige Lehrer geben ihren nutzlos-schweigenden Schülern den Auftrag, Strichlisten über ihre Beteiligungen zu führen. Ausnahmsweise mal keine gänzlich behämmerte Idee! Bei wenigstens fünf Beteiligungen darf man sich zurücklehnen – oder sich vornehmen, vielleicht doch noch die Zehn zu knacken. Vielleicht wäre das auch für dich eine Möglichkeit, vorausgesetzt natürlich, du hast überhaupt einen Stift dabei und irgendwo mal gelernt, wie man Striche zeichnet. Soll nämlich, sagen Wissenschaftler, die sich mit Strichen beschäftigen, sogenannte »Stricher«, gar nicht mal so einfach sein.

Genie ... anders als blöd!

Kann es eventuell sein, dass Schule dich nicht überfordert, sondern *unter*fordert? Dass alles, was thematisch so abläuft, für dich lächerlich billig und banal ist? Dass du einfach nicht mitmachst, weil dich der Kram intellektuell langweilt?

Kann sein. Muss aber nicht. Richtig riesig sind die Chancen nicht. Um festzustellen, ob du ein Genie bist, kannst du natürlich einen IQ-Test machen. Lass dich diesbezüglich vom klügsten Lehrer, den du findest, beraten. Falls dir diese Suche zu aufwendig sein sollte, quatsch einfach eine beliebige Putzfrau an. Da kannst du jedenfalls davon ausgehen, eine hilfreiche Antwort beziehungsweise überhaupt eine Antwort zu bekommen.

Klar gibt es Genies. Klar besteht zumindest die vage Möglichkeit, dass auch du ein Genie bist. Vielleicht nicht in allen Fächern, sondern nur in bestimmten Bereichen, zum Beispiel Naturwissenschaften oder Sport, wobei Sportgenies wirklich die Crème de la Crème darstellen und sehr schwer zu finden sind. Auch einige Lehrer glauben, sie wären Genies, liegen damit aber regelmäßig (das heißt immer) falsch.

Lassen wir die Geniesache erst mal ruhen: Selbst wenn du nicht genial bist, besteht die Möglichkeit, dass du dich für einige Themen tatsächlich interessierst und darüber sogar mehr weißt als dein Lehrer (ist andererseits so schwer nun auch wieder nicht).

Verfügst du also auf einem Gebiet über mehr Wissen – oder auch überhaupt über Wissen, oder nur über Reste von Wissen –, ist es deine Pflicht, dies auch in jeder einzelnen Unterrichtsstunde zu zeigen und deinen bislang so lässigen Pädagogen mit immer neuen und immer spezielleren Fragen zur Weißglut zu bringen.

Mit Das-gehört-gerade-nicht-zum-Thema-Phrasen darfst du dich nicht abwimmeln lassen. Bleib penetrant! Lass ihn ruhig rot anlaufen!

Erst, wenn seine Gesichtsfarbe von Schweinchenrosa zu Normalrosa zu Dunkelrosa zu Rot zu Extremrot wechselt, sich seine Halsschlagadern im Takt zu einem beliebigen Hip-Hop-Song in der Discoversion bewegen und er seinen Anti-Stress-Ball zu einer körnigen Masse zerquetscht – dann, aber wirklich erst dann, könntest du dir überlegen, die Klappe zu halten. Schließlich willst du nicht, dass er oder sie mehrere parallel stattfindende Herzinfarkte gleichzeitig erleidet. Oder falls doch – einfach weiterfragen!

Bislang sind wir, Wissen hin, Genie her, nur von reiner Meldefaulheit ausgegangen. Was aber, wenn du wirklich keinen Check vom Thema hast und dir der ganze Kram ungefähr so verständlich vorkommt wie die in der Tat etwas komplexe Sprache der Totenkopfaffen? Letztere gibt es übrigens wirklich: Leben in Mittelamerika, fressen am liebsten Früchte und sind tagaktive Wesen – was blöd ist, denn sie sind ziemlich hässlich geraten. Das aber nur nebenbei.

Positiv ... anders als Minus!

Niemand kann erwarten, dass du auf alle Fragen eine Antwort hast. Dies würde als Perfektion durchgehen. Und Perfektion ist genauso langweilig wie trockenes Graubrot. Außerdem würde dich, wenn du alles wüsstest, kein Mensch mehr mögen. Nicht mal deine Freunde. Du hättest nämlich gar keine. Nicht mal deine Eltern. Nicht einmal dein Wellensittich. Vorausgesetzt, du besitzt einen. Wenn nicht, ist es auch egal.

Niemand, wirklich niemand, noch nicht einmal ein Klugscheißer, mag andere Klugscheißer neben sich! Klugscheißer verfügen übrigens über die verachtenswerte Eigenschaft, zu jedem Mist ihren Senf dazuzugeben, gerne auch ungefragt, eine Eigenschaft, die sich besonders unter Gymnasiasten immer mehr breitmacht. Selbiger grobkörniger, unscharfer und belangloser Senf mit Spuren von Majo wird in Fachkreisen häufig auch als »Klugschiss« bezeichnet. Er tritt meist in dünnflüssiger Form auf, kann bei langer Sonnenbestrahlung grün anlaufen und ist geruchstechnisch verwandt mit einem Klärwerk. »Klugschiss« ist eine schwerwiegende Erkrankung der gesamten Hirnmasse, nicht behandelbar, nicht operabel, und führt unweigerlich direkt in ein Sozialpädagogikstudium. Glücklicherweise tritt sie selten auf und noch glücklicherweiser bei dir schon mal gar nicht.

Wenn diese Erkrankung dich also bislang nicht befallen hat, kann das a) noch kommen oder b) daran liegen, dass du einfach wirklich zu blöd für alles bist.

Aber: Nur weil du ein unterrichtliches Thema nicht verstehst, heißt das noch lange nicht, dass du dich nicht *aktiv* beteiligen kannst. Irgendwas kann man immer beitragen. Notfalls auch eine gekonnt-bissige Bemerkung zum Wetter. Wetter ist zwar draußen und frei, und du bist drinnen und irgendwie gar nicht frei, das sollte dich aber nicht daran hindern, Aktivität wenigstens vorzutäuschen und so gut wie möglich zu versuchen, den Unterricht durch deine

Beiträge (oder Fragen – dumme Fragen gibt's bekanntlich nicht) zu bereichern. Außerdem gilt: Versuch macht klug. Sagt zumindest der Volksmund. Und obwohl den bislang noch niemand getroffen hat und wir nicht wissen, ob diese Info korrekt ist, liegt doch in jeder noch so wichtig klingenden Behauptung ein bisschen Wahrheit.

Und es stimmt ja: Dein Lehrer will einfach nur sehen, dass du dich bemühst. Und wenn du dich ganz besonders ganz viel und total dolle anstrengst, wird vielleicht irgendwann auf deinem Grabstein stehen: »Voll gescheitert – aber stets bemüht!« (Immer noch besser als »Ungeliebt den Löffel abgegeben«.)

Um das Thema abzuschließen, hier eine klare Aufforderung an dich: Sei kein Not-Me! Verlasse das Minusland. Klettere hoch und freu dich, wenn du das Licht siehst. Willkommen im Plus! Sieh zu, dass du deinen verdammten Arsch hochbekommst, dein Gehirn zum Glühen bringst und deinen Finger hebst. Nicht, um ihn dir in den Hintern zu stecken, sondern um dem Pädagogenmenschen da vorne kundzutun, dass du etwas beizutragen hast oder wenigstens eine gescheite Frage stellen möchtest. (Hinweis: »Kann ich aufs Klo?« und »Sind Sie eigentlich solo?« fallen nur teilweise in die Kategorie gescheiter Fragen.)

Dein Lehrer ist, zumindest im Normalfall, kein komplettes Arschloch und wird deine Versuche, dein Bemühen, deine Anstrengungen

Raus aus dem Minusland!

mit Sicherheit positiv werten. Vielleicht freut er sich sogar darüber, weil er ernsthaft glaubt, dass seine brillante Unterrichtsplanung für deine Beteiligung verantwortlich ist. (Immer wieder witzig, wie sich Lehrer freuen können. Wie kleine Schweinchen, die quiekend im Kreis laufen.) Lass ihn ruhig in dem Glauben! Auch Lehrer brauchen hin und wieder mal einen Glücksmoment, und sei er auch noch so klein. Spätestens, wenn er seine Gehaltsabrechnung sieht, ist er eh wieder deprimiert.

Streben und Schleimen – Hobbys für jedermann

Klugscheißer sind, wie bereits erläutert, ganz schön üble Gesellen, denen man weder nachts noch tagsüber begegnen möchte. Nicht selten ist Klugschiss allerdings gekoppelt mit »Streberitis«, wie wir sie bislang lediglich beim sogenannten »Streber« beobachtet haben.

Was aber ist ein Streber? Was genau musst du tun, um ein Streber zu werden, und, ist es überhaupt lohnenswert, in die Welt der Streber auf- beziehungsweise einzusteigen? Sind Streber nicht allesamt Volltrottel und Versager, die als Hobbys »Lernen« und »Hausaufgaben« angeben und dies sogar noch ernst meinen?

Vielleicht bist du in der Pause schon mal über Aussagen wie »Voll die Streberschlampe« oder »Voll der Strebersack« gestolpert – hiermit geben deine Mitschüler zu verstehen, dass sie einen bestimmten Typ Mitschüler nicht nur nicht ausstehen können, sondern regelrecht zum Erbrechen finden.

Wahrscheinlich hängt dieses Kotzgefühl damit zusammen, dass sie fälschlicherweise annehmen, Streber und Schleimer wären identisch. Sind sie, ums kurz zu machen, definitiv nicht. Schleimer und Streber sind wie Tag und Nacht, wie Vögel und Vögeln, wie Schweinebraten und knackig grüner Salat – komplett aus anderen Welten also.

Nicht ausrutschen!

Der Begriff »Schleimer« hat mit Schnecken zu tun, was Schnecken wiederum als Beleidigung empfinden, aber ebenso wie Schnecken den am Unterkörper freigesetzten Schleim zur Fortbewegung benutzen, verwenden Schleimer ihre schleimigen Fähigkeiten schlicht und einfach dazu, andere Personenkreise, welche normalerweise in der Hackordnung über ihnen stehen (also zum Beispiel Lehrer), mithilfe ihrer Schleimigkeit in ihrem Sinne zu beeinflussen. Man spricht hier vom »Einschleimen«. Sollte das allgemeine Schleimen nicht ausreichen, kann der geübte Schleimer auf die deutlich komplexere und anspruchsvollere Version des »Arschkriechens« zurückgreifen.

Nun könnte man annehmen, dass man solche schleimigen Arschkriecher an ihren braunen Nasen erkennt, dem ist aber leider nicht so. Schleimer sehen äußerlich ganz normal aus, sind also selten in der Gothic- oder Punk-Ecke beheimatet.

Der Schleimer (den es natürlich auch in weiblicher Form gibt, was aber die Sache nicht besser macht) zeichnet sich dadurch aus, dass er dem Lehrer die Tür aufhält. Eigentlich nicht schlimm, nur tut er dies bereits lange, bevor der Lehrer überhaupt in Sicht ist. Gerne trägt er auch mal dessen Tasche und lauert in freudiger Erwartung seiner Aufgabe sicherheitshalber schon frühmorgens vor dem Lehrerzimmer. Das Putzen der Tafel ist für ihn keine Strafe, sondern Lebenselixier, er muss dazu auch nicht aufgefordert werden. Meistens verfügt er ohnehin über den Schlüssel zum Klassenraum, um sicherzustellen, dass vor Ankunft des Pädagogen alles seine Richtigkeit hat.

Zur kalten Jahreszeit gehört es selbstverständlich zu seinem Aufgabenbereich, den Lehrerstuhl zu wärmen – am besten ohne Hose, damit die Körperwärme schneller abstrahlt.

Ist der Unterricht beendet, bleibt der Schleimer so lange im Raum, bis alle Mitschüler denselben verlassen haben. In diesem Moment nutzt er seine Chance, tritt zum Lehrerthron, neigt sein

Haupt und bedankt sich für die (wie immer) überragende Qualität der heutigen Veranstaltung. Im Anschluss trägt er noch die Lehrertasche zum Lehrerauto auf dem Lehrerparkplatz, rennt wieder in die Klasse, putzt die Tafel und unterschreibt mit seinem Namen.

Wenn sich Mitschüler einen Scherz erlauben, womöglich sogar einen auf Kosten des Lehrers, kannst du darauf wetten, dass der Schleimer aus seinem reichhaltigen Repertoire die Fähigkeit des Verpetzens hervorkramen wird. Hierzu bedient er sich eines sehr durchdachten Vokabulars, das im Wesentlichen aus zwei Wörtern besteht: »Der war's!« Nur variierbar durch: »Die war's.« Dabei holt der Schleimer mit seinen Watschelhändchen aus und zeigt auf eine andere Person im Raum, ungeachtet der uralten Verhaltensregel, dass man nicht mit nackten Fingern auf Menschen zeigen soll.

Was du über den Schleimer oder die Schleimerin denkst, ist irrelevant. Ihm ist völlig schnuppe, ob er von dir gemocht oder zur nächsten Geburtstagsparty eingeladen wird. Für ihn ist einzig und allein wichtig, zur Birthday-Veranstaltung des Lehrers eingeladen zu werden. Unnötig zu erwähnen, dass der Schleimer natürlich die Telefonnummern aller Lehrer auswendig kennt und Letztere zuweilen sogar am Wochenende auf- beziehungsweise heimsucht unter dem Vorwand, wieder mal eine freiwillige Hausaufgabe abgeben zu wollen.

Was man gegen den Schleimer tun kann? Bedauerlicherweise nichts! Einmal Schleimer, immer Schleimer. Es gibt keine bekannten Therapien oder Verfahrensweisen im Umgang mit ihnen. Silberkugeln helfen nicht. Ein Stückchen Holz ins Herz rammen auch nicht. Weihwasser kannst du genauso knicken wie Knoblauch. Einzig Elektroschocks können ihn für einige Stunden von seiner Arschkriecherei erlösen, da Elektrizität zum Einfrieren der körpereigenen Schleimauswurfknospen führt und das nach Sperma riechende Glibberzeugs seine Wirkung vorerst nicht mehr entfalten kann.

Viele Schleimer sind durchaus passable Schüler; sie glauben aber, dass sie mit ihren insgesamt begrenzten Möglichkeiten keine Erfolge erzielen können. Stimmt wahrscheinlich sogar, aber sollte noch lange kein Grund sein, das eigene Ego und die eigene Würde morgens bei der Schulsekretärin abzugeben.

Außerdem: Die meisten Lehrer – beziehungsweise Lehrer, die zumindest über Grundlagen von Verstand verfügen – können mit Schleimern ohnehin nichts anfangen, es sei denn natürlich, sie sind selbst welche. Der Karrierist zum Beispiel ist durchaus in diese Kategorie einzuordnen. Normale Lehrer jedoch mögen es nicht besonders, wenn ihnen ein Schülerkopf in den Hintern gekrochen kommt. Tut weh und führt zum Gehen im Breitbeinformat. Macht also absolut null Vergnügen und nervt beim Sitzen.

Du siehst also, Schleimen ist zwar interessant, hilft aber nicht weiter, außer beim Verlust von Ego und Würde. Wenn Schleimer also irgendwie nicht so toll sind, wie sieht es mit Strebern aus? Denn leider werden beide Gattungen gerne mal gleichgesetzt. Was wie gesagt falsch ist. Ist so, als würde man Bockwürste und Nagelfeilen gleichsetzen. Geht einfach nicht.

Aufrecht gehen!

Streber haben an sich ein ziemlich simples Hobby. Sie streben. Und zwar etwas an. Meistens schulischen Erfolg. Nun also die Preisfrage: Was ist daran so übel?

Streber sind insgesamt fleißige Leute, die ihren Job machen. Dieser Job ist: Schüler. Auch wenn die Bezahlung nach wie vor katastrophal beschissen ist, hat sich der Streber mit seinem Beruf einigermaßen passabel arrangiert und will in diesem sogar vorankommen. Sein momentanes Zensurenbild ist ihm nicht gut genug; folglich »strebt« er nach Verbesserung dieses Zensurenbildes.

Dies tut er nicht – und hier sehen wir den grundlegenden Unterschied zum Schleimer –, indem er irgendwem im schattigen Lehrerpopöchen herumstochert, sondern indem er schlicht und einfach hart an sich arbeitet. Entweder, weil er wirklich geistig beschränkt ist und harte Arbeit daher für ihn eine zwingende Notwendigkeit ist, oder aber, weil er zwar gut ist, aber eben sehr gut oder sogar noch besser werden will.

Wer mit dieser Haltung Probleme hat, soll doch bitte mal einem Profifußballer erzählen, dass dieser das dauernde Trainieren ruhigen Gewissens einstellen kann, weil seine momentane Anzahl an Toren nämlich absolut in Ordnung ist und noch mehr Tore einfach nur blöd wären und bei Fans und Trainer ohnehin nicht gewünscht sind. Stattdessen soll er lieber jeden Tag mehrere Döner (mit doppelt Zaziki und Pommes) in sich hineinstopfen und den Tag damit verbringen, Scripted-Reality-Schrott in der Glotze zu gucken. Macht auch Freude.

Profisportler, selbst Amateursportler, die nachmittags röchelnd durch den Park krebsen, sind Leistungsmenschen; alle Leistungsmenschen sind Streber. Schule erfordert Leistung. Also erfordert Schule auch Streber.

Fragt sich bloß, ob du überhaupt bereit dafür bist, reif genug bist, Leistung zu bringen und damit in die Streberkategorie aufzusteigen. Du brauchst jedenfalls keine Angst zu haben, dass gute schulische Ergebnisse dich bei deinen Freunden unbeliebt machen. Falls doch, wird es dringend Zeit für neue Freunde. Richtige Freunde respektieren dich für das, was du bist, für das, was du tust, und für das, was du willst. Und wenn du eben schulischen Erfolg willst – und, mal ehrlich, wer verdammt will das nicht? –, ist ein wenig Strebsamkeit nicht die schlechteste Lösung. Wie immer aber gilt: Nicht übertreiben. Wer übertreibt, läuft Gefahr, sich vom normalen Streber in einen arschkriechenden Schleimbolzen zu verwandeln.

Falls du dich nun also allen Ernstes entschieden hast, nach Erfolg zu »streben«, gibt es so einige Dinge zu beachten, die wir im weiteren Verlauf dieses School-Survival-Buches noch thematisieren werden.

Über die Mitarbeit im Unterricht wurde bereits gesprochen. Du erinnerst dich noch? Genau! Das war der Moment, wo du an der Welt verzweifelt bist. Aber wenigstens hast du das anspruchsvolle Prinzip des Strichlisten-Machens kennengelernt, welches du, mit etwas Übung, bereits morgen in der Schule einsetzen kannst. Kannst es natürlich auch lassen und wie gewohnt mit dem nackten Hintern den Lehrerstuhl anwärmen. Bleibt ganz dir überlassen!

3. KAPITEL

DIE ÜBERWINDUNG DER LANGEWEILE: AUFGABEN AUFS HAUS!

Zu den beachtenswerten Erfolgsnotwendigkeiten zählt es, den Kram zu erledigen, der dir vom Lehrermuckel vorgegeben wird, insbesondere Hausaufgaben.

Niemand weiß genau, wann und warum Hausaufgaben erfunden sind. Vielleicht sind sie gar eine Erfindung Satans, der einmal mehr nichts Besseres zu tun hatte, als Gottes nutzlose Geschöpfe mit noch nutzloseren Aktivitäten zu foltern. Vielleicht sind sie von Strebern erdacht worden oder von der amerikanischen Lehrerorganisation F. I. C. K. (Freedom Is Completely Kacke), womit »Ficker«, wie sich die dortigen Angestellten nicht ohne Arroganz nennen, zu verstehen geben, dass Schüler vieles haben sollten – bloß keine Freizeit.

In ihrer Freizeit nämlich würden, und mit dieser Annahme befindet sich F. I. C. K. im Einklang mit Studien im Bereich Verhaltensforschung, Schüler nichts mit sich anzufangen wissen und folglich mit Drogen dealen, Crack rauchen oder einfach Bäckereien in der Nachbarschaft ausrauben.

Verschiedene Untersuchungen von F. I. C. K. belegen, dass »physisch-psychisches Fernbleiben vom didaktisch-methodisch-unterrichtlichen Geschehen in einer Bildungsinstitution« (man spricht hier auch vom »Schwänzen«) mit a) Bocklosigkeit gegenüber Schule im Allgemeinen und b) mit noch mehr Bocklosigkeit gegenüber Hausaufgaben im Speziellen verbunden ist. Schwänzen Schüler also die Schule, so die unverkennbare Logik, gibt es auch keine Hausaufgaben, dafür aber mehr Freizeit. Freizeit, in der endlich Luft bleibt für nachbarschaftliches Crackrauchen und das Dealen von Backwaren.

Hier nun eine völlig unwitzige, kacklangweilige und eigentlich unnötige Definition dieser Freizeitzerstörungsjobs, mit denen du dich eigentlich schon gut genug auskennen solltest: Hausaufgaben, die in Österreich allen Ernstes Hausübungen genannt werden, sind demnach Aufgaben des Lehrers an seine Schüler, die in der unterrichtsfreien Zeit (also nach der Schule) bearbeitet werden sollen. Sie dienen der Nachbereitung des erteilten Unterrichts oder der Vorbereitung des bevorstehenden Stoffes und sind damit in jeder Hinsicht sowohl für schwache als auch für starke Schüler – gilt auch für dicke und dünne Schüler – eine tolle, hervorragende, fast schon magische Ergänzung zum eigentlichen Unterricht. (Okay, glauben wir mal!) Außerdem stärken Hausaufgaben deine Arbeitshaltung. (Jetzt reicht's aber!) Und sie fördern deine Eigenverantwortlichkeit. (Bitte was?)

Davon abgesehen – und das ist der Knüller! –, machen sie total Freude, vor allem, weil die Bezeichnung »Hausaufgabe« gar nicht so eng gefasst ist, wie du vielleicht denkst. Du kannst die Dinger nämlich auch im Flur vor dem Klassenraum erledigen. Oder im Bus. Auf dem Fahrrad. In der Badewanne. Auf dem stillen Örtchen. Bei einem Date mit einem Schwarm. Welches automatisch dein letztes Date mit diesem Schwarm wäre. Beim Spaziergang im Abendrot auf der Müllkippe. Oder eben doch einfach zu Hause an deinem Schreibtisch.

Mehr als nur Holz!

Schreibtisch? Schreibtisch … hm … Ist das nicht das Ding, wo meine Klamotten drauf liegen? Wo ich sämtliche Socken lagere? Wo mein Computer steht? Wo meine Akkuladestationen fürs Handy Platz finden? Wo die Dachhasen schlafen (was komisch ist, denn ich habe gar keine Hasen)? Ist »Schreibtisch« nicht einfach nur ein Synonym für »hölzerner Gegenstand, wo man Sachen draufschmeißt, die man gerade nicht braucht, so eine Art Mülleimer in Horizontalform«? – Natürlich ist es das! Und noch viel, viel mehr!

Der Schreibtisch ist, wenn korrekt verwendet, eine Art häusliches Bestrafungsmobiliar: der Ort, wo du am meisten weinst (abgesehen natürlich vom Klo), wo du verzweifelst, wo du jammerst und um Hilfe bettelst, die ohnehin nie kommt. Wo du lernst! Wo du Hausaufgaben machst!

Dies setzt wiederum ein klein wenig Organisation voraus. Du brauchst dafür nämlich Platz.

Man nehme also einen riesigen Sack und werfe, auch wenn dies kaltherzig wirkt, alles hinein, was sich auf dem Schreibtisch befindet, dort aber absolut gar nichts zu suchen hat. Wirklich alles! Ja, auch die Spielekonsole. Ja, auch das Foto von deinem Lieblingspferd, Lieblingssänger, Lieblingsgeschlechtsteil. Auch die Fotos von deinem Schwarm oder deiner Schwärmin. Ja, auch Kleingeld und Großgeld. Weg damit. Nichts Störendes darf noch übrig bleiben! Den Sack wiederum bringe man abends auf die bereits erwähnte Müllkippe, was wiederum Gelegenheit bietet, dich mit deinen Mitschülern auszutauschen, die sich dort zum abendlichen Homework-Event treffen und/oder von ihren Eltern rausgeschmissen wurden – weil sie eben nicht wissen, wie der Schreibtisch funktioniert.

Hast du nun nach Stunden der Plackerei und mindestens drei Bandscheibenvorfällen den ganzen Schrott entfernt und wie beschrieben auf dem Müllkippchen entsorgt, wirst du beim Nachhausekommen etwas Neues entdecken: Oberhalb der Tischbeine kannst du nämlich, nach all den Jahren des Verstecktseins, endlich die sogenannte »Schreibtischoberfläche« erkennen. Schön, ne? Sie ist flach, sauber und farbig – zumindest kannst du nun endlich diese Farbe auch sehen. Meistens braun und wenig sexy. Dafür aber frei von Ballast. Ein großartiger Fortschritt. Auf dieser freien, sauberen und farbigen Oberfläche lassen sich ganz wunderbare Dinge erledigen – eben besagte Hausaufgaben! Großartig!

Mehr als nur Fun!

→ Matheaufgaben (Berechne den Umfang des Balles),
→ Englischaufgaben (Translate the word »ball«),
→ Physikaufgaben (Bestimme anhand des Newtonschen Gravitationsgesetzes den Massenpunkt, auf den der Ball auf einen anderen Massenpunkt, das heißt einen anderen Ball, mit einer anziehenden Gravitationskraft einwirkt),
→ Lateinaufgaben (Dekliniere: pila, pilae, pilam, pillermann et cetera),
→ Deutschaufgaben (Diskutiere kritisch, wie sich der Ball gerade fühlt, und charakterisiere seine Verhaltensweisen),

- → Bioaufgaben (Nenne Tierarten, die entweder ballförmig sind oder auf, unter, beziehungsweise neben Bällen leben können),
- → Erdkundeaufgaben (Wie viele Bälle kann man nebeneinander auf den Äquator legen?),
- → Religionsaufgaben (Freue dich, dass Gott immer bei dir ist. Der Ball ist egal),
- → Geschichtsaufgaben (Erläutere die historische Bedeutung des Balles im Hinblick auf seine soziokulturelle Entwicklung),
- → Informatikaufgaben (Erstelle eine benutzeroptimierte Software unter Verwendung verschiedener Programmiersprachen zur Berechnung des Wertes von x = Ball),
- → Chemieaufgaben (Beobachte, ob und wie sich der Ball in einer Salzsäuremischung in wie viele Bestandteile auflöst; verfasse ein Versuchsprotokoll),
- → Französischaufgaben (Überlege, wie viele besonders dicke Medizinbälle man auf den Eiffelturm werfen müsste, um ihn zu zerstören),

- → Musikaufgaben (Vergleiche den Ball mit einer beliebigen Oper von Mozart; erstelle diesbezüglich eine tabellarische Übersicht),
- → Sportaufgaben (Lasse den Ball hüpfen; hüpfe mit und zähle die Hüpfbewegungen; recherchiere außerdem das Wort Känguru),
- → sowie natürlich Kunst (Male den Ball bunt an!).

Zugegeben, etwa 90 Prozent aller Hausaufgaben sind schwachsinnig. Fünf Prozent sind komplett überflüssig. Weitere vier Prozent sind einfach nur Zeitverschwendung. Das restliche Prozent setzt sich zusammen aus rückwärts gefrühstücktem Rührei und Durchfall. Die kompletten 100 Prozent bestehen, grob zusammengefasst, aus Hassgefühlen, was meistens damit zusammenhängt, dass du als dämlicher Ignorant oder noch dämlichere Ignorantin einfach nicht verstehst, was der Lehrer von dir will. Was also will er mit Hausaufgaben erreichen?

Gut, Eigenverantwortung stärken. Blabla. Selbstverantwortung fördern. Noch mehr Blabla. Die meisten Lehrer interessieren sich für ein solches Gefasel nicht die Bohne. Ihr Kopfvolumen ist vollgepackt mit pädagogisch schwammigen Termini, die nicht mal ein Dolmetscher korrekt auf Realistisch übersetzen kann.

Tatsache ist, Lehrer waren auch mal Schüler, in grauer, düsterer Vorzeit, und hatten damals ebenfalls Hausaufgaben. Auch sie erkannten damals, dass Hausaufgaben nichts taugen und einem sämtliche Lebensenergie rauben. Nun denken sich die Lehrer: Was früher scheiße war, ist heute immer noch scheiße, und es ist nur gerecht, wenn meine Schüler genauso durch diese Scheiße laufen müssen, wie ich es damals musste. Getreu dem Motto »Was nicht umbringt, härtet ab«!

In gewisser Weise rächen sich Lehrer also an ihren Schülern für ihre eigene, vermurkste Kindheit ohne Freunde, Liebe, Zuneigung und Wurstbrot. Genau dies ist nun aber der entscheidende Grund, weshalb du deine kritische Haltung gegenüber Hausaufgaben aufgeben solltest: Wenn dein Lehrer nämlich sieht, dass du stets deine Aufgaben ordnungsgemäß erledigt hast, weiß er, dass du dabei gelitten hast. Selbiges wiederum erfreut ihn gar sehr und er wird in irgendeinem seiner wichtigen Lehrerbücher ein Pluszeichen hinter deinen Namen kritzeln. Oder, wie moderne Lehrer es machen, ein Sternchen mit Kreis, doppelt unterschlängelt und mit umhersummenden Bienchen.

Gute Lehrer benutzen Hausaufgaben auch gern als Einstieg in die Folgestunde. Wenn dann aber die Hälfte der Schüler mit Ausreden kommt à la »Mein Heft ist mir versehentlich in die Kloschüssel gefallen und beim Versuch, es herauszuholen, ist mein Arm stecken geblieben, was dazu führte, dass der Notarzt kommen musste, aber zu diesem Zeitpunkt hatte meine Mutter schon die Spülung betätigt und das Heft war weg«, ist jeder Lehrer, auch der schlechteste unter ihnen, bereits in der ersten Minute der Stunde vollkommen angepisst, stinksauer und wird den Rest der Sitzung ganz bestimmt nicht mit Frohsinn gestalten.

Vergiss nicht: Da Lehrer Respektspersonen sind (oder glauben, es zu sein), verstehen sie das Erledigen der Hausaufgaben als Respektsbekundung, das Nicht-Machen somit als Respektlosigkeit. Deshalb solltest du dir also durchaus die Mühe machen! Außerdem: Einige Schüler, die sich bereits einmal mit Hausaufgaben beschäftigt haben, berichteten, dass sie versehentlich sogar etwas dabei gelernt hätten. Krasser Scheiß, sicher, irgendwie unglaubwürdig, und doch ... Gerade für Schüler, die im Unterricht gern etwas Besseres zu tun haben, als aufzupassen, sind Hausaufgaben ohnehin die ideale Gelegenheit, verpennten und versäumten Stoff nachzuholen.

Hausaufgaben schützen vor Langeweile!

Mehr als nur Langeweile!

Aber wie genau macht man das jetzt mit den Hausaufgaben? Sich an den Schreibtisch setzen (wir erwähnten es bereits) ist schon mal ein guter Anfang. Als Nächstes braucht es nur noch Bücher, Stifte und vielleicht doch einen Computer, um eventuell bei der einen oder anderen Fragestellung das Internet um Hilfe zu bitten. Erfahrungsgemäß ist dieses Internet nämlich weitaus geduldiger und kontaktfreudiger als deine Eltern.

Ohnehin haben deine Eltern vom heutigen Schulstoff oft nicht den Hauch einer Ahnung. Sie blubbern dich allerhöchstens voll: »Früher haben wir das anders gemacht.« Gerne auch: »So wie du das machst, ist es falsch, aber auf die richtige Lösung musst du selber kommen, bist ja schließlich alt genug inzwischen.« Am liebsten allerdings: »Hausaufgaben muss man alleine hinbekommen.«

Damit geben dir deine Erzeuger zu verstehen, dass sie a) keine Zeit haben, b) keinen Bock haben und c) mal wieder nur doof sind. – Muss man einfach mal in dieser Härte formulieren!

Sitzt man nun am Schreibtisch, hat sein Zeug vor sich (was man eben so braucht: Kaffee, Zigaretten, Drogen, Flasche Eierlikör et cetera), kann man loslegen. Endlich!

Ähhh.

Was ähh?

Womit denn bloß?

Berechtigte Frage, die sich mithilfe eines Hausaufgabenheftes relativ easy beantworten lässt.

Häh?

Was?

Hausauf... Häh?

Besitzt du keines, klau halt das von deinem Sitznachbarn. Ein schlechtes Gewissen ist dabei überflüssig: Wer Geld für ein Hausaufgabenheft übrig hat, wird sicherlich auch genügend Schotter für ein zweites haben!

Reingucken in ein solches Heft ist schon mal ein beachtlicher Fortschritt, nützt aber nichts, wenn du vorher nichts reingeschrieben hast. Wir gehen aber mal davon aus, dass du nicht völlig dämlich bist.

Nunmehr solltest du die im Heft stehenden Aufgaben »bearbeiten«. Um etwas mehr Spaß bei dieser Bearbeitung zu haben, ist es natürlich hilfreich, volle Kanne Musik zu hören, am besten mit voll aufgedrehter Lautstärke, und auf YouTube parallel noch eine Playlist der nutzlosesten Videos mit extrem lauten Katzengeräuschen laufen zu lassen. Reicht das immer noch nicht, wirf zusätzlich den Fernseher an. Nur auf diese Weise gelangst du in den hoch konzentrierten und trance-ähnlichen Zustand, der dich befähigt, dich voll und ganz auf deinen Job zu fokussieren.

Mehr als nur Sitzen!

Womit du anfängst, ist schnuppe. Einige Schüler bevorzugen es, mit leichtem Scheiß (und ohne Schweiß) zu beginnen. Andere wollen erst die schweren Hürden nehmen, bevor sie sich am Ende, wenn sie eh abgekämpft und frustriert sind, den Simpeldingen zuwenden. Wie du es machst – egal! Dass du es machst – nicht egal!

Natürlich könnten Lehrer bei der Wahl der zu gebenden Hausaufgaben ein klein wenig kreativer zu Werke gehen als »Seite 22, Aufgabe 1–8«. Dies würde aber voraussetzen, dass sie sich bereits vor der Stunde Gedanken darüber machen. Was man nun wirklich nicht verlangen kann!

Stattdessen also musst du Dinge erledigen, für die noch nicht mal Streberkinder Motivation aufbringen können. Eben Aufgabe 1–8. Und wenn es an der Motivation hapert, bleibt nur noch Disziplin übrig. Wissenschaftler haben in diesem Zusammenhang herausgefunden, dass es nicht übel ist, sich in der Hausaufgabenphase eine Tafel Schokolade nach der anderen reinzustopfen; das soll die Disziplin enorm ankurbeln. Schokolade setzt bekanntlich Glückshormone frei – von denen du bestimmt welche nötig haben wirst. Dass Schokolade auf Dauer fett macht und dein Gesicht in einen mit Pickeln belegten Streuselkuchen verwandelt, sollte dich dabei nicht weiter kümmern. Vergiss so belanglose Dinge wie Aussehen und setze Prioritäten!

Ähnlich gut geeignet zur Steigerung der eigenen Effizienz und des Glücksgefühls sind koffeinhaltige Getränke wie Kaffee, Tee, Cola oder schottischer Whisky. Mit einer 1,5-Liter-Flasche Cola führst du deinem Körper den Zuckergehalt von 30 Stückchen Würfelzucker zu – genauso viel Zucker also, wie dein Organismus in einer normalen 120-minütigen Hausaufgabenphase benötigt. Insbesondere dann, wenn die Aufgaben keinen Spaß machen, was, so hört man hin und wieder auf den Fluren der Anstalt, durchaus häufiger vorkommt.

Zuweilen triffst du auf Lehrer, die den Umfang der Hausaufgaben vom Verhalten in der Klasse abhängig machen: »Wenn ihr euch benehmt, gebe ich euch nichts auf.« Andersrum funktioniert es natürlich auch: »Wenn ihr so weitermacht und nicht die Klappe haltet, dann gibt es Hausaufgaben, bis der Arzt kommt.«

Lehrer, die so vorgehen, sind, um einen besonders komplexen Terminus in die Debatte einfließen zu lassen, komplette Waschlappen. Sie arbeiten nach einem System von Belohnung und Bestrafung, was generell nicht schlecht ist, aber dem Ziel von Hausaufgaben entgegensteht. Vor allem mit »Wenn ihr euch benehmt, gibt's nix auf« machen solche Lehrer unbewusst deutlich, dass man eigentlich auf Hausaufgaben verzichten kann und sie lediglich aufgegeben werden, weil es eben so ist und weil man das schon immer so gemacht hat.

Wie bereits angedeutet, wäre es natürlich toll, wenn Lehrer sich bei der Aufgabenwahl nicht nur auf die stellenweise hingerotzten Formate im Schulbuch verlassen, sondern eigene kreative Ideen mitbringen und am besten gleich mehrere davon zur Auswahl stellen, sodass man sich als Schüler die für einen selbst spannendste und motivierendste Aufgabe aussuchen kann. Es schadet nicht, seinen Lehrer auf derartige Möglichkeiten hinzuweisen: »Ganz tolle Aufgaben, aber ich hatte mir überlegt, ob ich das nicht auch anders machen könnte …«

Manche Lehrer haben die Angewohnheit, Hausaufgaben einzusammeln. Du bekommst sie zwar meistens nie zurück, und wenn doch, dann ganz bestimmt unkorrigiert und damit ungelesen. Mit dem Einsammeln tut der Großmeister so, als würde er sich tatsächlich und mit vollem Ernst für deine Ergebnisse interessieren. In der Regel ist dies allerdings nicht wirklich der Fall.

Voller Fokus
auf den Job!
Klar doch …

Andere Lehrer sammeln zwar nicht ein, erlauben aber das »freiwillige Abgeben« – natürlich in der Hoffnung, dass niemand auf die behämmerte Idee kommt, es wirklich zu tun! Scheiß drauf: Das ist doch ein großartiges Angebot, das du niemals abschlagen solltest. Und selbst wenn die Aufgabe nur daraus besteht, ein einziges Verb in eine einzige Lücke einzutragen – abgeben!

Wenn du dir schon die Mühe machst, den Quatsch zu erledigen (bedenke: Du hast eigentlich Wichtigeres zu tun!), sollst du wenigstens zensurenmäßig davon profitieren. Es wird deinem Lehrer nämlich sehr schwerfallen, eine mangelhafte Zeugnisbewertung zu rechtfertigen, wenn du ihm immer brav und zuverlässig deine Ergüsse auf den Tisch geknallt hast.

Mehr als nur Ausreden!

Für den Fall, dass du deine Hausaufgaben »vergessen« haben solltest, bieten sich verschiedene sehr durchdachte Ausreden an, über die sich sogar Lehrer freuen dürften. Komm aber um Gottes willen nicht auf die Idee, zu sagen, dass dein Hund die Aufgaben gefressen hat. Dieser Spruch hat schon vor 100 Jahren nicht funktioniert und wird auch in der Wiederholungsschleife nicht unbedingt besser. Zumindest ein klein wenig besser: dasselbe Tier (Köter), dann noch eine Präposition (zum Beispiel »auf«) und ein anderes Verb (zum Beispiel »gekackt«). Und fertig ist eine immerhin mittelprächtige Ausrede.

→ Willst du besonders clever vorgehen, bietet sich die in vielen Versuchen erfolgreich getestete Schleim-Methode an: »Ach, es tut mir ehrlich leid, aber ich war von der Art und Weise der Aufgabenstellung dermaßen fasziniert, dass ich darüber volle Axt die Zeit vergessen habe.« – Kommt besonders gut, wenn man irgendwie auf die Lehrkraft steht. Also erotisch jetzt. Nicht intellektuell.

→ Weniger genial, aber dennoch akzeptabel ist die E-Mail-Ausrede: »Also, ich hab sie Ihnen heute Nacht um drei Uhr per Mail geschickt, weil Sie doch immer sagen, dass man meine Schrift nicht lesen kann, und die müsste längst bei Ihnen angekommen sein.«

→ Im Anschluss gilt es sofort zwischen zwei Varianten zu wählen:

→ A) »Ach, die ist nicht angekommen? Vielleicht ist das verdammte Internet schon wieder zusammengebrochen.«

→ B) »Ich konnte ja nicht ahnen, dass Sie zu blöd oder zu faul sind, in Ihren befickten Posteingang zu gucken.«

→ Variante B könnte dich allerdings in Schwierigkeiten bringen und ist nur für besonders mutige Schüler geeignet. Weniger mutige Menschen ersetzen einfach »blöd« und »faul« durch »überarbeitet« und »gestresst« und fügen noch ein »'tschuldigung« an bei gleichzeitigem Weglassen des Akkusativadjektivs.

→ Vielleicht nicht übermäßig spektakulär, aber irgendwie trotzdem ganz niedlich ist eine Ausrede mit Familienbezug: »Tut mir leid, aber mein Vater war so stolz, dass ich endlich mal etwas richtig gemacht habe, dass er das Heft mit zur Arbeit genommen hat, um vor seinen Kollegen anzugeben. Sie glauben ja nicht, was die alle für dumme Kinder haben!«

→ Bei perfektionistischen Lehrern solltest du jedoch eher zu anderen Mitteln greifen: »Ich habe gestern den ganzen Tag in der Bücherei zugebracht, und einige der Bücher, die ich für die Bearbeitung der Aufgabe brauchte, waren leider bereits ausgeliehen. Sicherheitshalber habe ich hier einen Zettel mit Unterschrift der Bibliothekarin, die bezeugen kann, dass ich ohne die nicht vorhandenen Werke meine Aufgaben bedauerlicherweise nicht erledigen konnte.« – Bei dieser Ausrede ist es sehr wichtig, dass du tatsächlich irgendeinen Wisch mit einer Unterschrift hervorzauberst. Kann auch vom Busfahrer unterschrieben sein, oder von deiner linken Hand. Ansonsten andersrum. Oder beidhändig.

→ Willst du dich sehr geschickt anstellen, braucht es noch ein »Ich hätte das auch ohne Bücher machen können, aber ich wollte die Aufgaben einfach richtig gut erledigen, um eine gute Note zu bekommen«. Dabei natürlich dein charmantestes Gesicht aufsetzen: Flirtmodus. Zieht auch bei gleichgeschlechtlichen Lehrern.

→ Immer für einen Lacher gut ist »Ich war pleite und hab den Kram bei eBay versteigert« – der Lacher kommt aber wahrscheinlich nicht von Pädagogenpaule.

→ Du kannst auch versuchen, an die Menschlichkeit deines Lehrers zu appellieren (mit etwas Glück verfügt er über rudimentäre Kenntnisse), und zwar mit einer Schicksalsstory, die deine Person in ein positives Licht rückt: »Ich hatte alles dabei, aber dann habe ich heute Morgen ein kleines Kind schreien gehört (besser: eine ganze Familie!). Also bin ich mit dem Rucksack, in dem meine Schulsachen waren, in den reißenden Bach gesprungen (sofern vorhanden! Ansonsten: Schwimmbad, Kanal, Pfütze et cetera) und habe das Kind unter allergefährlichster Lebensgefahr gerade noch retten können. Traurigerweise drohte mein Rucksack, aufgrund seines enormen Gewichts, mich und das Kind (oder die Familie) mit hinunterzuziehen in die Tiefe, sodass ich mich seiner leider entledigen musste, um das Kind (+ Familie und/oder Nachbarn der siebenköpfigen Sippschaft) sicher ans Ufer zu bringen. Die Feuerwehr sucht noch nach ihm und wird bestimmt gleich anrufen.«

→ Falls dir nun all diese Ausreden viel zu umständlich sind, lohnt es sich, wenigstens ein etwas aus der Mode geratenes »Sorry, ich habe es nicht, mache es aber zu morgen nach, wenn das noch geht, und es kommt nie wieder vor« zu stottern. In diesem Fall gilt aber unbedingt: den Quatsch tatsächlich machen und unaufgefordert vorzeigen.

→ Ebenso altmodisch wäre natürlich auch: »Ich hab's nicht, und mache es auch nicht. Die Aufgaben sind scheiße, das Fach ist scheiße, das Leben ist scheiße, alles ist scheiße.« – Vorteil: Klare Ansage! Der Lehrer spürt: Da ist Leidenschaft! Nachteil: Eigentlich mag der Lehrer keine klaren Ansagen. Schon gar nicht von Schülern. Eine mögliche Konsequenz wäre unter Umständen das beliebte Nachsitzen – eine gerne mehrfach wöchentlich stattfindende Therapiesitzung der Anonymen Aufgabenallergiker, einer Untergruppe der Anonymen Arschlöcher – über die Lehrer aber sonderbarerweise nicht gerne reden wollen, obwohl viele insgeheim längst zu Vorsitzenden der entsprechenden Ortsarschlochverbände gewählt worden sind.

Es gibt Lehrer, die geben pro »vergessener« Hausaufgabe einen Strich. Warum Strich und nicht Sternchen ist unbekannt. Vielleicht sind Striche einfacher zu machen. Soll uns aber nicht interessieren. Bei drei Strichen (oder fünf oder zehn oder 50) gibt es eine Extraaufgabe. Falls diese auch »vergessen« wird, gibt es wieder Striche. Oder du musst einen Kuchen für die Klasse backen. (Tipp: Soll Mama backen! Erzähle ihr irgendwas von »Der Lehrer verlangt das«. – Führt auf jeden Fall zu einem Telefonat Mama + Schulleitung).

Hinweis: Wenn dich jemals ein Lehrer auffordert, für nicht geleistete schulische Aufgaben einen Kuchen zu backen (und, ja, Derartiges gibt es tatsächlich!), gibt es nur eine Antwort: Du weigerst dich! Du bist in einer Schule und nicht im pädagogischen Kochstudio für unterentwickelte Pädagogen, die Backen tatsächlich als Strafe oder Konsequenz betrachten. Ebenso wenig kann dich ein Lehrer zwingen, Hackbällchen mitzubringen. Auch nicht mit Senf. Und ein halbes Schwein gefüllt mit Würstchen geht schon mal gar nicht, selbst wenn der Lehrer offenbar dringend mal wieder was Vernünftiges essen müsste.

Hackbällchen mitbringen? Nicht mit mir!

Teile ihm oder ihr klipp und klar und unmissverständlich mit, dass er dir für die fehlende Aufgabe eine 6 in sein schlaues Buch eintragen soll. Kuchen backen = Fehlanzeige! Allein schon, weil du keinen Schimmer hast, wie so was funktioniert. Und weil es unter deiner Würde ist. Und weil man Trotteln nicht auch noch das Gefühl geben sollte, sie hätten einem etwas »beigebracht«.

Mehr als nur Wischi!

Ohnehin ist konsequentes Verhalten bei vielen modernen Lehrern nicht mehr besonders angesagt, obwohl es genau das ist, was Schüler eigentlich wollen.

Seien wir ehrlich: Du willst keinen Waschlappen als Lehrer. Du willst jemanden, der dich unterrichtet, der Ahnung hat, der dich als Menschen respektiert, ohne aber andauernd Wischi-Waschi-Pädagogik zu betreiben. Vielleicht gibt es Momente, wo dich konsequente Lehrer ankotzen, aber im Endeffekt ziehst du sie immer jenen vor, die offenbar glauben, im Regenbogenland zu leben, und sich benehmen wie Gummibärchen im Brauseparadies.

Ein Lehrer, der ankündigt: »Wenn du noch einmal schnatterst, fliegst du raus«, findet sich häufig. Ein Lehrer, der dich dann aber wirklich vor die Tür setzt, hat Seltenheitswert. Stattdessen folgt eine weitere Ermahnung. Dann noch eine und noch eine, und danach wird mit einer Extrahausaufgabe oder gar Nachsitzen gedroht, was aber niemals stattfindet. Wattebällchenpädagogik vom Feinsten!

Brutal sind Lehrer, die Sprüche raushauen, die mit »oder« beginnen. »Oder es gibt Ärger!«, »Oder ich rufe deine Eltern an«, »Oder wir sehen uns beim Schulleiter!« – Normalerweise gilt für dich: Locker bleiben! Easy going! Wird alles nicht passieren! Weder Ärger noch Eltern noch Schulleiter. Mit ganz viel Pech ein »Problemgespräch« am Ende der Stunde.

Ob du es glaubst oder nicht, du willst Lehrer, die einen Kompass haben. Denn so ein Kompass ist absolut präzise und nie unzweideutig. Wenn der Lehrer sagt »Oder es gibt Schläge« und dich dann wirklich verprügelt – tolle Sache! Zeugt von Stil, Eleganz und ein klein bisschen Gewaltbereitschaft! Sagt er »Ich reiß dir gleich den Arsch auf« und schreitet dann wirklich zur Tat – spektakulär und nachahmenswert für alle anderen gackernden Gummigockel. Wenn er von dir Pünktlichkeit erwartet und es selbst genauso handhabt – geil! Verlangt er, dass du deine Materialien dabeihast, und er selbst hat sie auch dabei – geil! Will er, dass du über deine sexuellen Wunschträume öffentlich redest, und tut es dann selbst ebenfalls – noch mehr geil!

Kurzum: Die Grundlagen jeglicher Form von Erziehung haben mit Konsequenzen zu tun, mit der für dich geltenden Schlussfolgerung: Verhalte ich mich A, werde ich die (sinnvolle und mit der Übeltat verknüpfte!) Strafe B spüren.

Das Backen eines Kuchens ist an keine bislang bekannte schulische Übeltat geknüpft, und sofern deine Klasse nicht zufällig ein Obdachlosenheim oder ein Kinderkrankenhaus mit Leckereien überraschen will, bleiben Mehl und Eier und Milch gefälligst im Schrank, notfalls, bis der ganze Mist grün anläuft, dabei klassische Operngesänge durch die Gänge schmettert und dich fröhlich lächelnd in kroatischer Sprache begrüßt.

4. KAPITEL

GRUNDLAGEN DEINER ERZIEHUNG

Viele deiner Mitschüler sind Vollpfosten. Sie brauchen Erziehung. Schule bietet Erziehung. Eine perfekte Gleichung. Du selbst bist natürlich kein Vollpfosten. Auch keine Pfostin. Wäre es der Fall, würden wir es hier klipp und klar genauso sagen. Aber es wäre natürlich eine Lüge.

Vollpfosten zeichnen sich nicht nur durch erschreckende Hirnhohlheit aus, sondern auch dadurch, dass sie häufiger mal so richtig ins Klo greifen. Sie bauen Mist. Kann passieren. Ist auch nicht schlimm. Mist ist zuerst einmal nichts weiter als eine mistige Substanz, die von irgendwelchen Tieren vollgeschissen wurde. Meist von Kühen oder Schweinen oder Schafen oder Eichhörnchen. In der Alltagsverwendung hat der Begriff »Mist« allerdings einen Wandel durchlaufen und bezeichnet Momente und Sachen, die irgendwie vom Adjektiv »toll« ziemlich weit entfernt sind.

In der Schule sind es besonders Jungs, die Mist bauen, was komisch ist, denn Mist kann man gar nicht bauen, sondern höchstens schnuppern. Bekanntlich sind Jungs viel, viel cooler als Mädchen und neigen dazu, ihre Coolness mit coolen Aktionen zu untermalen, was man vor allem in jüngeren Klassenstufen beobachten kann.

Kevin-Jerome schießt einen Fußball in irgendein Fenster. Oder in die Glocken des Physiklehrers. Tyler-Jeturo ist versehentlich ein

Karton mit Eiern (oder wahlweise eine Kiste mit Felsbrocken) auf den VW Golf der Englischlehrerin gefallen. Zur Entschuldigung hat er geistesgegenwärtig mit einem spitzen Nagel die Motorhaube mit einem »Sorry« verziert. Man hat ja schließlich noch Grundlagen von Benehmen! Niklas-Konstantin hat, ebenso versehentlich, Janina-Nicolette an die Titten gefasst, dabei anstößige Bemerkungen abgegeben und außerdem mehrfach und sehr laut den Namen ihrer BFF gestöhnt. Und Casper-Götz? Der hat aus lauter Frust über einen schlechten Lateintest an die Tafel gepinkelt. Nachvollziehbar. Frustabbau ist wichtig! Aber man kann mit dem Herausholen des Penis wenigstens so lange warten, bis der Lehrer sich von der Tafel entfernt hat.

Bei Mädchen sind die Fälle ein wenig anders gelagert. Sie neigen bekanntlich zu subtileren Aktionen. Vivien-Samira hat in einem Anfall von Neid und Eifersucht ihr Make-up-Etui auf Sienna-Wendy geworfen, woraufhin Sienna-Wendy natürlich Vivien-Samira als »Bückstück« bezeichnet hat. Und das ausgerechnet mitten in einer Religionsstunde mit dem faszinierenden Thema »Respekt und der moralisch sinnvolle Umgang mit anderen«. Immer noch besser als Nina-Zoey, die via Cybermobbing ihre einstige Freundin Hailey-Xena öffentlich als »Spermarutsche mit Mundgeruch« bezeichnet und, wo sie schon dabei ist, das Gleiche auch noch über ihre Sportlehrerin in die Welt postet. Inklusive eines Fotos von fickenden Schafen und dem Kommentar »Frau Schnarre-Kopisnky is doing sports …«, was immerhin von passablen Fremdsprachenkenntnissen zeugt.

All diese Fälle sind definitiv nicht an den Haaren herbeigezogen. Es handelt sich um zwar verkürzte, aber insgesamt ganz realistische Beschreibungen von »Mist bauen« im schulischen Umfeld.

Mist bauen, ob absichtlich oder unabsichtlich, kommt vor, zumal Schüler hin und wieder einfach mal Luft und Frust ablassen müssen. Fragt sich bloß, wie man im Anschluss damit umgeht.

Lehrer mögen es nicht, wenn ihre Schüler Mist bauen. Weil sie einfach unwitzig sind und Humor für eine Erfindung fauler Sackgesichter halten. Und weil sie fürchten, die anderen Kollegen könnten denken, sie hätten ihre Schüler nicht im Griff. Was ja auch meistens stimmt. Davon abgesehen: Wenn du Mist baust, brauchst du eine Strategie. Denn Mist kommt immer ans Tageslicht.

Auf jeden Fall willst du natürlich vermeiden, dass deine Eltern von der Sache Wind bekommen. Die sind nämlich auch unwitzig und können aufgrund ihres deutlich erhöhten Alters mit jugendlichem Humor nichts mehr anfangen. Also gibt es nur zwei Möglichkeiten:

Option A) Petzen! Alle Schuld von sich weisen! Selbige an Mitschüler verteilen. Vor allem an solche, die du ohnehin nicht leiden kannst. Dabei total unschuldig gucken und darauf verweisen, dass dein Papa Anwalt in einer großen Kanzlei ist. Muss nicht stimmen – beim Wort »Anwalt« knicken die meisten Lehrer unkompliziert ein und die Sache ist vergessen.

Option B) Wenig spektakulär. Eigentlich sogar ziemlich öde. Mistbauen zugeben. Keine Ausflüchte suchen. Einfach nicken und abwarten, was das Inquisitionsgericht als Folterstrafe vorschlägt. Sich bei demjenigen entschuldigen, dem man Schaden zugefügt hat. Ja – auch beim Lehrer, obwohl dieser den Schaden mit Sicherheit verdient hat. Sicherheitshalber anmerken, dass »so was niemals wieder jemals wieder vorkommen wird«. Dabei auf jeden Fall einen unschuldigen Blick aufsetzen. Hinzufügen, dass die eigene »Verhaltensweise in jeder Hinsicht falsch, unmenschlich, unmoralisch und unethisch war« und dass man sich sehr schäme und »voll und ganz die Verantwortung« für sein »erschreckend kindliches Verhalten« übernehme.

Es gibt tatsächlich Lehrer, die auf Ehrlichkeit stehen, geradezu darauf abfahren. Sie hassen es, belogen zu werden, was sie als Respektlosigkeit deuten, womit sie wiederum richtig liegen.

Hast du während einer Klassenarbeit beim Nebenmann abgeschrieben und der Lehrer bittet euch beide einige Tage später um ein Gespräch, sollte wohl klar sein, worum es geht. Betone einfach, dass dein Nebenmensch niemals etwas so Böses tun würde und dass du alleine dafür geradestehen wirst. Ziemlich sicher wirst du daraufhin mit einer schlechten Note leben müssen. Andererseits kannst du noch, ohne dich in den Boden der Arschlocheritis zu schämen, in den Spiegel gucken – und dich selbst respektieren.

Worte des Respekts

Lehrer wollen Respekt – und bekommen ihn eher selten. Vielleicht ist dies der Grund, warum viele Lehrer heutzutage den ganzen Tag lang frustriert und angenervt durch die Schule latschen. Einige von ihnen werden dabei sicherlich an »früher« denken, denn »früher« war, wie wir inzwischen wissen, alles besser. Früher hieß der Lehrer auch nicht Lehrer – er war ein Meister. Meister der Herzen. Schulmeister. Klang wichtig, war wichtig. Wenn früher – also im Plusquamperfekt des Heute – ein solcher Meister der Herzen durchs Dorf schritt, stets gekleidet in einen sommerlich grauen Anzug (Grau galt damals als Trendfarbe), dann wäre ein Schüler niemals auf die bescheuerte Idee gekommen, einfach grüßend an ihm vorbeizugehen.

Lehrer wollen Respekt. Ach echt? Wir auch!

Stattdessen rannte man weg, versteckte sich hinter der nächstbesten Hecke oder in irgendeinem Hühnerstall, in der Hoffnung, dass der Moment terroristischen Schreckens schnell vorübergehen würde. Tat er dann meistens auch – man konnte allerdings nur beten, dass man beim Versteckspiel nicht gesehen worden war. Denn falls doch, wurde man am nächsten Tag verprügelt. Alles absolut normal. Zur Ausrüstung des Schulmeisters gehörte nämlich nicht nur oben erwähnter Anzug in frischen gräulichen Sommerfarben, sondern auch ein rosa Kreidedöschen und vor allem ein herrlich gebogener Rohrstock. Mit selbigem Rohrstock machten dann, bei Jungs, die Hinterteile Bekanntschaft. Mal mit, mal ohne Hose. Mädchen kamen etwas besser weg, für sie gab es nur total schmerzfreie Schläge auf die Handflächen.

Natürlich hatte der pädagogische Meister der Herzen absolut keinen Spaß an solcher »körperlicher Züchtigung« – noch lange kein Grund, es zu lassen! Man erwartete es schließlich von ihm. Respektlosigkeit, fehlende Hausaufgaben und Dummheit wurden bei ihm in keiner Weise toleriert. Gleiches galt übrigens auch für schmutzige Fingernägel. Nach dem Morgenappell (Lehrer geht Namensliste durch, benutzt dabei nur Nachnamen, Schüler steht bei Namensnennung auf und schreit irgendwas wie »Anwesend, Herr Lehrer!«) wurde vor allem an Dorfschulen ein solches Check-Programm durchgeführt. Bei dreckigen Nägeln, oder wenn man sie einfach zu Hause vergessen hatte, gab es Prügel. Selbige natürlich auch für das Fehlen eines sauberen Taschentuches! Ob auch das Fehlen von Unterwäsche überprüft wurde, ist nicht bekannt.

Der Rohrstock galt jedenfalls mit vollem Recht viele Jahrtausende lang als bedeutsames Erziehungsmittel. Dass es nämlich einen Zusammenhang gibt zwischen körperlicher Züchtigung (Schmerzen, Aua, Tut weh) und deutlicher Zunahme des Lernerfolges, ist in der Wissenschaft unbestritten. Kamen Schüler auf die geniale Idee, sich zu Hause bei ihren Eltern über die »Pädagogik« ihres Schulmeisters zu beschweren, reagierten diese meist souverän: Es gab einfach nochmals Prügel! Heutzutage würde es einen Besuch beim Anwalt geben.

Worte der Liebe

Vor 100 Jahren wären Schüler niemals auf die Idee gekommen, ihren Lehrer öffentlich zu beleidigen. Gehörte sich einfach nicht.

Ohnehin gab es früher nur ein sehr begrenztes Repertoire von Schimpfwörtern: Warmduscher, Backofenvorheizer, Freizeitalkoholiker, Schnapsdrossel mit Mundgeruch, Brötchen-über-der-Spüle-Aufschneider, Schlafzimmerheizer, Überraschungs-Ei-Schüttler (was komisch ist, denn es gab noch gar keine Ü-Eier), Gulaschkobold, Seifenlutscher, Duschgel-Wärmer, Sackamöbe, Affenarsch, Affenarsch mit Ohren, Affenarschimplantat, Affenbefruchter, Affenhirn, Affenlutscher – offenbar waren Affen früher sehr beliebte Tiere! Alsdann vielleicht noch Hafenpenner oder Doofmanngehilfe.

Mehr Schimpfwörter gab es einfach nicht. Mit einem solch limitierten Vokabular war es natürlich für Schüler nicht einfach, sich verbal durchzukämpfen.

Heute ist dies viel simpler. Wenn ein Lehrer eine beschissene Handschrift hat, spricht überhaupt nichts dagegen, ihn als »Tafelschänder« zu bezeichnen, auch in seiner Gegenwart. Wenn eine Lehrerin sich morgens ihre Parfümladung mit der Spritzpistole in die Vorderansicht geschossen hat, ist es nicht unüblich, ihr als Zeichen des Respekts einfach mal »Primärduftbombe« hinterherzuschreien; besonders dicke Lehrer (sogenannte »Lebensmittelschwangere«) werden politisch korrekt als »Schulflurpanzer«, besonders harte Lehrer als »Hundewelpenmörder«, besonders hässliche Lehrer als »Hackfleischplatte« und besonders dumme Lehrer, obwohl es eigentlich keine dummen Lehrer gibt, als »Knäckebrot« bezeichnet (Letzteres zurückzuführen auf die ähnliche IQ-Struktur).

Alles ganz normal und fast schon gesellschaftlich akzeptiert. Nur leider nicht bei Lehrern, bekanntlich allesamt Spießer, die sich tatsächlich immer noch darum bemühen, als Respektspersonen wahrgenommen zu werden. Früher, wie schon geklärt, war der

»Schulmeister« quasi per Amt eine Respektsperson. Er war Lehrer, und folglich war es selbstverständlich, regelrecht vor ihm niederzuknien. Verdienen musste er sich seinen Respekt nicht, er bekam ihn einfach!

Lehrer sind, zumindest theoretisch, erwachsen. Der Umgang mit Erwachsenen sollte immer von Respekt bestimmt sein. Zumindest theoretisch. Denn heutzutage muss man sich Respekt verdienen.

Wenn dein Lehrer andauernd unpünktlich ist (natürlich wegen wichtiger Elterngespräche) – weshalb solltest *du* dann um Punkt Irgendwas auf der Matte stehen?

Wenn dein Lehrer es nicht schafft, Klassenarbeiten und Tests innerhalb von zwei Wochen zu korrigieren (natürlich wegen wichtiger Elterngespräche) – warum solltest *du* dann deine Hausaufgaben von heute auf morgen erledigen? Verdienst du nicht auch wenigstens einen Monat Zeit dafür? Er nimmt sich dieses Recht schließlich auch heraus.

Lehrer sind voll klug. Glauben sie!

Wenn dein Lehrer dich oder deine Mitschüler beleidigt (schlimmste Klasse der Welt, ihr könnt alle gar nichts, ihr seid dümmer als ein Heringssalat, et cetera) – ist es wirklich so verwunderlich, wenn du die Komplimente an ihn zurückgibst? (Größte Pissnelke des Universums, kann noch weniger als gar nichts, blöder als Hefeteig …)

Wenn du deinen Lehrer nach Ende der Stunde unbedingt etwas fragen willst oder musst, er aber erstaunlicherweise keine Zeit hat (Elterngespräche et cetera) – weshalb solltest *du* dann Zeit haben, wenn er mal etwas von dir will?

Ist dein Lehrer fachlich total deppert – weshalb solltest du dir dann die Mühe machen, dir den Stoff reinzuziehen, den offenbar nicht einmal er selbst versteht?

Tatsache ist: Respekt erzeugt Gegenrespekt. Verhält sich dein Lehrer der Herzen respektlos dir gegenüber – verhalte auch du dich respektlos. Blöd nur, dass dir diese moralisch korrekte (?) und bereits in der Bibel gelehrte Verhaltensweise (Wenn dir einer auf die rechte Backe schlägt, dann schlag gefälligst zurück) schulisch keine Vorteile bringt.

Bleibt also Schleimen? Trotz besseren Wissens? Ganz bestimmt nicht! Wenn du unbedingt dein Rückgrat verbiegen willst, dann mach halt Rückengymnastik oder buche einen Bauch-Beine-Po-Kurs im örtlichen Fitnessstudio. Auch wenn du der Meinung bist,

Ich bin die schlimmste Klasse der Welt. Gefällt mir!

schlecht behandelt zu werden, darfst du trotzdem freundlich sein. Darfst trotzdem deinen Kram erledigen. Darfst das tun, was du tun musst, um gute Noten zu erzielen. Nicht schleimen. Einfach machen.

Wissenschaftler haben herausgefunden, dass eigenes höflich-korrektes Verhalten auch höflich-korrektes Verhalten bei anderen hervorruft. Und wenn doch nicht, dann solltest du deinem Lehrer vielleicht einfach mal auflauern und mithilfe eines ganz normalen Vorschlaghammers aus der Hausmeisterwerkstatt (Kabuff des Elends) überprüfen, ob seine Fingernägel schmutzig sind.

Worte der Ordnung

Um sicherzugehen, dass Schule funktioniert, hat der Gesetzgeber (ein alter, weiser Mann, der in der jeweiligen Landeshauptstadt in einem Schloss lebt und von Tuten und Blasen keine Ahnung hat) einen der wichtigsten Gesetzestexte überhaupt verfasst.

Die Schulordnung.

Ein Wunderwerk literarischer Qualität, welches sich auf dem Buchmarkt trotzdem nicht behaupten konnte. Inzwischen machen viele Schulen ihre Ordnungen selbst – trotzdem sind die Dinger nach wie vor komplette Flops, was aber so erstaunlich nun auch wieder nicht ist.

Die Schulordnung verbietet zum Beispiel auf dem gesamten Schulgelände (dazu gehören auch Klo, Hausmeisterkeller, Lehrerzimmer und Prügelbutze) den Genuss von Alkohol. Hier bereits zeigt sich die Arroganz des Gesetzgebers: Was bitte hat denn der arme Alkohol der Schule nur getan? Sie einmal schief angesehen? Und warum darf er nicht konsumiert werden? Wie bitte soll man den Religionsunterricht in der Oberstufe überstehen, ohne alkoholtechnisch »auf Pegel« zu sein? – Selbstverständlich zielen die letzten beiden Fragen ausschließlich auf die Lehrkraft ab. Schüler sind für den Genuss von Alkohol bekanntlich noch zu dumm und lebensunerfahren. Gerade Schüler »unterer« Schulformen wurden bereits dabei beobachtet, wie sie während des Vormittagsunterrichts hilflos japsend durch die Fußgängerzone stiefelten und unschuldige Passanten mit bettelndem Flehen baten, ihnen die Bierdose aufzumachen. Es zeigt sich also: Alkohol bitte erst ab Klasse 11.

Neben dem Genuss von Alkohol ist normalerweise auch das Rauchen verboten. Auch hier gilt: Welche Schuld muss Tabak bloß auf sich geladen haben, um nicht mehr auf dem Schulgelände erwünscht zu sein? Vor einigen Jahren war es für Schüler sehr einfach, rauchende Lehrkräfte auf dem Gelände zu finden. Man konnte sie regelrecht erschnuppern aufgrund des Gestanks in ihrer Kleidung. Alles vorbei!

Schüler der Oberstufe, die es damals gewohnt waren, während einer Klausur von 90 Minuten mindestens 45 davon für Zigarettenpausen zu verwenden, mussten sich nunmehr andere Beschäftigungen suchen. Viele wandten sich logischerweise dem Alkohol zu, nur um zu merken, dass auch der auf der Verbotsliste stand. Wenigstens durften sie Wasser trinken. Außer natürlich in Fachräumen. Denn der unsachgemäße Umgang mit dem frischen Nass könnte zur Explosion des Raumes führen.

Als Fachraum gilt laut Schulordnung »jeder Raum, der nicht zu den AUR gehört«. AUR wiederum ist keine Abkürzung für Arschgesichtige Unansehnliche Rübennase aus Aurich, sondern, in Schulsprech, ein »Allgemeiner Unterrichtsraum«, lediglich geeignet für Blubberfächer wie Deutsch, Englisch, Religion, Erdkunde, Geschichte et cetera. So gesehen wäre auch die Sporthalle kein AUR, sondern ein Fachraum. In diesem GFR (Großfachraum) ist es, wenn man den üblichen Schulordnungen glauben darf, bei Todesstrafe verboten, die sportlichen Aktivitäten nackt durchzuführen.

Schule beweist hier, dass neue wissenschaftliche Forschungen für den Unterrichtsalltag nicht relevant sind. Auch wenn sämtliche sportwissenschaftlichen Studien belegen, dass Nacktsport in jeder Hinsicht »aktiver« ist als bekleideter Sport, schert sich Schule um derartige Erkenntnisse wie immer einen feuchten Furz und nimmt damit Schülern auch noch den letzten Rest von Spaß!

Die Schulordnung verlangt von dir als Schüler weiterhin den »sorgsamen Umgang mit dem Schulgebäude, dem Mobiliar, den Ausstattungsgegenständen und den Unterrichtsmaterialien«. Wäre es demnach nicht am sinnvollsten, Schüler gar nicht erst mit dem Schulgebäude, dem Mobiliar, den Ausstattungsgegenständen und den Unterrichtsmaterialien in Kontakt treten zu lassen?

Was ist im Übrigen mit Lehrern? Wenn ein Lehrer versehentlich einen Overheadprojektor aus dem Fenster wirft oder einen Stuhl (mit oder ohne draufsitzendem Schüler) gegen die Wand klatscht? Wenn er dem Englischbuch das Fliegen beibringt? Inklusive sanfter

Landung in der Magengegend eines hilflosen Schülers? Wenn er, vom Alkohol und den Drogen auf der gestrigen Lehrerkonferenz noch benebelt, mal eben nebenbei das Pult abfackelt?

Kann alles passieren! Und ist auch schon passiert!

Aber dies bleibt natürlich in der Schulordnung unerwähnt.

Griff man früher als Schüler unter seinen Tisch, konnte man immerhin das Zählen üben: das von angeklebten Kaugummis nämlich. Entweder seiner eigenen oder derer eines längst der Schule verwiesenen Vorgängers. Tausende Schüler sind sich einig: Das Kleben von Kaugummis unter den Tisch ist völlig in Ordnung, macht Spaß und geht als produktive Nebentätigkeit durch. Wo verdammt soll man denn sonst mit den Dingern hin? Direkt ins Mathebuch damit? In die Haare? Und wenn ja, in welche? Und überhaupt: Diese Entscheidungen wären unnötig, würde Kaugummikauen in der Stunde endlich wieder erlaubt werden.

Einige Schulen sind gnädig: Sie verbieten zwar das Kaugummi-*kauen* – von Lutschen oder Lecken ist aber nicht die Rede! Vielleicht könntest du damit einen neuen Trend auslösen? Licking-your-Chewing-gum? Könnte auf jeden Fall weltweit zu einem Umdenken im Umgang mit Kaugummis führen und die Gesellschaft auf Jahre hin grundlegend verändern!

Dass Kaugummikauen das Hungergefühl senken kann und damit den Geräuschpegel im Klassenraum reduzieren würde, wurde von der Lehrerschaft offenbar noch nicht erkannt. Und wer kennt

Ich befolge immer die Schulordnung. (Logisch ...)

das nicht? Da setzt der Powerpädagoge in der Biostunde gerade wieder zu einem mächtigen Monolog über missgestaltete, magere Mistkäfer auf Mikronesien an – und schon rumort es. Nicht nur einmal, sondern zweimal, zwanzigmal. Mägen drehen sich im Kreis und geben dröhnend zu verstehen, dass sie keinen Bock haben auf Mistkäferplagen auf Miniinseln, sondern einfach nur elendigen Hunger.

Unnötig zu erwähnen: Die Nahrungsaufnahme ist sowohl im Fachraum wie auch im AUR untersagt. Dass es eventuell einen Zusammenhang zwischen mangelnder Mitarbeit im Unterricht und Hunger, Hunger, Hunger geben kann, ist eine Sachfrage. Und mit Sachfragen beschäftigen sich Lehrer nicht. Außer natürlich, wenn es um sie selbst geht: Ein normaler Pädagoge scheißt auf die Schulordnung und schiebt sich bei jeder sich bietenden Gelegenheit ein von bei ihm im Keller lebenden rumänischen Sklavenkindern selbst zusammengemanschtes Käsebrot in die Futterluke. Trotz klarer No-Food-Regel!

Auch Lehrer haben Aggressionen.

Lehrer dürfen, da sie eben Lehrer und somit gleichgestellt sind mit Göttern, selbstverständlich auch im Fachraum trinken. Meistens Kaffee, den sie in einer Tasse mit spießigen Aufschriften à la »Arbeit gefährdet meine Gesundheit« oder »Der einzig Schlaue im Raum bin ich« spazieren führen. Falls du als Reaktion eine Tasse mit der Aufschrift »Der einzig Hohle im Raum sitzt ganz vorne« auf dem Tisch hast, kannst du dein Leben darauf verwetten, dass ziemlich bald ein Schlüsselbund durch den Raum fliegt.

In diesem Kontext gilt: Den Wichtigkeitsgrad eines Lehrers kannst du anhand der Größe seines Schlüsselbundes errechnen. Trägt er oder sie nur einen einzigen Schlüssel mit sich herum, handelt es sich wahrscheinlich um einen Aushilfslehrer, eine sogenannte »Feuerwehrlehrkraft«. In diesem Fall musst du dir nicht einmal die Mühe machen, den Namen zu lernen. Er wird nicht lange bleiben.

Um sicherzustellen, dass du als Schüler auf dem Schulgelände nicht verletzt wirst, ist laut Schulordnung im Regenfall das Rennen und Toben und Spaßhaben untersagt. Skateboards, Inlineskates, Kickboards – alles, was Freude in den grauen Bildungsalltag bringt, ist unerwünscht.

Worte der Pflicht

Der schlaue Leser erkennt nun das eigentliche Problem: Wenn alles, was Freude bringt, nicht erwünscht ist, warum werden dann Lehrer nicht schon morgens vom Hausmeister wieder rausgeschmissen?

Film gucken! Besser als Unterricht!

Ganz klar: weil Lehrer, irre eigentlich, »für die reibungslose Durchführung des Unterrichts« verantwortlich sind. Gilt wiederum auch für Schüler. So bist du gezwungen, dich über mögliche Änderungen deines Stundenplans zu informieren und für »die jeweiligen Unterrichtsstunden und Vertretungsstunden sämtliche Materialien« bereit zu halten.

Als ob du nichts Wichtigeres zu tun hättest, als abends im Onlinebereich der Firma den Plan für den nächsten Tag zu checken. Lehrer tun dies schließlich auch nicht und haben immer einen total überraschten Gesichtsausdruck, wenn man sie darauf anspricht, dass man gleich Vertretung bei ihnen hat. »Ach, bei mir? Wann denn? Dritte Stunde? Da kann ich eigentlich nicht. Und was habt ihr so gemacht? Aha! Na, dann wollen wir mal gucken.«

Und mit »gucken« meint der Vertretungsknilch natürlich »Film gucken«. Egal welchen, und egal, zu welchem Thema, und wenn er nur 20 Minuten dauert, guckt man ihn eben zweimal. Weil er so gut ist. Vertretungsstunden sind gar nicht mal schlecht, bieten sie doch eine perfekte Gelegenheit, endlich mal in Ruhe den eigenen Onlineauftritt bei verschiedenen sozialen Netzwerken zu überarbeiten. Neue Fotos hochladen, Sachen posten und liken, die man schon immer mal posten und liken wollte, wofür aber bislang schlicht und einfach nie genügend Zeit zur Verfügung stand.

Ich steh auf meine Lehrer! Wer nicht?

Andererseits, Handys sind – laut Schulordnung – im Unterricht verboten. Die Dinger könnten ja versehentlich Freude bringen. »Bei Zuwiderhandlungen werden die Geräte eingezogen.«

Sicherheitshalber solltest du also unbedingt ein sicheres Passwort benutzen. Den meisten Lehrern ist es nämlich ziemlich egal, ob du eine Privatsphäre hast. Wäre außerdem ganz schön blöd, wenn sie sich unter deinem Namen bei Facebook einloggen und Seiten wie »Ich bin ein Schleimer und stolz darauf« oder »Ich liebe meinen Deutschlehrer« liken.

Einige Schulen haben neben der »Handyverordnung« auch Pausenregelungen. Immerhin: An diesen Schulen gibt es Pausen, das ist nicht selbstverständlich. Pausenregelungen sagen normalerweise aus, dass Pausen dann beginnen, wenn ein Klingelzeichen ertönt. Andererseits enden Pausen ebenfalls dann, wenn ein Klingelzeichen ertönt. Woher also soll man wissen, welches Klingelzeichen nun Anfang oder Ende einer Pause markiert? Sind Pausen nun die 45- beziehungsweise 90-Minuten-Einheiten oder die 15-Minuten-Einheiten?

Je nach Lehrer und Fach ist dies eine nicht zu unterschätzende Problematik, welche in Schulordnungen leider nicht klar beschrieben wird. Offenbar vertraut man auf den gesunden Menschenverstand. Aber mal ehrlich: Würdest du über selbigen verfügen, würdest du wohl kaum jeden Montag- bis Freitagmorgen um sechs Uhr aufstehen. Falls du ihn dennoch besitzt, was schon ein wenig sonderbar ist, solltest du auf jeden Fall sicherstellen, ihn Montagmorgen im Sekretariat abzugeben. Brauchen wirst du ihn für den Rest der Woche nicht mehr.

Bei all den Verbotsschildern im Kopf macht Denken ohnehin keinen Spaß mehr. Dies gilt besonders im Winter, denn es steht im Werk der Werke geschrieben, dass ballistische Experimente mit kristalliner Flüssigkeit auf Wasserbasis auf dem Areal der pädagogischen Institution in jeder Hinsicht der Prohibition unterliegen. Man hätte auch schreiben können »Schneeballwerfen ist nicht!«, aber das wäre vielleicht doch eine Spur zu verständlich gewesen.

Du darfst also, zusammenfassend, nicht futtern, trinken, toben, rennen, telefonieren, chatten, masturbieren, onanieren, Klassenräume zerstören, Möbel zertrümmern, gefrorenes Wasser werfen, Kaugummi kauen, zu spät kommen, zu früh kommen, gar nicht kommen. Kurz gesagt, es ist dir untersagt, die Unterrichts- und Erziehungsarbeit zu beeinträchtigen. Tust du es doch, dann wird der pädagogische Hammer auf dich herabsausen, und deine Lehrer werden zum Schlimmsten greifen:

Worte des Wahnsinns

Erziehungs- und Ordnungsmaßnahmen! Klingt irgendwie wichtig und stellt einmal mehr heraus, wie überlegen Lehrer sind. Maßnahmen! Allein dieser Begriff führt zu Gänsehaut!

Falls du es darauf anlegst, in eine Parallelklasse überwiesen zu werden (vielleicht sitzt dort ein Schwarm von dir herum?), solltest du unbedingt irgendetwas anzünden. Mülleimer, Physikbuch, Physikraum, Physiklehrer et cetera. Möchtest du die Schule ganz verlassen, weißt aber nicht, wie du es anstellen sollst, kannst du bei einem beliebigen Auto auf dem Lehrerparkplatz (Lehrerautos erkennt man daran, dass sie dreckig und verrostet sind und sich im Oldtimerbereich bewegen) den Reifen (allen!) mit der spitzen Seite deines Zirkels kurz »hallo« sagen. Gemeinhin, falls kein Zirkel vorhanden, genügt aber auch das Beleidigen des Lehrkörpers als

»Leerkörper«, »Evolutionsbremse«, »Kotnascher«, »Gesichtsruine« oder »Pädagogenpimmel«. Letzteres kommt gerade bei Lehrer*innen* besonders gut an!

Wenn du dich ungeschickt anstellst, wird es aber nichts mit deinem großen Plan, und du hast das große Glück, Sozialstunden beim Hausmeister leisten zu dürfen. Wahrlich eine Strafe, die man nicht einmal seinem schlimmsten Feind wünschen würde, besteht sie doch im Wesentlichen aus Blätterkehren und dem Säubern der Urinale im Jungsklo, ungeachtet der Tatsache, dass du selbst vielleicht ein Mädchen bist.

Falls dir in einem solchen Fall die Chance zur Wahl gegeben wird (Klo putzen oder Prügelstrafe), sollte dir die Entscheidung relativ leichtfallen!

Bei eher kleineren Verstößen gegen die Grundlagen der heiligen Schulordnung kommen viele Lehrer auf die pfiffigste Bestrafungsidee von allen: Schulordnung abschreiben!

Ist gar nicht so bescheuert, wie es sich anhört. Ganz im Gegenteil gibt dir das Abschreiben endlich die Chance, dich wirklich tief und leidenschaftlich in das auf den ersten Blick Durchfall verursachende Regelwerk einzuarbeiten und den tieferen Sinn dahinter zu verstehen. Nur, weil bislang noch niemand diesen tieferen Sinn gefunden hat, muss es noch lange nicht heißen, dass es ihn nicht gibt!

5. KAPITEL

TESTS – EINE DARSTELLUNG MODERNER FOLTERMETHODIK

Mehrfach im Schuljahr kommen besonders lästige Pädagogen (also alle) auf die absurde Idee, deinen Wissensstand, dein Können und deine Kompetenzen zu testen. Hierzu werfen sie dir meist einige Blätter Papier auf den Tisch. Im Idealfall findest du auf diesen Papieren sogenannte »Aufgabenstellungen«. Aufgabenstellung gilt es zu bearbeiten, von dir nämlich. Was man entweder kann (weil wegen besonders klug oder einfach gut vorbereitet) oder eben nicht kann (weil blöd wie ein Affenfurz oder nichts gelernt).

Seien wir ehrlich: Kein Lehrer, wirklich keiner, steht auf Klassenarbeiten. In der Oberstufe werden die Dinger Klausuren genannt, Dein Lehrer mag sie trotzdem nicht. Das Wort »Klausur« wiederum ist abgeleitet vom lateinischen Verb »clausare«, was so viel bedeutet wie »jemanden foltern, quälen und/oder erniedrigen«.

Wörtlich übersetzt bedeuten Klassenarbeiten, Tests, Klausuren, Überprüfungen, oder wie auch immer die Dinger sonst noch genannt werden, so viel wie »Lass die kleinen Drecksbratzen schreiben, bis ihnen die Hände abfaulen«.

Zwar freut sich ein Lehrer über Unterrichtsstunden, in denen Schüler einfach nur schreiben, während er selbst vorne am Lehrerpult abhängen kann, doch weiß er sehr wohl, dass er den ganzen Mist irgendwann auch lesen muss. Schlimmer sogar – er muss die

Sülze auch noch korrigieren, wofür er schlicht und einfach keine Zeit hat in seinem knallharten Pädagogenalltag. Weil wegen Elterngesprächen und so. Oder weil er dringend mal wieder auf den Golfplatz müsste. Oder weil er sich doch gerade bei Elitepartner.de oder Pädagogenluder.com angemeldet hat und sein Abonnement voll ausschöpfen möchte.

Klassenarbeiten sind für dich als Schüler insofern ein Problem, als dass sie einer gewissen Vorbereitung bedürfen. Schließlich fließen die Teile zu einem hohen Prozentsatz in die Endnote ein. Vor allem, wenn du zu der Sorte Schüler gehörst, die sich mündlich nicht so wirklich hammermäßig beteiligt, bieten schriftliche Tests eine gute Möglichkeit, schulische Erfolge einzufahren. Ganz ohne Schleimerei.

Wie aber schafft man das? Hmm. Schwierige Angelegenheit. Die pädagogische Grundlagenforschung ist zu der Erkenntnis gelangt, dass ein Test supergut zu bestehen ist, wenn sich Schüler vorher intensiv mit dem Thema beschäftigen und für die Arbeit »lernen«.

Learning / Beginning

Lernen? Im 21. Jahrhundert? Ist das nicht ein klein bisschen altmodisch? Gibt es für so was nicht das Internet? – Ja. Ist es. Ja. Gibt es. Nützt aber nichts.

Lernen ist vielleicht auf den ersten Blick ziemlich öde und widerlich, ekelerregend und abstoßend, abgrundtief ätzend und schlicht und einfach nur »bah!«. Bei näherer Betrachtung aber lässt sich feststellen, dass Lernen eine total wunderbare und dankbare Beschäftigung sein kann, vor allem an heißen Sommertagen, wo deine Freunde tierisch gelangweilt im Freibad herumrennen und dabei genau wissen, dass sie etwas verpassen!

Lernen ist mehr als nur ein Hobby. Mehr als ein Wunschtraum. Lernen ist eine Religion! Und wie in jeder Religion gibt es bestimmte Gebote. Selbige sind auf Steinplatten geschrieben, einst von einem gewissen Onkel namens Moses von irgendeinem Berg heruntergetragen. Leider inzwischen aber verschollen, von daher können wir nur versuchen, die Inhalte zu rekonstruieren.

Lediglich das erste Gebot ist noch vollständig erhalten. Da es das erste Gebot ist, muss es volle Kanne wichtig sein. Mal schauen:

Erstes Gebot: Du sollst vorher anfangen!

Wie jetzt? Lernen noch *vor* der Klassenarbeit? Jesus Christus! Wo soll das bloß hinführen? Aber das lenkt doch total ab von meinem eigentlichen Leben. Das zerstört doch meine ganze Freizeit. Wann soll ich denn dann noch ausgehen und mit Leuten flirten? Voll unfair!

Nehmen wir mal an, dass heute Montag ist. Könnte auch ein anderer Wochentag sein. Aber heute ist jetzt Montag! Sagen wir einfach mal so. Und am kommenden Montag – also in einer Woche – liegt eine Arbeit an. Sagen wir mal im Fach Englisch. Könnte auch eine andere Sprache sein. Oder ein beliebiges anderes Fach. Außer Sport. Also: Tag X ist in sieben Tagen.

Englischarbeit. Idealerweise beginnt man am Sonntag vorher mit der Vorbereitung. Schließlich ist Wochenende, und es steht genügend Zeit zur Verfügung. Zumindest, wenn du keine Freunde hast, was ja durchaus mal vorkommen kann.

Im Ernst jetzt? Am Sonntag mit den Vorbereitungen für eine Arbeit beginnen, die am Montag ansteht?

Ich lerne sogar freiwillig. Oh Mann ...

Reicht das nicht auch Montagmorgen? – Schwierige Frage, trotzdem mit eindeutiger Antwort: Nein! Reicht es nicht!

Noch besser wäre es natürlich, wenn du sogar *vor* dem Sonntag anfangen würdest. Also eventuell am Samstag. Es bieten sich außerdem an: Freitag, Donnerstag, Mittwoch, Dienstag und, hammerkrass, Montag. Also sieben Tage vorher. Warum aber sieben Tage und nicht sechs oder acht? Keine Ahnung! Vielleicht, weil sieben einfach eine so schöne Zahl ist.

Climbing / Testing

Viele Schüler, die relativ kurzfristig lernen (Montagmorgen-Rein-zieher), fühlen sich, als ob sie vor einer Wand stehen. Zehn Meter hoch und unbezwingbar. Keine Chance, all den Stoff noch mal eben so kurz und nebenbei durchzuackern.

Daher also: Kleine Schritte. Wie Babys sie machen. Die fallen zwar auch bei kleinen Schritten dauernd um, was ziemlich witzig aussieht, vor allem auf Asphaltstraßen, kommen aber trotzdem vorwärts. Mühsam ernährt sich das Eichhörnchen! Um eine Rede-wendung zu bemühen. Immer langsam mit den jungen Pferden. Um noch eine zu bemühen und um ein wenig Platz zu füllen.

Eichhörnchen und Pferde können trotzdem als Vorbilder die-nen – beide Tierarten fressen nämlich täglich, wie gerade erst von Tierärzten festgestellt wurde. Genau das sollte auch für dich gelten, nur halt nicht mit Fressen, sondern mit Lernen.

Wer nämlich täglich Stoff in sich hineinpresst, und zwar immer in schön kleinen Dosen, wird mehr davon profitieren. Schließlich geht man auch nicht nur einmal die Woche aufs Klo für eine große Ladung, sondern täglich für mehrere Minimalstöße.

Wobei dieser Vergleich irgendwie hinkt. Ungefähr genauso wie die Annahme vieler Lehrer, allein die bloße Anwesenheit eines Schülers in ihrem natürlich hervorragenden, faszinierenden und motivierenden Unterricht müsse lockerst ausreichen, damit dieser auch eine gute Arbeit schreibt. Damit liegen sie ebenso daneben wie Pinguine, die von der Spitze des Eisbergs hüpfen in der festen, aber irrigen Annahme, sie könnten fliegen. Danach reicht es dann meist nicht mal mehr für kleine Schritte, von einer Zukunft ganz zu schweigen.

Writing / Shitting

Klassenarbeiten und Klausuren müssen geschrieben werden. In keinem Schulgesetz der Erde steht aber, dass dies auch für Tests gilt. Hierbei handelt es sich um schriftliche Lernkontrollen, die mit Vorliebe vor allem in sprachlichen Fächern eingesetzt werden, wo sie »vocabulary tests« heißen.

Da also solche Tests nicht sein müssen, werden besonders faule Lehrer liebend gern darauf verzichten. Auf die Frage, wie denn Schüler bei solchen Arbeitsverweigerern Vokabeln lernen, wenn es keine Tests und somit keinen vernünftigen Grund gibt, sich die Teile ins Hirn zu prügeln, antwortet der Faule etwas wie: »Vokabeln werden überbewertet. Sprache besteht schließlich nicht nur aus Wörtern.« Oder: »Bei meinen Schülern sind Tests nicht nötig – denen macht mein Unterricht so viel Spaß, dass sie Vokabeln sogar freiwillig lernen.«

Ein Lehrer, der tatsächlich derartige Dinge aus seinem Mundinnenraum kommen lässt, ist entweder auf Herointabletten oder hat wieder mal zu lange die toxischen Dämpfe in der Mensaküche eingeatmet. Dann gibt es natürlich andere Lehrer, ganz strebsame Figuren, die finden Tests dermaßen klasse, dass sie die Dinger wöchentlich schreiben lassen.

Womöglich siehst du diese Tests als Mittel zur Bestrafung, womit du auch nicht unrecht hast. Lehrer sind schließlich nur Lehrer geworden, um andere Menschen foltern zu dürfen, ohne dafür jemals von irgendeinem Gericht der Welt verurteilt zu werden. Unter Umständen besteht aber eventuell die etwaige Möglichkeit, dass Lehrer solche Lernkontrollen vielleicht und gegebenenfalls auch deshalb schreiben lassen, weil sie dir als Schüler eigentlich etwas Gutes tun wollen … Crazy shit, sicher, aber immerhin gut gemeint.

Diese Lehrer glauben allen Ernstes daran, dass der »sanfte Druck« der dauernden Tests dir hilft, dich sprachlich weiterzuentwickeln und damit im Endeffekt bessere Zensuren einzufahren. Was für Spinner! Mal ganz im Ernst: Solche Andersweltbewohner glauben auch, dass Hitler ein lupenreiner Demokrat und Verfechter der Meinungsfreiheit war und dass Justin Bieber, unschwer zu erkennen, die Wiedergeburt von Jesus Christus ist.

Learning / Doing

Nachdem nun aber trotzdem klar ist, dass es durchaus hilfreich ist, frühzeitig mit dem Lernen anzufangen, beziehungsweise überhaupt zu lernen und sich vorzubereiten, bleibt nur noch eine Frage offen: Wie zur Hölle macht man dieses komische Lernen? Allein der Begriff an sich, »Lernen«, ist ganz schön heftig.

Unter Lernen (steht so in einem relativ unbedeutenden Internetlexikon namens Wikipedia) versteht man nämlich »das absichtliche, intentionale Lernen genauso wie das beiläufige, inzidentelle oder implizite Lernen und insgesamt den individuellen Erwerb von geistigen, körperlichen und sozialen Kenntnissen, Fähigkeiten und Fertigkeiten«.

Je mehr man von diesen sonderbaren geistigen, körperlichen und sozialen Kenntnissen erwirbt, umso mehr verändert sich das eigene Verhalten, Denken und Fühlen aufgrund der neu gewonnenen Erfahrungen und Einsichten.

In Kurzform – und um dich nach dem theoretischen Gefasel wieder aufzuwecken: Dein Hirn wird beim Lernen größer und größer und größer. Es bläht und bläht und bläht und bläht sich auf wie ein kleiner Ballon, der zu einem größeren Ballon wird und dann zu einem noch größeren Ballon.

Beim Too-Much-Learning, einer Lerntätigkeit aus dem amerikanischen Raum, das wie jeder Trend inzwischen auch zu uns rübergeschwappt ist, wird dieser Ballon – das heißt dein Hirn – sogar explodieren, was ärgerlich ist, denn Hirnflecken gehen nur sehr schwer raus aus Textilien.

Learning changes your ghost!

Von chinesischen Schulen, wo Schülern das Wissen regelrecht über einen Trichter in den Kopf getankt wird, sind sogar Fälle von KGHE bekannt – solch krasse Beispiele von »kollektiver Gruppenhirnexplosion« führen zur Auslöschung ganzer Klassen und Klassenstufen, im Extremfall zum frühzeitigen Ende ganzer Schulen.

Dies geschieht aber wirklich nur in Ausnahmefällen. Wieder mal ist deine Sorge völlig unbegründet.

Auch führt Lernen nicht zum Verlust der Kussfähigkeit. Blindwerden ist ebenfalls ein Märchen.

Komplettes Abstumpfen aber leider nicht. Kinder zeugen oder Kinder kriegen wird trotzdem noch möglich sein.

Lernen verändert auch nicht so sehr deinen Körper, sondern eher deinen Geist. Hierzu musst du als Schüler, der vor einer Klassenarbeit steht, aber erst einmal wissen, was du eigentlich lernen sollst. Wie alles, was mit Pädagogik zu tun hat, lässt sich auch diese Frage nicht einfach beantworten.

Planning / Working

Wie bitte soll ich mich denn noch an das ganze Zeug der letzten Wochen erinnern? Ach ja ... die Seiten im Buch. Aber welche Seiten denn bloß? Ach so, die mit dem Thema. Aber was war denn noch mal das Thema? Und gab es dazu nicht auch Arbeitsblätter? Klar gab es die. Aber wo sind die Teile? Logisch, muss mal in meine Mappe gucken. Oh, kacke, da ist ja gar nichts drin. Hm. Egal. Dann such ich halt im Internet. Aber welches Suchwort soll ich denn eingeben? Ich hab's! Ich geb einfach mal »Thema« ein. Hm. Google hat 151 Millionen Ergebnisse. Blöd eigentlich!

Vielleicht ruf ich mal jemanden an, der sich mit so was auskennt. Besser doch nicht. Nicht, dass meine Freunde noch denken, mich würde der Scheiß wirklich interessieren. Will ja nicht ausgegrenzt werden; vielleicht darf ich dann nicht mehr am Coole-Leute-Tisch sitzen.

Jetzt hab ich's! Ich guck ins Heft! Muss bloß erst mal meine Schultasche finden. Mist. Ist noch in der Küche. Da geh ich jetzt nicht runter. Und sowieso: Gibt's für dieses Fach eigentlich ein Heft? Wenn nicht, hab ich bestimmt was in meinen Block geschrieben. Kacke. Ist ja auch in der Schultasche. Oh Mann, mein Handy ist ja auch da drin. Geh ich halt doch mal in die Küche. Ist schließlich wichtig, sich zu informieren, was sonst noch so in der Welt passiert ist und ob

Laura und Lukas jetzt zusammen sind. Ist mir zwar egal, Laura ist eine Schlampe und Lukas ein Wichser, aber auch eine nutzlose Info ist besser als gar keine.

Soll ich posten, dass ich jetzt lernen will? Besser nicht. Weiß ich nicht. Hey, ich kann ja mal online eine Lerngruppe aufmachen. Geile Idee! Oder bringt mich das ins soziale Abseits? Und wenn nicht, wen soll ich denn dazu einladen? Auf jeden Fall Laura und Lukas! Laura ist voll nett und mit Lukas kann man auch echt Spaß haben. Also Laura und Lukas. Und dann mal gucken.

Außerdem – hat Mama nicht irgendwas gesagt von wegen dass ich den Müll an die Straße stellen soll? Immer diese Verpflichtungen. Die sollte doch wissen, dass ich jetzt lernen will. Wahrscheinlich soll ich auch noch irgendwas in der Küche helfen. Echt nicht korrektes Verhalten, eh. Lenkt doch alles total vom Lernen ab. Werde vielleicht morgen damit anfangen. Heute hat's sowieso keinen Sinn mehr. Scheiß Leben. Alles viel zu hektisch. –

So ein Lernbeginn stellt sowohl normale wie auch bekloppte Menschen vor ungeahnte, teilweise brutale und kaum erträgliche Herausforderungen. Lehrer und Eltern verlangen, dass man lernt, vergessen dabei aber immer, dass man auch noch andere Dinge zu tun hat. Offenbar sehen sie einen nicht als liebenswerten Menschen, sondern nur als Schüler – dessen einzige Leidenschaft es ist (beziehungsweise sein sollte), sich mit Büchern, Heften und Mappen in seinem Zimmer zu verkriechen, sich dabei leise Symphonien von Bach, Beethoven und Brahms in den Gehörgang zu kippen und sich mit erotischem Stöhnen »in die Materie« einzufühlen. Kommt dir all das irgendwie bekannt vor? Erstellen wir doch mal ein kurzes Question-and-Answer-Szenario, um dir weiterzuhelfen:

Frage: Woher weiß ich nun aber, was in dieser verfickten Arbeit drankommt?

Antwort: Aus dem Unterricht! Wo du natürlich immer brav aufgepasst hast. Wo du dich immer brav beteiligt hast. Deswegen kannst du dich tatsächlich an die Themen erinnern! Geiler Scheiß!

Frage: Wo finde ich nun im Buch, wonach ich suche?

Antwort: Zuerst das Ding öffnen. Dann entweder im Inhaltsverzeichnis nachgucken. Findet sich vorne oder hinten. Gibt Infos über den Inhalt in der Mitte. Oder das Buch so lange durchblättern, bis dir irgendetwas bekannt vorkommt.

Frage: Und dann?

Antwort: Den Kram lesen.

Frage: Was mache ich beim Lesen?

Antwort: Erst mal gar nichts. Einfach nur lesen!

Frage: Noch nicht mal chatten?

Antwort: Nein. Noch nicht mal chatten. Auch nicht duschen oder baden oder joggen oder kochen oder putzen. Einfach nur lesen. Als ersten Schritt.

Frage: Erster Schritt?

Antwort: Ja.

Frage: Gibt's auch einen zweiten?

Antwort: Gibt es.

Frage: Echt jetzt?

Antwort: Ja! Echt jetzt.

Frage: Scheiße.

Antwort: Das war keine Frage!

Frage: Auch wieder wahr.

Antwort: Trottel!

Und los!

Um den Dialog der Hirnvollpfosten abzukürzen: Ein zweiter Schritt – nachdem du also die richtigen Buchseiten gefunden hast, wäre: Notizen machen! Wichtige Aussagen herausschreiben. Komplizierte Aussagen herausschreiben. Formeln herausschreiben. Fachwörter herausschreiben und definieren. Schaubilder abzeichnen. – Je mehr man schreibt, umso mehr prägt sich das Zeug ein.

Einfaches Lesen reicht nur dann aus, wenn du das Glück hast, über ein fotografisches Gedächtnis zu verfügen. Solche Leute lesen einen Text genau wie normale Leute. Normale Leute vergessen ihn. Fotografiestreber allerdings nicht. Alles brennt sich regelrecht ein in ihr Oberstübchen – solltest du also so jemanden kennen und auf ihn oder sie neidisch sein, so bist du dies absolut zu Recht!

Learning / Winning

Anstelle nur stumpf zu notieren, kommen einige Schüler sogar auf die selten schlaue Idee, ihre Infos mithilfe von Mind-Maps zu bündeln und somit zu strukturieren. Sicher doch, hört sich affig an, funktioniert aber gar nicht mal schlecht. Man darf sich halt bloß nicht dabei erwischen lassen.

Bei einer Mind-Map, erfunden von Irrus, dem Gott des gepflegten Schwachsinns und der allgemeinen Zeitverschwendung, Bruder von Beknackta, Göttin der Lächerlichkeit und des Käsebrots, schreibt man das Thema in die Mitte eines riesigen, weißen Blattes Papier, macht dann tausend Pfeile und versucht, die Inhalte miteinander zu verknüpfen. Klingt genauso bescheuert, wie es ist, soll aber eine tolle Methode sein, »Wissen zu visualisieren«. Und das Tolle daran ist: Es funktioniert!

Insgesamt gilt: Du musst eine Lern- und Organisationsstrategie entwickeln. Wenn in der kommenden Woche drei Arbeiten anstehen – sagen wir mal in Englisch, Mathe und Deutsch, dazu noch ein Referat in Geschichte, dann kann man getrost sagen: Die Hütte brennt. Alles auf einmal lernen geht nicht. Von Arbeit zu Arbeit lernen geht zwar, macht aber Stress ohne Ende und führt nicht zu wirklichen Erfolgen.

Stress ist nicht nötig! Gegen Stress helfen nur völlige Ruhe und Chilligkeit (deshalb hat man Kunstunterricht erfunden), gegebenenfalls auch sehr viel Alkohol. Stress führt zu Ringen unter den Augen, Magengeschwüren und erotischer Lustlosigkeit. Nur Deppen haben Stress. Kluge Leute haben Strategien.

→ Zum Beispiel »Lernen in Schritten«. Klingt nicht wirklich anspruchsvoll, zugegeben. Aber welcher Bergsteiger *springt* denn schon auf einen Berg? Er bewegt sich in Schritten. In kleinen Schritten. Dauert länger, ist aber effektiver und stressfreier.

→ Nicht alles auf einmal. Schon gar nicht auf die Idee kommen, das Lernen für Deutsch, Mathe und Englisch irgendwie zu kombinieren. Spätestens beim Anblick der Materialien für alle drei Fächer stellt dein Hirn, sofern funktionstüchtig, alle Aktivitäten ab und schaltet auf »Leck mich!«.

→ Takte deinen Tag! Mute deinem bislang so wunderbar gepflegten Rübeninhalt nicht zu viel zu. Beginne rechtzeitig vor der Klausur mit dem Lernen. Lerne mit Ruhepausen dazwischen, in denen du spaßige und entspannende Sachen machen kannst wie Zimmeraufräumen oder Mama in der Küche helfen.

→ Kümmere dich nicht um die Sachen, die du eh schon kannst. Du wirst feststellen: Einige Sachen kann ich ja wirklich!

→ Wenn dich dein Schreibtisch ankotzt, finde einen schöneren Platz zum Lernen. Ideal sind miefige Kellerräume oder Bushaltestellen im Drogenbezirk deiner City.

→ Erfinde nicht andauernd Ausreden für »Nicht-Lernen-Können«. Fußballtraining ist keine Ausrede. Ballett auch nicht. Fußballballett schon mal gar nicht, auch wenn es sich hier bestimmt um ein besonders durchdachtes Hobby handelt. Du wusstest vorher, dass du Training hast. Stelle deinen Zeit- und Lernplan also darauf ein. Wenn am Tag vor der Mathearbeit ein lange bekannter Zahnarzttermin ansteht und dein Arzt dir angekündigt hat, dass bei mindestens allen Zähnen sämtliche Nervenenden mit einem im Baumarkt erhältlichen Akkubohrer herausgehämmert werden müssen und du aufgrund medizinischer Faktoren für eine Betäubung leider, leider, leider nicht infrage kommst – dann kannst du deinen Arsch darauf verwetten, dass du im Anschluss an das sympathische Zahngemetzel auf Lernen und Testvorbereitungen keine große Lust mehr hast. Was unter Umständen damit zu tun haben könnte, dass du vor Schmerzen wahnsinnig bist. Ist trotzdem keine Entschuldigung für Nicht-Lernen. Du wusstest vorher von dieser bis zu zehn Stunden dauernden Behandlung, hättest also vorher-vorher den Mathelernkram längst erledigen können.

→ Noch mal: Takte deinen Tag. Takte deine Zeit. Schau dir deine Woche an, finde heraus, was wichtig und was unwichtig ist, was unaufschiebbar (zum Beispiel die Beerdigung von Tante Kunigunde-Rabea) und was verschiebbar (zum Beispiel das Füttern deiner Haustiere). Kurzum: Setze Prioritäten.

Lernen ist wichtig. Wichtiger, als eine schwachsinnige Doku-Scripted-Reality-Nutzlos-Show nach der anderen zu gucken. Wichtiger, als stundenlang in hundert verschiedenen Chatgruppen mit tausend verschiedenen Leuten gleichzeitig zu kommunizieren. Wichtiger als die endlose Chillerei, die doch ohnehin nur eine Ausrede für Faulheit ist. Wichtiger, als dauerfrustriert zu sein.

6. KAPITEL

BESCHEISSEN MIT STIL!

Natürlich kann man auch die ganze Lernerei souverän in die Tonne kloppen und sich auf das beschränken, was man wirklich beherrscht. Nein. Nicht blöd grinsen. Auch wenn blöd grinsen sicherlich eine nicht zu unterschätzende Fertigkeit ist. Wir meinen trotzdem etwas anderes. Etwas mit Anspruch. Wofür man Fantasie braucht. Und einen guten Magen. Und wofür man bereit ist, sich ganz bewusst unmoralisch und falsch zu verhalten. Das Schlimmste, wozu Menschen überhaupt fähig sind.

Spicken!

Nicht zu verwechseln mit einem ähnlich klingenden Wort mit F-Laut. Handelt es sich bei Letzterem um eine Freude auslösende Aktivität, meist durchgeführt in den Abend- oder Nachtstunden, geht es beim Spicken um eine banale Notwendigkeit. Es soll Leute geben, die ohne ihre Spicktricks niemals auch nur den Hauch eines Schulabschlusses geschafft hätten.

Spicken bietet enorme Vorteile: So erspart man sich, wie schon angemerkt, die erschreckenden Plackereien des Lernens. Lernen macht eh jeder! Spicken hingegen ist für Spezialisten. Für Leute, die auch an heißen Sommertagen mal ohne Jacke aus dem Haus gehen und sich trotzdem nicht vor einer Erkältung fürchten. Für Leute, die sich nicht nach jedem Toilettenbesuch die Hände waschen. Letzteres allerdings aus Umweltschutzgründen. Wasser ist bekanntlich kostbar. Spicken ist für Schüler, deren Pulsschlag auch bei einem Bungee-Jump gerade mal auf Zimmerlautstärke läuft. Für Profis.

Basics des Bescheißens

Varianten des Spickens gibt es wahrlich viele, wobei die klassischste immer noch das gute, alte Vom-Nachbarn-Abschreiben ist, was allerdings nur funktioniert, wenn dieser Nachbar Ahnung hat und nicht in die Kategorie Klassendummbatz fällt. Um genau zu sein, ist das Abgucken auch kein Spicken im eigentlichen Sinne, denn korrektes Spicken verlangt einen Spickzettel.

Heutzutage kann sich niemand mehr daran erinnern, wer diesen Zettel erfunden hat. Vielleicht lag er auch einfach irgendwann irgendwo herum. Jemand hat ihn aufgehoben, ihn gelesen, und gemerkt, dass die Inhalte des bald als »Spicker« bezeichneten Wischs als Hilfestellung für die gerade anstehende Klassenarbeit durchaus dienlich waren.

Besonders kluge Spicker (Leute, die Spicker verwenden. Etwas verwirrend …) achten sehr genau darauf, beim Spicken mit dem Spicker nicht vom Spießer (aka The Teacher) erwischt zu werden, denn Lehrer brauchen die Gewissheit, dass du wirklich gelernt hast, weil sie es von dir verlangt haben, und dass du nun, basierend auf ihren Anweisungen, problemlos imstande bist, die Testtortur ohne Hilfsmittel zu überleben.

Unbedingt erwähnenswerter Vorteil der Spickerei: Du gehst ohne Sorgen in eine Arbeit, da du ja weißt, dass es etwas gibt, was dich auffangen kann. Somit gibt es kein Zittern, keinen fürchterlich riechenden Angstschweiß, auch nicht im Genitalbereich, noch nicht mal die vor jeder Arbeit anstehenden Heulattacken. All dies gehört mit Spicken der Vergangenheit an. Spicken ist die modernste, coolste und lässigste Methode, ohne viel Aufwand an den Goldtopf zu kommen.

Aber Achtung: The Teacher ist eine der klügsten Gestalten, die je auf diesem Planeten gewandelt sind! Hin und wieder jedenfalls. Er kennt sie alle. Alle noch so genialen Methoden. Er wird dich beobachten. Die ganze Zeit. Wird wachen darüber, dass alles ordnungsgemäß abläuft. Entsprechend der einzig relevanten Ordnung: seiner eigenen. Wird keine Sekunde ruhen, um einen Spicker zu erwischen! Oder wird einfach Zeitung lesen und gegebenenfalls ein Stündchen die Augen ausruhen. Dies aber ist eine ziemlich unrealistische Vorstellung. Das wäre ja so, als ob ein Fisch im Wasser leben würde. Völlig alberne Idee!

Wir gehen einfach mal davon aus, dass du noch nie gespickt hast. Bislang war das ja auch nicht nötig, denn bislang warst du an guten Noten nicht interessiert. Allein die ersten Seiten dieses Buches haben dich aber eines anderen belehrt, richtig?

Logisch!

Du willst schulische Erfolge einfahren? Und dafür endlich mal wieder von Mama und Papa und natürlich auch von The Teacher in den Arm genommen und geliebt werden?

Ebenfalls logisch!

Du bist aber nach wie vor nicht bereit, wirklich Fleiß und Tränen in den Lernsport zu investieren?

Wieder mal: Völlig logisch!

Du verhältst dich, wie es Menschen eben tun: Du willst mit möglichst wenig Anstrengung zum Erfolg kommen. Ein Marathonläufer macht sich schließlich auch nicht die Mühe, die ganze Strecke von 42 Kilometern zu laufen. Die meiste Zeit sitzt er in einer Mercedes-Limousine und schaut sich die Schönheit der Landschaft an, bevor er kurz vor der Zieleinfahrt doch noch einige Schritte unternimmt. In gewisser Weise ist ein Marathonläufer somit auch ein Spicker. Wiederum nicht zu verwechseln mit dem gleich klingenden Wort mit F-Laut am Anfang. Spicken ist ein Lebensstil! Ficken eine sportliche Betätigung.

Arten des Bescheißens

Welche Spickvariante bietet sich also an?

→ Wenn du das Glück (oder Pech) hast, ein Mädchen zu sein, bietet sich die **Sexy-Methode** an. Hierzu einfach einen Minirock anziehen. Dieser sollte aber nicht mit einem Gürtel zu verwechseln sein. Sodann entweder einen Zettel aufs Bein kleben oder die Beine gleich direkt mit Infos beschriften. Die Chance, dass dich dein Lehrer bittet, den Rock hochzuschieben, ist äußerst gering, es sei denn, du gerätst an eine weibliche Lehrkraft mit lesbischem Bildungshintergrund. Für Jungen scheidet die Rock-Idee leider aus. Ausnahme: Schottenrock! Sieht zwar beschissen aus, zumindest, wenn du kein Schotte bist, erfüllt aber seinen Zweck.

→ Wer nicht sexy ist, kann natürlich auch die **Auf-alles-Mögliche-draufschreib-Methode** verwenden: Schüler mit guter Ausrüstung schreiben sich Infos einfach auf ein Lineal. Leider sind Lineale in der Anschaffung sehr teuer und nicht für jeden erschwinglich. Ist also kein Lineal vorhanden, kann man sich auch Infos auf seinen Radiergummi ritzen. Nachteil allerdings ist der ziemlich begrenzte Platz. Außerdem sind Radiergummis wohl nur für Kinder besonders reicher und spendabler Eltern gedacht. Normale Kids können von solchem Equipment jedenfalls nur träumen und sind daher gezwungen, anderweitig zu bescheißen.

→ Zum Beispiel mit der ganz einfachen **Merk-Methode**: Hierzu verlasse man den Klassenraum (Darf ich mal aufs Klo?), schnappe sich dort den zuvor vorbereiteten Spicker, lerne auswendig, was man gerade so braucht, und gehe wieder zurück. Ärgerlich wird es nur, wenn man das gerade erst gelernte Material im Klassenraum schon wieder vergessen hat.

→ Hier knüpft dann die **Alzheimer-Methode** an, gerade bei etwas älteren Lehrern. Man verlasse also erneut den Klassenraum (Darf ich mal aufs Klo?) und wiederhole die obigen Schritte. Kann man auch ein drittes oder viertes Mal wiederholen. Alte

Lehrer werden dich normalerweise nicht mal dann des Spickens verdächtigen. Vielmehr zweifeln sie an sich selbst und ihrer einstmals so überragenden Hirntätigkeit. Schmerzhaft erkennen sie, dass sie im Kopf allmählich einen Gemüsegarten angelegt haben, und sind für den Rest der Stunde mit Gedanken an Kohlrabi, Kartoffeln und Blattläusen beschäftigt.

→ Wenn dir dieser ganze Spaß zu aufwendig ist aufgrund der ewigen Latscherei durch ungeputzte Schulflure – man will sich schließlich nicht überanstrengen –, bleibt noch die **Minimal-Methode.** Hierzu fertige man sein Spickzetteldings mithilfe von Computer und Drucker an und stelle hierfür Schriftgröße 2 ein. Schriftgröße 2 wirst du zwar selbst nicht mehr lesen können, dafür kann dir aber auch beim Erwischtwerden nicht viel passieren. Für Schriftzeichen, die nicht wie Schriftzeichen, sondern wie winzige Fliegenschisse aussehen, geschissen von den kleinsten Fliegen der Welt, kann man wohl kaum bestraft werden.

➜ Eleganteste Art des Betrügens ist und bleibt jedoch die **Big Method**. Bei den meisten Arbeiten ist es erlaubt, wenigstens einige Blätter Papier auf dem Tisch zu haben, entweder zum direkten Draufschreiben oder als Schmierzettel. Noch während dein Lehrer dann die eigentliche Arbeit verteilt, kümmerst du dich darum, dass sich dein Schmierzettelkontingent um diejenigen Seiten vergrößert, die du bereits am Abend vorher vorbereitet hast. Nur um auf Nummer sicher zu gehen: Benutze bei der Arbeit denselben Stift wie auf deinen »Vorbereitungen« und drehe diese nicht schon in den ersten fünf Minuten um. Selbst der dümmlichste Lehrer wird stutzig, wenn jemand zu diesem Zeitpunkt bereits fünf Seiten mit Notizen vor sich liegen hat. Blättere dann im Verlauf der Arbeit möglichst auffällig in deinen Zetteln herum. Bei so viel »big« Auffälligkeit ist man an sich »big« sicher.

Überhaupt nicht stutzig wird The Teacher übrigens, wenn du vorne sitzt. Viele deiner Mitschüler glauben wahrscheinlich, dass man nur in der letzten Reihe nach Lust und Laune bescheißen kann, das ist aber Unsinn. Einigermaßen in der Nähe des Lehrerpults ist viel idealer. Vor der Arbeit einige Tage, gegebenenfalls Wochen, nicht duschen und an wenigstens einem Dutzend Knoblauchzehen gleichzeitig lutschen schafft eine zusätzliche Sicherheitsaura. Kann man sich als Mädel auch um den Hals hängen – zeugt von Eleganz und Stilsicherheit. Der Lehrer, sofern nicht gerade von einer Erkältung geplagt, wird ein gewisses Beißen in der Nase verspüren und folglich möglichst viel Abstand zu dir halten. Gilt allerdings ebenfalls für Freunde und sonstige Mitschüler. Auch eine Möglichkeit, den Titel »Einsamster Schüler« einzufahren.

Es gibt bestimmt bessere Wege des gepflegten Betrügens. Bei einigen kannst du sogar dein Handy benutzen. Oder ein stinknormales Wörterbuch, was bei einer Englischarbeit vielleicht ohnehin benutzt werden darf. Oder eine Essiggurke. Oder eine Wasserflasche. Oder eine Tube Klebstoff. – Was man mit Essiggurke, Wasserflasche oder Klebstofftube machen kann? Keine Ahnung. Aber dir als kreativem Geist wird bestimmt etwas Cleveres einfallen.

Moral des Bescheißens

Nehmen wir also an, du hast bei einer Arbeit betrogen. Irgendwann später, du kannst dich gar nicht mehr daran erinnern, da TLTOE (The Laziest Teacher on Earth) mal wieder ein klein wenig spät dran war mit der Korrektur, bekommst du das Teil wieder. Unten drunter findest du eine Note. Besser als üblich. Vielleicht auch deutlich besser!

TLTOE lächelt dich an. Grund genug, ihn oder sie wegen sexueller Belästigung zu verklagen. Er lächelt noch mal. Er sagt vielleicht, wie sehr er sich freut, dass du dir seine großartigen Ratschläge endlich zu Herzen genommen hast, und wie fantastisch er es findet, dass du dich so supidupi entwickelt hast. Mit ganz viel Pech tätschelt er noch deinen Kopf. Grund genug, ihm das Klassenbuch über die Rübe zu brettern.

Betrügen? Och nö, lass mal!

Stattdessen lächelst du einfach nur zurück und freust dich angesichts deiner Zensur. Aber irgendwie hat die Freude einen komischen Beigeschmack. Schmeckt wie eine im Sommer zwei Wochen lang getragene Socke. Herzlichen Glückwunsch: Du hast ein schlechtes Gewissen.

Dieses Gewissen, eine Art böser Bruder des viel sympathischeren »guten Gewissens«, ist ein ungemein nerviger Störfaktor bei kriminellen Handlungen (wobei Spicken als die schlimmste kriminelle Handlung gilt, die überhaupt nur vorstellbar ist!) und kann nur mithilfe einer besonderen Ausbildung (also mehrfacher Wiederholung der kriminellen Tat) bekämpft werden.

Es stellt sich trotzdem eine einfache Frage: Was soll das alles?

Diese Frage ist moralischer Natur.

Es folgt nun also der moralische Holzhammer: Du fühlst dich viel, viel, viel besser, wenn du deine Erfolge selbst erarbeitest! Also ganz selbst. Ohne zu betrügen. Völlig ganz alleine! Kein Abgucken. Kein Spicken. Kein gar nichts. Nur Blut und Schweiß und Tränen. Das eigene Hirn benutzen. Den eigenen Arsch zum Draufsetzen. Das Hirn wiederum zum Lernen. Hierbei Arsch und Hirn nach Möglichkeit nicht verwechseln.

Nur dann kannst du wirklichen Stolz empfinden.

Betrügereien führen dazu, dass du nicht mehr in den Spiegel gucken kannst, was aber nicht daran liegt, dass du auf einmal unerhört hässlich geworden bist. Liegt daran, dass du auf einmal spürst, dass du eigentlich ziemlich erbärmlich bist.

Wahrscheinlich hat jeder in seinem Leben schon einmal in der Schule betrogen, abgeguckt, gespickt. Gilt auch für deine eigenen Eltern. Großeltern. Tanten und Onkel. Deine Nachbarn. Die Nachbarn dieser Nachbarn. Auch die Nachbarn der Nachbarn, die deine Eltern zum Kotzen finden. Vielleicht sogar Haustiere. Und die Haustiere deiner Nachbarn. Insgesamt sind solche Betrügereien keine Katastrophen. Weder klaust du etwas, noch bringst du jemanden um, noch verprügelst du jemanden. Du schadest also eigentlich niemandem. Außer dir selbst!

Zugegeben, du fährst – vielleicht – eine bessere Zensur ein. Wanderst also bei deinem Zeugnisverteiler von der untersten in die mittlere Schublade. Deine Eltern sind ebenfalls happy. Was aber, wenn du erwischt wirst? Schon klar, ohne Risiko macht das Leben keinen Spaß. Trotzdem ist das Risiko unnötig. Und wenn du wirklich erwischt wirst, hat sich die Sache mit der guten Zensur erledigt. Du hast dann nicht einmal mehr eine Schublade, sondern einen Schrank. Stahlschrank. Ausbrechen unmöglich. Wird nie wieder geöffnet.

Bescheißt du zum Beispiel in einer Englischarbeit und wirst von deinem kuscheligen Englischpädagogen erwischt, kannst du dein Leben (und auch deinen Tod) darauf verwetten, dass andere Lehrer ebenfalls davon Wind bekommen, zum Beispiel dein nicht minder kuscheliger Mathelehrer. Obwohl dein Englischlehrer diesen eigentlich nicht mal mit der Kneifzange am Tag der Sondermüllentsorgung anfassen würde. Oder deine Physikpfeife. Mit dem würde er sich eigentlich noch nicht mal unterhalten wollen, wenn er der letzte Mensch auf dem Planeten wäre. Jetzt jedoch ist alles anders: Im Leben eines Lehrers passieren so wenige spektakuläre Dinge, dass er sich diebisch freut, endlich einmal etwas »Cooles« berichten zu können. Außerdem kann er sich dann als harter Hund hinstellen, als unerbittlicher Kämpfer für Recht und Ordnung! Dein Name bekommt im Lehrerzimmer endlich den Bekanntheitsgrad, den du dir schon so lange gewünscht hast. Endlich wird es wahr: Alle Lehrer kennen dich! Reden über dich! Lachen sich tot über dich und verachten dich!

Wer übrigens einmal bescheißt und dabei erfolgreich ist, wird es mit hoher Wahrscheinlichkeit wieder und wieder und wieder versuchen – irgendwie allerdings kein wirklich toller Weg, um durch den Rest des Lebens zu gehen. Zwar immer noch besser, als wie eine Kläranlage für Knoblauchzehen zu riechen, aber trotzdem nicht sonderlich optimal.

Scheiß aufs Bescheißen!

Betrügen hast du nicht nötig. Nutze einfach Verstand, Arsch und Hirn und mach was draus. In diesem Sinne solltest du auch das sozialpsychologische Prinzip der »selbstwertdienlichen Verzerrung« beachten. Nein, kann man nicht essen. Kann man ja nicht einmal beim ersten Versuch fehlerfrei aussprechen. Ist trotzdem interessant: Die SWV besagt nämlich, dass du dich bei guten Testergebnissen selbst als Verursacher siehst. Dein Genie, dein Können, dein Sex-Appeal haben dich zum Erfolg geführt.

Geht das Testergebnis aber in die Hose, neigt der normale Mensch dazu, äußere Umstände dafür verantwortlich zu machen. So ist selbstverständlich der Lehrer unfair und sowieso ein abgelutschter Korinthenkacker. Außerdem war während der Arbeit ein grüner Nasenpopel auf dem Fenster, welchen du die ganze Zeit anstarren musstest. Konzentration war unter solchen Umständen nicht möglich. Schuld sind also die Mitschüler oder Putzfrauen oder ganz allgemein die Fensterindustrie.

Hatte es nicht außerdem geregnet auf dem Weg zur Schule? Wie bitte soll man mit nassen Haaren eine Arbeit schreiben? Dann auch noch dieser verdammte Füller ... und dieses komische Papier ... und diese komische Aufgabenstellung, die der oben genannte abgelutschte Korinthenkacker mit voller Absicht so kompliziert gemacht hat. Einzig und allein, um dich ganz persönlich herauszufordern und dir beim Scheitern zuzusehen. In der Tat – hat er nicht die ganze Zeit zu dir hinübergesehen? Hat er nicht dämlich gegrinst wie ein vollgekokstes Erdmännchen und sich gefreut über ein erneutes »mangelhaft«? Obwohl die Arbeit noch gar nicht zu Ende war? Hat er! Hundertprozentig. Zugekifftes Sackgesicht!

Und hast du nicht sowieso seit geraumer Zeit den Eindruck, dass das Schicksal dich irgendwie in den Abgrund treiben will? Dieser Eindruck täuscht ganz bestimmt nicht! Alles, was schiefgehen kann, geht auch schief, aber einzig und allein bei einer einzigen Person.

Congratulations! Wenn selbst dein eigenes Schicksal, dein Schutz-engel und deine Darmflora gegen dich sind – dann sind Erfolge auch beim besten Willen und mit viel Fantasie nicht möglich!

Wenn du bei Erfolgen oder Misserfolgen so denkst wie hier be-schrieben, dann funktioniert das Prinzip der selbstwertdienlichen Verzerrung gnadenlos grandios. Zeit also, etwas dagegen zu tun.

Auch wenn es etwas simpel aussieht – warum probierst du es nicht folgendermaßen: Wenn etwas gut läuft, liegt's an dir! Wenn etwas schlecht läuft, liegt's an …? Na? Richtig! Bingo! Auch an dir! Übernimm die Verantwortung für dein Handeln und lebe mit den Konsequenzen.

Keine Ahnung während der Mathearbeit? Obwohl vielleicht vor-her richtig gut gelernt? Ärgerlich. Aber ist eben so. Kann passieren und bringt niemanden um, außer vielleicht deine Eltern. Während der Chemiearbeit auf einmal einen totalen Blackout gehabt und nichts mehr gebacken bekommen? Da kannst du im Nachhinein heulen, wie du lustig bist, aber was geschehen ist, ist geschehen (aus der Reihe: Zeitphänomene einfach erklärt). Vergangene Er-eignisse lassen sich nicht mehr rückgängig machen. Versuche mit Zeitmaschinen haben gezeigt, dass das Raum-Zeit-Gefüge brüchig werden könnte und du folglich deine eigene Existenz aufs Spiel set-zen würdest (Schwarzes Loch! Whooosh! Tod!) beim Versuch, eine Chemiearbeit ein zweites Mal zu schreiben, welches dann eigentlich das erste Mal wäre …

7. KAPITEL

VOM ORDNEN DES CHAOS
PAPPEN UND MAPPEN

Zur Vorbereitung auf Tests ist es ungeheuer hilfreich, zu wissen, wo man seine Materialien versteckt hat. Momentan scheint es bei Schülern beliebt zu sein, einfach alles in einen einzigen Block zu werfen und zu gucken, wie er sich langsam, aber sicher zu einem handfesten Brocken verwandelt, in dem man locker alles wiederfindet, nur nicht das, wonach man sucht.

Erfahrene Organisationsstrukturhelfer wissen Rat: Man führe Mappen. So wie früher in der Grundschule, als du noch klein und doof warst. Jetzt bist du größer – und solltest dich den Gepflogenheiten deiner Vergangenheit wieder annähern.

Weißt du noch? Für jedes Fach eine Mappe in einer bestimmten Farbe. Eigentlich ein idiotensicheres System. Für Mathe zum Beispiel Rot (steht für Blut), für Bio natürlich Grün (steht für Schimmel, und Schimmel ist nichts anderes als ein ziemlich bald auf allen vieren gehendes Lebewesen), für Religion irgendeine göttliche Farbe, zum Beispiel Grau, und für Kunst natürlich eine eigenhändig (von Oma) gestrickte Mappe mit spannenden Motiven aus der versoffenen Phase von Picassos großer Schwester. Sonderbarerweise auch bekannt als »blaue Phase«.

Spannend ist nun natürlich, welches Blatt in welche Mappe gehört. In der Tat ist dieses Problem gerade für Anfänger in der hohen Kunst der Mappenführung eine nicht zu unterschätzende Schwierigkeit. Als Faustregel gilt: Sachen aus Fach A in Mappe von Fach A. Sachen von Fach B in Mappe von Fach B. Sachen von Fach C in Mappe von Fach C. – Prinzip verstanden? Nur zur Sicherheit: Sachen von Fach D in Mappe von Fach D. Und so weiter und so weiter.

Gibt dir also dein liebreizender Mathemuckel ein Arbeitsblatt, das er in stundenlanger akribischer Arbeit mit viel Liebe für seine Schüler konzipiert (oder wie immer aus irgendeinem Kopiervorlagenbuch kopiert) hat, so gehört dieses Arbeitsblatt eben nicht in deine Englisch- oder Sportmappe, sondern – und hier wird es interessant – in bereits erwähnte Mathemappe (rot!). Klingt auf den ersten Blick kompliziert. Auf den zweiten Blick ist es immer noch kompliziert. Erst auf den dritten Blick versteht man, wie die Dinge funktionieren. Nebenbei: Eine Sportmappe ist überflüssig, auch dann, wenn dein Lehrer darauf besteht. Oder deine Mutter. Wenn du einfach mal logisch denken würdest, dann würdest du

Arbeitsblätter sind mit Liebe gemacht!

nämlich feststellen, dass du selbst mit viel Fantasie und jeder Menge Euphorie beim besten Willen keinen Ball einheften kannst. Viele haben es versucht. Mit Basketbällen, Handbällen, Medizinbällen oder, für Fortgeschrittene, Schwebebalken. Alle sind gescheitert! Es gibt einfach Dinge, die sind genauso unmöglich wie das Braten eines Spiegeleis auf der Handfläche bei Mondlicht!

Wenn du es schaffst, das eigentlich kaum Denkbare, kaum Vorstellbare, Übermenschliche wirklich zu leisten – also jede Seite (echt jetzt: jede!) wirklich in eine Mappe zu heften, und mit etwas Glück sogar noch in die richtige Mappe –, dann hast du bereits einen großen Schritt getan auf dem Weg zum absoluten Superschüler!

Deutlicher Vorteil: Du findest all dein Zeugs sofort wieder und musst nicht erst stundenlang danach suchen. Nach Klopapier will man ja schließlich auch nicht erst fahnden müssen, wenn es mal gebraucht wird. Klarer Nachteil: Mappenführung ist sehr zeitaufwendig! Allein das Einheften der Seiten, auch wenn sie bereits vorab gelocht sind, erfordert viel Arbeitseinsatz und auch noch Fingerspitzengefühl.

Natürlich ist es nicht schön, dass du, wenn deine Freunde schon längst in der Pause sind, noch schwitzend und röchelnd im Klassenzimmer abhängst, nur um wieder mal ein Blatt Papier in eine Mappe zu packen. Mappen werden übrigens häufiger auch, etwas verwirrend, als »Schnellhefter« bezeichnet. Wirklich absurd, denn die Dinger sind weder schnell noch können sie heften, genauso wenig wie »Ordner« selbsttätig irgendetwas ordnen. Schnellhefter, ob aus Plastik, Pappe oder Paketband, wirft man nach dem Ende eines Schuljahres keineswegs in die Biotonne – vielmehr behält man sie so lange, bis man eine genügend große Sammlung besitzt, die man dann meistbietend auf eBay versteigern kann. Oder man schaut einfach hin und wieder rein – unter Umständen ist sogar irgendein Arbeitsblatt drin, mit dem man noch etwas anfangen kann. Eigentlich sind Mappen (vor allem, wenn sie gut geführt werden) eine feine Sache, wenn nur der ganze Aufwand nicht wäre.

Aber gut Ding will eben Weile haben! (Aus der Reihe: Dämliche Floskeln, die kein Schwein braucht!) Und Ordnung ist das halbe Leben! (Aus der ebenso beliebten Fortsetzungsreihe: Dämliche Floskeln, die kein Schwein braucht Reloaded.) Aus selbiger Reihe ebenfalls: Nur das Genie durchschaut das Chaos!

Man beachte das Wort »Genie«. Sofern du nicht in diese Kategorie fällst, kommst du auch mit Chaos nicht klar. Ein Elefant kommt schließlich auch nicht klar in einem Käfig für Zwerghamster. Rede dir also nichts ein und hab Spaß bei der Mappenführung! Ist auf jeden Fall ein tolles Hobby, das man jederzeit auch mit der Familie oder mit Freunden teilen kann! Ein Hammerspaß für regnerische Herbstnachmittage.

Löcher und Locher

Niemals solltest du übrigens deinen Lehrer für ungelochte Papiere kritisieren. Kannst du dir auch nur entfernt vorstellen, wie viel Arbeit er allein in das Kopieren der Zettel gesteckt hat? Und dann erwartest du in deiner grenzenlosen Arroganz und deinem absurden Egoismus auch noch, dass die Seiten gelocht sind? Unfassbar!

Locher sind in erster Linie total praktische Dinge des pädagogischen Handwerks: So hat man herausgefunden, dass man praktisch niemals neue Löcher nachfüllen muss!

Trotz dieser Großartigkeit verlangt der korrekte Umgang mit einem Locher eine mehrjährige knallharte Ausbildung. Viele Lehrkräfte machen diese im Rahmen von Büromaschinenfortbildungen oder Zusatzseminaren in ihren Ferien. Von wegen also, sie sind allesamt stinkfaul. Gilt allerhöchstens für 90 Prozent aller Lehrer.

Vor allem ältere Lehrer (Fachterminus: »pädagogische Grauexistenzen«) sind sogar im Umgang mit dem großen Bruder des Lochers, dem mächtigen Tacker, geschult! Nicht wenige Lehrer haben sich aufgrund falscher Anwendung oder des Nicht-Lesens der Bedienungsanleitung bereits versehentlich in der Kopierbutze selbst festgetackert. Einige leider direkt vor den Sommerferien, sodass man nach Ende der sechs Wochen nur noch bröselige Überreste von Oberschenkelknochen finden konnte. Im Schulgebäude lebende Ratten machen halt eher selten Ferien …

Wie dem auch sei: Dein Lehrer hat es schwer genug, und wenn er tatsächlich mal vergisst, irgendwelche Löcher zu lochen, dann gibt es dafür bestimmt gewichtige Gründe. Hier zu nennen sind zum Beispiel das ansonsten sehr selten vorkommende »dringende Elterngespräch« sowie »Vor mir war 'ne Schlange, und die wollten auch alle lochen«. Ja, genau! Moderne Schulen verfügen meist sogar über zwei (!) Lochproduktionsmaschinen! Die obige Ausrede ist also eine glatte Lüge.

Kritik und Kritiker

Lehrer mögen es nicht, kritisiert zu werden, schon gar nicht wegen Lächerlichkeiten. In diesem Sinne solltest du sie auch auf keinen Fall auf Rechtschreibfehler hinweisen, die sie an der Tafel produzieren.

An der Tafel schreiben ist nämlich gar nicht mal einfach und wird vielfach unterschätzt. Selbstverständlich gibt es auch hierzu Wochenendseminare und Workshops, aber aufgrund ihres hohen Arbeitspensums können nur die besten der besten Lehrer überhaupt daran teilnehmen!

Kostet außerdem sehr viel Geld – was problematisch ist. Schließlich ist dein Lehrer normalerweise Mitglied in mehreren Umweltschutzvereinen, Finanzvorstand bei Amnesty International und hat außerdem auf jedem der fünf Kontinente ein Waisenkind adoptiert, dem er finanziell unter die Arme greifen muss. Nicht zu vergessen die Patenschaft für eine Beutelratte namens »Ching-Chong« im Nationalzoo Peking sowie die Adoption einer altsibirischen Sackgesichtamöbe, die auf den schönen Namen »Horst« hört und die nunmehr im Lehrerwohnzimmer frei umherkriecht. Kostet alles Geld und Zeit. Für Löcher und Rechtschreibung bleibt da kaum noch etwas übrig.

Wenn Rechtschreibung aber das eine ist, dann ist Schönschrift das andere. Sicherlich kennst du auch den einen oder anderen Lehrerknilch, der auf den ersten Blick vorne an der Tafel abstrakte Kunst serviert. Auf den zweiten Blick leider auch.

Auch in diesen Fällen gilt: Versuche dein Bestes, das Geschmiere als Schrift zu interpretieren, und schreibe es ab. Unterlasse jede Form von Kritik. Auch wenn ein A verdächtig an X erinnert und ein B irgendwie nach O aussieht. Wahrscheinlich will dein Lehrer lediglich deine »skills« im Bereich des »creative reading« fördern. Nett von ihm! Anstatt dich also zu beschweren, solltest du deine Hausaufgaben auf ähnlich kreative Art und Weise anfertigen. Damit zeigst du ihm, was für ein exzellentes Vorbild er ist, was ihn sicherlich übelst erfreuen wird.

Bleiben wir einen Moment lang beim Thema Kritik, einer Tätigkeit, die Lehrer ihrerseits durchaus gerne ausüben. Wahrscheinlich ist Kritik während des Pädagogikstudiums sogar ein Pflichtfach, das man unbedingt bestehen muss, um wirklich Lehrer zu werden.

Können und Könner

Lehrer kritisieren also ihre Schüler. Durchaus darfst du auch deine Lehrer kritisieren, selbst wenn es nicht besonders gut ankommt. Schließlich willst du keinen Beliebtheitspreis gewinnen. Prinzipiell gilt aber: Wenn du mutig genug bist, Lehrer zu kritisieren, dann solltest du es nur auf einer sprachlich angemessenen Ebene tun, und nach Möglichkeit niemals direkt im Unterricht. Es ist eurem Verhältnis dienlich, wenn du auf Schimpfwörter komplett verzichtest, auch wenn dies sicherlich bei der einen oder anderen Person ganz schon hart werden dürfte. Eine gute Idee ist es immer, Kritik nach dem Unterricht im Vieraugengespräch zu äußern. Selbst dann aber ist es angebracht (Respekt und so!), sich zurückzuhalten.

♀ Wir beginnen ein Gespräch über den Unterricht also nicht wie folgt: »**Ich kann mit Ihrer beschissenen frontalen Art überhaupt nichts anfangen und hab dabei auch einfach keinen Bock, mich zu beteiligen.**«

♂ Eher im Sinne von: »**Ihr frontaler Unterrichtsstil gefällt mir sehr gut und kommt auch bei allen anderen gut an. Allerdings würden Sie mir ganz persönlich einen großen Gefallen tun, wenn wir vielleicht hin und wieder einmal etwas in Gruppen machen könnten, sodass es mir gelingt, mich mehr einzubringen. Wäre dies vielleicht möglich? Ich bin ja kein Lehrer und kenne mich nicht aus, aber wenn Sie einen Weg sehen, wäre ich sehr dankbar.**«

Ist ein solcher Monolog schleimig? Nun ja. Zumindest das erste Kompliment (gefällt mir sehr gut, bla bla bla) klingt ein wenig nach Arschkriecherei – ist es aber nicht. Gerade der Anfang einer Kritik ist sehr wichtig, und man sollte nicht gleich dort mit der Tür ins Haus fallen. Oder umgekehrt.

Vielmehr ist es psychologisch genial durchdacht, der zu kritisierenden Person zu Beginn etwas Honig in die Kauleiste zu schmieren, damit sie sich sicher fühlt und sich freut. Die dann folgende Kritik gilt es geschickt zu verpacken, sodass Mr. Teacher gar nicht merkt, dass es sich eigentlich um Kritik handelt.

Klug ist es außerdem, Elemente wie »Sie würden mir ganz persönlich einen Gefallen tun« in die Debatte einfließen zu lassen. Welcher schülerliebende Pädagoge würde hier mit dem Kopf schütteln und dich auslachen? Eben! Niemand. Oder alle. Lehrer sind schwer einschätzbare Wesen. Toll auch, wenn es dir gelingt, den Hammersatz »Ich bin ja kein Lehrer und kenne mich nicht aus« irgendwo zu integrieren. Da freut sich der Schulmeister und denkt völlig zu Recht: Stimmt, du bist kein Lehrer, und wirst auch nie einer sein, aber wenigstens erkennst du, dass man sich als Lehrer auskennen muss.

Der zweite Denkansatz des Beibringknilches geht dann in die Richtung: »Natürlich tue ich dir den kleinen Gefallen, du laufender Würmling. Gruppenarbeit ist sowieso viel besser für mich, weil weniger Arbeit. Aber das kannst du als Schüler natürlich nicht wissen, weil du eben kein abgeschlossenes Pädagogikstudium hast. Ich zwar auch nicht, macht aber nichts. Noch hat es keiner gemerkt.« – Und schon hast du dein Ziel erreicht. Eigentlich alles total einfach, sofern du dich auf grundlegende Dinge beschränkst.

♀ Wie gesagt – Lächerlichkeiten wie Tafelschrift oder Schönschrift sollten besser nicht kritisiert werden, da hier elementare pädagogische Unfähigkeiten angegriffen werden. Mögen Lehrer eher nicht so gern. Gib ihnen stattdessen immer die Möglichkeit, ihr Gesicht zu wahren, auch dann, wenn sie hässlich sind. Im Sportunterricht sagst du also nicht: **»Dieses befickte Turnen ist voll Dreck. Wir wollen viel lieber spielen.«**

♂ **Besser wäre: »Mir und meinen sympathischen Klassenkameraden machen die von Ihnen geplanten Leibesertüchtigungsübungen an Barren und Reck total viel Spaß. Aber einige der nicht so guten Turner, leider gibt es die ja unter uns, würden unglaublich gerne hin und wieder mal eine kleine Runde Fußball oder Handball spielen. Natürlich nur, wenn es in Ihr Unterrichtskonzept passt. Sie wissen ja besser, was wir machen sollen.«**

Diese als Kritik verpackte Botschaft kommt nicht ohne eine Spur Raffinesse daher: Beeindruckend, wie du es hier schaffst, nicht so sehr dich selbst, sondern eher »schwächere« Schüler in den Vordergrund zu stellen, für die du dich mit sehr viel Leidenschaft einsetzt.

Ebenso fantastisch die Verwendung von »Ihr Unterrichtskonzept« – damit gibst du deinem Lehrer zu verstehen, dass du tatsächlich glaubst, er hätte zumindest die Basics eines langfristig ausgeklügelten Plans im Kopf. Unnötig zu erwähnen, aber: Hat er nicht.

Fast schon auf Universitätsniveau ist auch dein locker eingeschobenes »Sie wissen ja besser, was wir machen sollen«. Klar weiß er das. Und jetzt weiß er auch, dass es seine Schüler wissen. Auch wenn du gelogen hast wie Pinocchios große Schwester und deine Nase inzwischen ganz alleine Berge besteigen könnte.

Mit in dieser oder ähnlicher Weise geäußerter Kritik kommst du problemlos weiter, es sei denn, du gerätst an ein komplettes Arschloch, was freilich gerade im Lehrerkollegium einer Schule nie gänzlich auszuschließen ist. Im Normalfall jedoch freut sich dein Lehrer über all die versteckten Komplimente und ist daher nur zu gerne bereit, sein, nennen wir es mal: »Konzept« geringfügig zu verändern. Außerdem wird er sich an dich durchaus positiv erinnern, wenn es ums Thema Zensuren geht.

Somit hättest du nicht nur eine Veränderung des Unterrichts erreicht, sondern vielleicht sogar einen besseren Ausgangspunkt für das Bewertungssystem des Lehrers geschaffen. Sofern er denn eines hat.

Einser und Sechser

Inzwischen sollte klar sein, dass Lehrer es sehr schwer haben. Sehr, sehr schwer. Fürchterlich sehr schwer. Allein dieses ganze Unterrichten ist brutal und dient vor allem der Verkürzung des Lebens. Viele Lehrer sind bereits zu Beginn ihrer Unterrichtstätigkeit eigentlich auf Gehwägelchen angewiesen, welche sie aber leider nicht bezahlen können.

Es ist außerdem allgemein bekannt, dass nur wenige Lehrer am Ende ihrer Dienstzeit (mit etwa 40 Jahren) noch aufrecht gehen können. Nicht, weil sie sich in Affen zurückverwandeln (die natürlich ihre direkten Vorfahren sind, manchmal auch ihre eigenen Eltern), sondern weil sie körperlich zugrunde gerichtet sind. Zugrunde gerichtet von einem Schulsystem, das nur auf Ausbeutung des Lehrpersonals ausgerichtet ist.

Zu allem Überfluss werden Lehrer auch noch in eine Gottposition erhoben, indem sie gezwungen sind, ihre Schüler zu bewerten und damit die Lebenswege anderer Menschen manchmal sogar ziemlich deutlich zu beeinflussen.

Generell gilt in der Mittelstufe in den meisten Schulformen das allseits beliebte Notensystem von 1 bis 6. Von »Sehr gut« bis »Sehr beschissen«. In der Oberstufe herrschen Punkte von 15 bis 0. Von »Sehr gut« bis »Sehr unterirdisch und lebensuntauglich«.

Nun ist also unser Pädagoge verpflichtet, Menschen mit Zahlen zu bewerten. Gar nicht mal so simpel! Lehrer müssen dabei zuallererst das obige, sehr komplexe und anspruchsvolle Zensurensystem durchschauen. Viele brauchen dafür Jahre, wenn nicht gar Jahrzehnte. Einige Lehrer schaffen es nie, bestimmte Zensuren überhaupt zu erlernen.

Ungenügend genügt eher nicht so sehr.

Es ist unwahrscheinlich, dass ein Sportlehrer die Noten 5 oder 6 überhaupt kennt. Wenn man nicht gerade aussieht wie eine Tonne und/oder sich bewegt wie eine Tonne, sind solche Zensuren eigentlich auch unmöglich. Es sei denn natürlich, du fällst durch aggressives Verhalten auf. Den Barren mit einer Laubsäge zersägen ist ebenso wenig erwachsen wie das Behandeln des Recks mit Papas neuem Presslufthammer.

136

Einige Mathelehrer, die sogar bei der Berechnung ihres Geburtstages versagen, wiederum haben von einer 1 noch nie etwas gehört. Sie würden sie natürlich trotzdem geben, aber würde eine 1 nicht bedeuten, dass der Schüler genauso klug ist wie der Lehrer? Ein Ding der Unmöglichkeit! Denn: Schüler sind dumm! Und wenn schon nicht völlig dumm, dann auf jeden Fall nicht mal im Ansatz so klug wie der lehrende Terrorkrümel, der schließlich Jahre, wenn nicht gar Jahrzehnte, ein knallhartes Studium durchgezogen beziehungsweise seinen Abschluss an einer bulgarischen Uni für zwei Kisten Fliegenklatschen gekauft hat. Hierzu muss man wissen, dass in Bulgarien aus traditionellen und religiösen Gründen der Besitz von Fliegenklatschen strafbar ist, obwohl sie jeder haben will!

Zum Bewerten von Leistung haben Lehrer ein Notenheft. Ganz moderne Pädagogen nehmen als Variante natürlich einen Flachbildschirmmonitorcomputer. Einen besseren Namen gibt es dafür leider noch nicht. Jedenfalls ist es ihre Aufgabe, in dieses Heft/Computerdings Zensuren einzutragen.

Fähige Lehrer machen so was täglich und nach jeder einzelnen Stunde: Wie häufig hat sich Schüler X beteiligt? Wie qualitativ hochwertig waren seine Antworten? Welche Klamottenmarke wurde getragen? Was für ein Deo oder Parfüm wurde benutzt? War der Bleistift angespitzt oder eher stumpf? Wie häufig musste Schüler X seine Füllerpatrone wechseln? Hat er geschnattert? Wenn ja, mit wem? Wenn nein, mit wem nicht? Hat Schüler X den Lehrer angelächelt? Wenn ja, zu welchem Zweck? Wenn nein, wieso nicht? Was hat Schüler X gegen den Lehrer? Findet Schüler X

Ich meld mich sogar beidhändig! Weil ich's drauf hab!

den Lehrer etwa kacke? Und was für eine Note hat er dafür verdient? Auf all diese Fragen, die natürlich nur Beispiele sind für den gigantischen Bewertungskriterienkatalog, den jeder Lehrer tadellos beherrscht, muss er nun Antworten finden, um darauf basierend eine Zensur würfeln zu können. Ganz schön knifflige Angelegenheit. Und alles in allem kaum leistbar direkt nach Stundenende. Vor allem nicht, wenn man total Bock auf eine Tasse Kaffee hat. Vielleicht auch noch mal eben auf die Toilette und ein leckeres Zigarettchen rauchen. Außerdem: Gibt es da nicht noch irgendein dringendes Elterngespräch? Notfalls auch mit den eigenen Eltern? Oder einfach irgendwelchen Eltern, die gerade durchs Gebäude irren?

Kurzum: Für eine wirklich fundierte Note fehlt es an Zeit. Und manchmal auch an gutem Willen.

Gehen wir aber davon aus, dass sich L. trotzdem irgendwas über dich aufschreibt und dies in der Folgestunde und der Folgestunde der Folgestunde wiederholt – bis zu den großen Ferien. All diese Noten gibt er dann einem befreundeten Geschichtslehrer. Bekanntlich kennen sich nämlich nur Geschichtslehrer mit Zahlen aus. Dieser hat dann die ehrenvolle Aufgabe, mithilfe eines sogenannten Taschenrechners den Querschnitt zu errechnen.

Noten und Nieten

Zusätzlich zu den qualitativen und quantitativen mündlichen Leistungen kommen natürlich schriftliche Ergebnisse von Arbeiten, Tests, Lernkontrollen, Malen-nach-Zahlen-Bildern und privaten Tagebucheinträgen. Und schwupps – wir haben eine Endnote.

Der schriftliche Quark mag dabei ja noch ganz objektiv und nachvollziehbar sein. Die mündliche Bewertung ist schon schwieriger. Als ob der Knilch imstande wäre, bei 25 bis 30 Schülern tatsächlich eine realistische Note für jeden zu zimmern. Immerhin reden wir über Pädagogen: Die können normalerweise noch nicht mal ihre eigene Telefonnummer nennen und verlaufen sich sogar auf dem Weg ins Sekretariat. Sogar, wenn sie schon drin sind.

Bist du also mit deiner Bewertung nicht happy, kommt die Kunst des Feilschens zum Tragen: Beim Feilschen (nicht zu verwechseln mit Pfeilchen, dem kleinen Bruder von Pfeil), geht es darum, anhand konkreter Verhandlungen Vorteile für sich selbst herauszuholen. Das ebenfalls ähnlich klingende Veilchen wiederum ist a) eine Blume oder b), umgangssprachlich, ein blaues Auge. Weder Blume noch Fleck im Gesicht helfen dir allerdings in einer schulischen Situation weiter.

Also: Ein ganz normales Lehrer-Schüler-Gespräch auf Augenhöhe und höchstem intellektuellen Niveau. Du bist du, und L steht für Lusche, Lampenschirm, Lachsschnittchen, Laberlappen, Leichenwagenbremser oder, ganz schlicht, für Lehrer.

Du: Ich find ja, ich hätte locker 'ne 3 verdient. Ich melde mich eigentlich immer.

L: Du leidest an gestörter Selbstwahrnehmung. Eigentlich meldest du dich nämlich sehr selten. Steht auch so in meinem schlauen Buch.

Du: Ich melde mich aber tausendmal mehr als Britney-Chantalle. Und die hat auch 'ne 3. Und Justin-Dustin hat sogar ne 3+, obwohl der die Hälfte der Zeit gar nicht da ist.

L: Wer ist Justin-Dustin?

Du: Also, das ist der mit …

L: Ist auch egal. Ich kann mir schließlich nicht alle Leute hier merken. Pädagogisch gesehen darf ich dich sowieso gar nicht mit anderen Schülern vergleichen. Mich interessiert einzig und allein deine eigene Leistung!

Du: Eben! Und die liegt ja wohl locker bei 3–.

L: Sehe ich nicht so. Eine 3– würde bedeuten, dass du eine »befriedigende« Leistung erbracht hast. Für mich sind deine Leistungen aber allerhöchstens ausreichend. Vielleicht eine 4+.

Du: Wenn Sie mir aber eine 4+ geben, dann können Sie mir auch eine 3– geben. Da müssen Sie noch nicht einmal ein schlechtes Gewissen haben.

L: Ich habe ohnehin kein schlechtes Gewissen. Das hat man nur, wenn man einen Fehler macht. Das mag bei anderen Lehrern vielleicht so sein, nicht aber bei mir. Ich gebe meine Noten fair und objektiv. Vielleicht solltest du dich mal selbst fragen, ob du wirklich so gut bist, wie du denkst.

Du: Ich melde mich superhäufig. Aber Sie nehmen meistens die anderen dran.

L: Ich kann dich nun wirklich nicht immer drannehmen, wenn du dich meldest. Andere wollen schließlich auch mal was sagen.

Du: Aber ich hab letztens auch die Hausaufgabe abgegeben. Die müssten Sie eigentlich noch haben.

L: Welche Hausaufgabe?

Du: Das war die, wo es darum ging, dass man …

L: Das kommt aber reichlich spät. Mal eben am Ende des Schuljahres noch schnell eine Aufgabe abgeben. Das ganze Jahr war Zeit, und am Ende wirst du wach. Außerdem, wenn die gut gewesen wäre, hätte ich das sicher in meinem Büchlein vermerkt.

Du: Ich hab mir echt Mühe gegeben!

L: Mühe reicht eben manchmal nicht. Auf jeden Fall steht die Note felsenfest. Würde ich sie noch ändern, wäre das unpädagogisch. Und das kann ich nicht auf mir sitzen lassen. Du kannst ja mal schauen, ob sich im nächsten Schuljahr etwas tut.

Du: Ich verspreche auch, mich anzustrengen, aber eine 3– würde mich noch viel mehr motivieren. Außerdem bekomm ich bei einer 4 wieder voll Stress mit meinen Eltern.

L: Also, na ja, hm, den Punkt mit der Motivation kann ich natürlich nachvollziehen. Eine 4 sieht ja auch wirklich nicht so gut aus auf dem Zeugnis. Und ich sehe gerade hier in meinem Büchlein, dass du letztens auch eine Hausaufgabe abgegeben hast. Das spricht natürlich schon für dich!

Du: Bekomm ich dann jetzt meine 3–?

L: Eigentlich ist das ja unpädagogisch. Aber wenn du mir morgen noch eine kurze schriftliche Bearbeitung abgibst …

Du: Worüber denn?

L: Ist eigentlich egal. Ich lese die ja sowieso nicht. Mir geht es nur darum, dass du für gute Noten hart arbeitest!

Du: Auf jeden Fall! Ganz vielen Dank dafür!

L: Du brauchst dich nicht zu bedanken! Die 3– hast du dir selbst erarbeitet, auch mit deinen vielen Meldungen. Mein Bewertungskriterienkatalog ist da hundertprozentig objektiv! Da mache ich null Ausnahmen!

Feilschen und Nutzen

Herzlichen Glückwunsch. Würde dein Dialog mit Laberlappen, Lampenschirm, Lehrer et cetera so ablaufen wie hier, hättest du gewonnen. Großartige Leistung! Eine 1+ in absoluter Würdelosigkeit! Muss man erst mal schaffen.

Nicht nur, dass du andere Personen in deinen Schlamassel hineinziehst (Britney-Chantalle, Justin-Dustin, Detlev-Nicolette), sondern dass du es tatsächlich angehst, wegen einer halben Note ein derartiges Gespräch zu führen, ist genauso erbärmlich wie ein Waschbär, der durch Hanteltraining versucht, einen Waschbrettbauch zu bekommen, oder eine Maus, die stolz wie Oscar einen Elefanten würgt.

Es ist schon okay, für seine Rechte zu kämpfen und sich nicht allen unfairen Scheiß gefallen zu lassen – aber mal im Ernst: Eine 3– statt einer 4+? Who the bloody fuck interessiert das?

Komm mal wieder zurück in die Realität. Noten bekommt man. Ob sie einem gefallen oder nicht. Schule ist kein Wunschkonzert. Ende Gelände. Kein Feilschen. Kein Diskutieren. Kein nutzloses Jammern. So ist das Leben.

Immer wieder wirst du in den nächsten 100 Jahren von anderen Menschen bewertet werden (Ausbildung, Job, Studium, Seniorenheim et cetera), was zwar nicht gerade immerwährende Freude bringt, aber eben zum Leben dazugehört. Und ganz bestimmt wirst du nicht immer die Bewertung einfahren, die du entweder haben möchtest oder glaubst, verdient zu haben.

Sofern zwischen deiner eigenen Erwartung und der tatsächlichen Bewertung nicht eine Schlucht von der Größe des Grand Canyon klafft, solltest du dir gar nicht erst den Stress machen, darüber zu verhandeln, auch wenn du, wie im obigen Dialog, durchaus gewinnen kannst. Aber um welchen Preis denn bitte?

Feilschen hat schlicht und einfach keinen Stil und erinnert viel zu sehr an sabbernde Kindergartenkinder, die an einem roten Lutscher lecken, dabei aber Mama die ganze Zeit anschreien, doch gefälligst den verdammten gelben zu kaufen!

Du bist außerdem in der Schule, einer elitären Lernanstalt, und nicht auf einem türkischen Basar. Akzeptiere die Benotung und gib im nächsten Jahr einfach noch mehr Gas. Wahlweise auch Milch, wobei Letzteres anatomisch schwierig werden könnte (aus der Reihe: Selten dämliche Gags – Humor von unten).

8. KAPITEL

FÄCHER: SINN UND ZWECK UND WAS MAN DAGEGEN TUN KANN

Noten gibt es in jedem Fach, wobei du als Schüler natürlich unterscheidest zwischen Haupt- und Nebenfächern. Weil Lehrer von Nebenfächern sich mit der Bezeichnung »Nebenfach« aber nicht anfreunden konnten, wurde extra der nicht minder beknackte Begriff »Kurzfach« erfunden, was Unsinn ist, denn bei bestimmten Lehrern wird selbst ein »Kurzfach« zu einer Jahrhunderte dauernden Irrfahrt durch Höllenwelten der Ödnis.

Wenn es also Noten in allen Fächern gibt, schadet es nichts, sich einmal anzuschauen, mit was für Fächern man es eigentlich genau zu tun hat.

Beginnen wir mit den »Langfächern«. Eine Ähnlichkeit zum Wort »Langeweile« ist beabsichtigt und erwünscht. Langfachlehrer – sollte man als Fachmann oder Fachfrau unbedingt wissen – sind generell wichtiger als Kurzfachlehrer, weil Langfächer aus noch nicht geklärten Gründen wichtiger sind, was dazu führt, dass Kurzfachlehrer immer ganz besonders auf dicke Hose machen, um den Mangel in ihrer erschreckend ungeplanten Lebensplanung einigermaßen wettzumachen.

Deutsch

Das wichtigste Fach dabei ist natürlich Deutsch. Deutsch kommt aus dem Lateinischen und bedeutet so viel wie »Deutsch«. Deutsch ist demnach eine germanische Sprache – übrigens die Lieblingssprache der Deutschen –, die du bereits beim Eintritt in die Schule (mehr oder weniger) fließend beherrschst. Damit sollte man annehmen, dass eigentlich gar kein Unterricht mehr nötig ist. Sollte man annehmen. Die Annahme ist aber leider falsch.

Neben Rechtschreibung und Grammatik bringt dir das Fach Deutsch auch die Geheimnisse von Kurzgeschichten, Gedichten, Romanen und Kochrezepten näher, womit sich Deutsch als Laberfach entlarvt. Wissen musst du gar nichts – nur Labern ist wichtig.

♤ Dabei ist zu beachten, dass du im Unterrichtsverlauf stets die Äußerungen des Vorredners wiederholen solltest, gegebenenfalls sogar in anderen Worten. Toll kommt auch, wenn du möglichst viele lange und komplexe Wörter benutzt. Scheiß auf den Kontext, aber mal einen Begriff wie »**Donaudampfschifffahrtsgesellschaftskapitänsmützenaufnäherproduktionsgenossenschaftsvorstandsvorsitzender**« in eine beliebige Debatte einfließen zu lassen, zeugt von Sprachgefühl und Niveau.

Falls möglich mögest du dich außerdem möglichst hochgestochen ausdrücken. Die korrekte Verwendung von Fremdwörtern ist dabei von elementarer Bedeutung.

♡ Hast du also erkannt, dass in Lessings Tragödie *Emilia Galotti* irgendein Krümel namens Hettore Gonzaga (Prinz von Guastalla – so was weiß man!) total auf eben das Mädel mit dem bescheuerten Namen steht, sagst du natürlich nicht: »**Hettore Gonzaga liebt Emilia Galotti.**«

♻ Vielmehr etwas im Sinne von »**In Hettores psychologischer Konstitution hat sich eine Dominanz positiver Affekte für die Individualität der feminin gestalteten Protagonistin Emilia manifestiert**«.

♻ Interpretierst du ein Gedicht von Goethe, zum Beispiel *Wandrers Nachtlied*, ein literarisches Highlight, und kommst zu dem Satz »Über allen Wipfeln ist Ruh«, solltest du deinen Lehrer auf Goethes offenbar unausgereifte Verwendung deutschen Vokabulars und seine klar erkennbaren Ausdrucksschwächen hinweisen. Eine schönere, weil intellektuellere Beschreibungsweise der stillen Äste (ruhende Wipfel) wäre demnach die Aussage, dass »**oberhalb der Kulminationspunkte forstwirtschaftlicher Waldbestände die Dezibelwerte im Nullpunktbereich stagnieren**«.

Es ist offenkundig, dass du mit derartigen Formulierungen jeden Deutschlehrer verzücken wirst! Deine Mitschüler eher nicht so sehr, aber wenigstens musst du dir bald keine Gedanken mehr darüber machen, mit wem du gemeinsam in die Cafeteria gehen willst. Keine Sorge! Auch Einsamkeit kann schön sein! Endlich mal Gelegenheit, statt des ganzen Geschnatters deiner (dann ehemaligen) Freunde und Freundinnen die Ruhe über den Wipfeln zu genießen.

Ganz wichtig in schriftlichen Arbeiten des Faches Deutsch: ausführlich schreiben. Die Arbeitsaufträge sind eh alle gleich: Diskutiere!, Begründe!, Interpretiere!, Analysiere!, Rechtfertige! et cetera.

Man muss sich halt ausdrücken können!

♀ Als normaler Mensch denkst du zu Recht bei einer Klassenarbeit: »So, verdammte Scheiße! Ich hab das jetzt aufgeschrieben und damit bin ich fertig.« – Falsch gedacht.

♂ Richtig ist: »So, verdammte Scheiße! Ich hab das jetzt aufgeschrieben und werde jetzt noch jede Menge anderer Sachen aufschreiben, die auch zum Thema gehören, total viele Klein- und Feinheiten aus dem Text herausarbeiten und anschließend zu einer klaren eigenen Meinung kommen, welche ich anschließend in genau denselben Worten wiederholen werde. Dabei ist es selbstverständlich, dass ich auf jeden Fall auch jede Menge spekulieren werde, um zu zeigen, dass ich die Geschichte, das Gedicht oder den Text verstanden habe. Nur wer spekulieren kann, zeigt wirklich Ahnung!«

Wenn du also glaubst, fertig zu sein, bist du es definitiv nicht die Bohne. Da du ohnehin im Klassenraum herumlungerst, bietet es sich an, die Zeit wenigstens einigermaßen sinnvoll zu verbringen. Nichts gegen die Hammeraktivität »Blockblätter mit japanischen Symbolen bemalen« – tolles Hobby, aber wenig hilfreich beim Erreichen einer guten Zensur.

Fremdsprachen

Die lässigste Fremdsprache der Welt ist natürlich Chinesisch. Weil aber Lehrer kein Chinesisch können, unterrichten sie eben **Englisch**. Englisch können sie zwar meistens auch nicht, aber wenigstens gibt es Buchstaben und keine Schriftzeichen.

Nun muss man wissen, dass so mancher Englischlehrer, trotz Buchstaben, mit Englisch so seine Probleme hat. Sogar Grundschüler spüren es, wenn der Lehrer Defizite im Aussprachebereich hat und selbst die englischsten aller englischen Wörter irgendwie verdächtig nach Deutsch klingen.

Egal, ob der Lehrer Englisch kann oder versteht oder eben nicht – er hat trotzdem große Freude daran, dich mit spannender Grammatik zu foltern. Ist aber gar nicht so schwer, denn die englische Sprache besteht aus exakt drei grammatischen Phänomenen:

1. Unglaublich viele und unglaublich dämliche unregelmäßige Verben.
2. If-Sätze. Alles, was mit »if« beginnt, ist ein if-Satz. Wenn du das erkannt hast, ist schon mal eine ziemliche Leistungshürde übersprungen!
3. Zeitformen. Müssen Deutschlerner nur das Präsens verstehen, hat sich der Engländer gleich zwei Präsense ausgedacht. Simple present und present progressive. Dieses Doppeln gilt für jede andere Zeitform ebenso. Allein an diesem Beispiel sieht man, dass Engländer absolut ineffektive Wesen sind und ihre Sprache (von dem Amis geklaut!) eigentlich, trotz Weltsprache und so, ein Armutszeugnis darstellt.

Falls du dich im Englischunterricht beteiligen möchtest, aber nicht den Hauch einer Ahnung hast, wie die richtige Antwort lautet, wahrscheinlich zurückzuführen auf das Gelispel des Aussprachemonsters vor dir, melde dich trotzdem und haue eiskalt ein »No idea« heraus! Ist dir das zu billig, probiere es mit der beliebten Phrase »We must look at the thing from a different perspective«.

Daran sieht der Lehrer, dass du dich intensiv mit dem Thema beschäftigt hast und dir nicht zu schade bist, auch in schwierigen Fällen deine Bereitschaft zur aktiven Teilnahme kundzutun.

Da Englisch glaubt, eine Sprache beziehungsweise wenigstens der Abklatsch einer Sprache zu sein, hantiert es (das Englisch) ohne Ende mit Vokabeln. Schlimmer noch – man erwartet von dir, dass du diese Vokabeln »lernst«. Krasser Scheiß! Trotzdem alternativlos! Es sei denn, du implantierst dir ein Wörterbuch in die Rübe.

Dieses dann »gelernte« Wortmaterial darfst du wiederum in Vokabeltests anwenden. Bei Verben wiederum in allen drei Formen, obwohl bislang noch kein Englischlehrer wirklich erklären konnte, wozu diese Formen eigentlich gut sind. Wahrscheinlich waren die Engländer in der Frühzeit ihrer sprachlichen Entwicklung einfach so stolz darauf, überhaupt Verben zu haben, dass sie sich dachten, erfinden wir doch noch mehrere Verbformen dazu, beziehungsweise klauen sie von den Amis.

Falls Englisch nicht so deine Sache ist, bieten moderne Schulen dir noch eine zweite (verpflichtende) Fremdsprache an. Wie wäre es mit **Latein?** (Sprache der ganz ziemlich toten und klugen Menschen!), **Französisch?** (Sprache der ganz schwulen Menschen, die tagsüber Rotwein trinken und abends Baguettes spazieren tragen, oder umgekehrt), eventuell auch **Spanisch?** (Sprache von Menschen aus Spanien).

All diese Sprachen haben gemein, dass sie gesprochen werden. Zugegeben, eine Unterhaltung auf Lateinisch ist etwas schwierig heutzutage. Da muss man schon nach Lateinamerika fahren. Ansonsten aber spricht man Sprachen. Oder schreibt sie. Oder hasst sie. Aus diesem Grund handelt es sich stets um verpflichtende Fremdsprachen. Ansonsten würde nämlich kein Schwein sie wirklich wählen. Es sei denn natürlich, du stehst auf Sprachen, was ziemlich geil wäre, aber nicht besonders häufig vorkommt. Eine Ausnahme ist sicherlich der 22-jährige Deutsche Sebastian Heine (war vor dem Studium Schü-

Vokabeln gibt's nie genug. Never!

ler), der in 35 Sprachen, darunter so beliebte Sachen wie Altpersisch, Altirisch, Kurmandschi-Kurdisch und Usbekisch, zu Hause ist.

Ob der Kollege Heine komplett durchgeknallt ist und einen an der Waffel hat? Aber sicher doch! Und dass er täglich Vokabeln lernt und Grammatik paukt? In jeder Hinsicht bescheuert und peinlich. Oder wirst du an dieser Stelle vielleicht doch ein kleines bisschen, ein ganz klein winziges bisschen neidisch auf ihn?

Etwas Realismus bitte! Niemand erwartet, dass du 35 Sprachen lernst. (Wobei Herr Heine noch lange nicht fertig ist – pro Jahr haut er sich mindestens drei neue rein!) Trotzdem ist es schon nicht ganz blöd, wenigstens eine Fremdsprache zu beherrschen.

Stell dir einfach vor, du wärst verknallt in ein Mädel oder einen Typen aus England oder Frankreich oder Spanien. Knutschen ist zwar eine Universalsprache, hat eine klare Grammatik und Aussprache und ist somit überall verständlich, sogar in Ländern, die noch gar keine Sprache eingeführt haben (Niederlande!), aber vielleicht möchtest du dich irgendwann auch tatsächlich mal mit ihm oder ihr unterhalten.

Nur mal so als Idee. Da würde es wirklich weiterhelfen, wenn man auch ohne Google-Übersetzer zurechtkäme. Und jede Menge Eindruck macht man außerdem!

Mathematik

Eindruck macht auch, vor allem bei deinem Mathelehrer, wenn du Mathe kannst, obwohl bislang noch niemand wirklich verdeutlichen konnte, wofür man Mathe eigentlich braucht.

Sicher ist es total cool und lässig und man ist der Held auf jeder Party, wenn man binomische Formeln draufhat. Und zwar alle! Nicht minder beliebt wirst du, wenn du mal eben die Lösungsmenge R mit Hilfe einer quadratischen Gleichung aus dem Ärmel schüttelst oder mit Sinus, Cosinus und Tangens irgendein dahingeworfenes Dreieck berechnen kannst.

Wozu das aber alles gut ist? Niemand weiß es. Wirklich nicht. Auch dein Mathelehrer hat keine Ahnung und wird eher eine Floskel ablassen. »Das braucht man fürs Leben!« – Und tatsächlich ist diese Aussage nicht so blöde wie sein sonstiges Geschwurbel.

Früher oder später wirst du in deiner Existenz einen Punkt erreichen, wo es überlebensnotwendig ist, gebrochen rationale Funktionen zu berechnen. Zum Beispiel, wenn du telefonisch eine Pizza bestellst. Ohne gebrochen rationale Funktionen und die Vorabanfertigung eines Funktionsgrafen kannst du deine Pizza Schinken mit doppelt Käse direkt abhaken!

Oder wenn du im Supermarkt stehst und zwei verschiedene Produkte vor dir hast: Zum einen fünf Kondome für einen Preis X. Zum anderen zehn Kondome für einen Preis Y. Wäre es da nicht wirklich gut, herausfinden zu können, welches Gummipaket das beste Preis-Leistungs-Verhältnis bietet? Logisch wäre es das! Kann aber nur gelingen, wenn du imstande bist, den Dreisatz anzuwenden. Nie gehört? Macht nichts! Frag halt deinen Mathelehrer oder jemanden, der sich wirklich damit auskennt.

Da du (theoretisch) irgendwann einmal die Schule abgeschlossen haben wirst und dann (theoretisch) nicht mehr länger im Hotel Mama lebst, solltest du einigermaßen geschickt mit deinem Geld (welches du theoretisch hoffentlich hast) umgehen können. Logisches Denken hilft dabei ungemein weiter, ein wenig Rechnen allerdings auch.

Vorsichtig gerechnet sind 90 Prozent der Dinge, die du im Matheunterricht lernst (oder lernen sollst), für praktische Anwendungsbereiche unnütz, was aber häufig daran liegt, dass dein Mathelehrer sich im negativen Kompetenzbereich bewegt und leider nicht fähig ist, dir angemessen zu verklickern, wozu der ganze Scheiß eigentlich gut ist. Typische Lehrerkrankheit! Theoretisieren bis zum Erbrechen, aber reale Praxistauglichkeit kannst du getrost in die Tonne kloppen.

Gerade, wenn du in Mathe nicht unbedingt ein Knüller bist, wirst du dich also immer wieder fragen, warum verdammt Mathe eigentlich so wichtig sein soll. Berechtigte Frage, aber an die falsche Person gerichtet. Frag deinen Lehrer, und lass dich eben nicht mit Worthülsen abspeisen, sondern bestehe auf einer vernünftigen Antwort und Beispielen aus der Praxiswelt eines normalsterblichen Schülers.

Mathematik ist trotz deiner eventuellen Abneigung die Sprache des Universums und rattengeil – wenn man sie denn versteht. Und Sprüche wie »Ich kann Mathe einfach nicht« sind schlicht und einfach Unsinn. Meistens liegt dem »Ich kann Mathe einfach nicht« eher ein »Ich will Mathe nicht können« zugrunde, zurückzuführen darauf, dass du leider keinen Sinn darin siehst.

Einige Lehrer haben das Problem erkannt – und so wurden Textaufgaben erfunden.

Wahrscheinlich hast du diese Mutationen der Mathematik bereits kennengelernt: ekelige kleine Geschichten, die aus Prinzip nie ein Ende haben, bevölkert mit vollständig unsympathischen Honks mit altmodischen Namen, die irgendein mathematisches (oder psychisches) Problem haben.

Ich steh auf logisches Denken!

Zum Beispiel will Alfred einen Kuchen backen (was Quatsch ist, denn Alfred ist männlich!), weiß aber nicht, wie viel Gramm Mehl er braucht, um einen Kuchen zu backen, der dreimal so groß ist wie der, den seine Mama (Kuni-

Man kann Mathe nicht nicht können!

gunde) normalerweise backt, wobei Kunigunde immer so viel Mehl verwendet, dass sieben afrikanische Waisenkinder davon ebenfalls satt werden könnten, sofern diese denn über Mehl verfügen würden. Preisfrage also: Wie viel Mehl braucht Alfred? Antwort: Interessiert absolut keine Sau! Sich einfach mal das verdammte Backrezept im Netz ansehen würde locker ausreichen.

Nun stelle man sich vor, dass Alfred am nächsten Tag seiner Freundin Rabea (einen schlimmeren Namen konnte man nicht finden!) von seinen Berechnungen berichtet, wobei Rabea ihn darauf hinweist, dass ein anderer Lösungsweg ebenfalls möglich gewesen wäre. Alfred soll sich unbekleidet aufs Bett setzen (das Volumen des Bettes muss vorher genauestens berechnet werden!), damit Rabea (inzwischen in Lederklamotten, Lackstiefeln und mit Peitsche) den Alternativlösungsweg aus ihm herausprügelt.

Aufgabenstellung:
   a) Wie häufig muss Rabea ihren Freund Alfred prügeln?
   b) In welchem Winkel sollte sie mit der Peitsche ausholen?
   c) Wie fühlt sich Alfred?

Allein dieses Paradebeispiel einer ganz normalen Textaufgabe der 6. Klasse zeigt deutlich, dass Mathe durchaus realistische Züge haben kann!

Viele Schüler geben auf, nachdem sie auch nur einen Blick auf eine Matheaufgabe erhascht haben (»Kann ich nicht!«). Hierzu folgender Hinweis: Versuchen hilft! Mehr als scheitern kann man ohnehin nicht.

Religion

Auf den ersten Blick erscheinen viele Religionslehrer wie absolute Spinner. Auf den zweiten Blick natürlich auch, aber meistens ist Religion gar nicht so schlimm, und um Religion geht's in Religion heutzutage sowieso nicht mehr. Das einstmals anspruchsvolle Fach ist verkommen zu einer Ansammlung von Laberthemen.

So wird zum Beispiel anhand einer Bibelstelle gezeigt, dass Jesus (Sohn Gottes, Teil der Heiligen Dreifaltigkeit, krasser Typ!) aus irgendeinem Grunde immer auch noch die linke Backe hinhielt, wenn ihm jemand auf die rechte Backe draufgeschlagen hatte. Ziemlich blöd eigentlich, aber für Söhne Gottes vielleicht eine ganz normale Verhaltensweise.

Religionslehrer nutzen nun diese biblische Botschaft und verbringen die nächsten Monate damit, über »Freundschaft« zu sprechen. »Freundschaft« ist nämlich total wichtig in der Religion. Ein weiteres Thema, das immer geht, ist »Mobbing«. Mal mit, mal ohne biblischen Bezug.

Es soll Religionslehrer geben, die die Bibel noch nicht einmal gelesen haben. Brauchen sie auch nicht: Es gibt schließlich das Schulbuch inklusive Lehrerhandreichung mit Kopiervorlage 1a »Male Gott nach deinen eigenen Vorstellungen« oder 2c »Male ein Familienbild vom Vater, dem Sohn und dem Heiligen Geist«, verknüpft mit Kopiervorlage 7 »Zeichne einen Wolkenhimmel mit dem darüber schwebenden Gott und diskutiere mit deinem Nachbarn, ob Gott durch Wolken hindurchsehen kann«. Arbeitsauftrag allgemein ist aber: Verknüpfe deine Erkenntnisse mit den Themenkreisen »Freundschaft« und »Mobbing«.

Wenn wir nun davon ausgehen, dass 100 Prozent aller Schüler (inklusive dir) Religionsunterricht als »wenig wichtig« einschätzen (Euphemismus für »Dreck«), stellt sich die Frage, warum es ihn überhaupt gibt.

1. Weil es sonst keine Religionslehrer gäbe.
2. Weil es ohne Religionsunterricht keine Freundschaft auf der Welt gäbe.
3. Weil Religionsunterricht dir an stressgeplagten Tagen mit vielen Hauptfächern ein wenig Ruhe und Entspannung bietet.

Hier wird dir beigebracht, was wirkliche Werte im Leben sind. Wogegen nichts einzuwenden ist, würde das Ganze nicht immer und dauernd in einer einzigen Faselei enden. Unabhängig davon, ob du Christ bist oder nicht (spielt im modernen Reli-Unterricht eh keine Rolle mehr), lebst du trotzdem in einem Land, das eine gewisse Tradition hat, und diese Tradition ist eben christlich geprägt. Es schadet also wirklich nichts, zu wissen, dass an Ostern eben nicht der Osterhase geboren wurde (wird von 57 Prozent aller Schüler geglaubt) und dass Weihnachten ganz bestimmt keine Fortsetzung deines Geburtstages mit Weihnachtsbaum ist (100 Prozent aller Schüler).

Dennoch – heutzutage kann dich niemand mehr zwingen, am Religionsunterricht teilzunehmen. Stattdessen bieten viele Schulen ungläubigen Schülern Ausweichfächer an, zum Beispiel »Werte und Normen«. Ist aber prinzipiell dasselbe wie Religion. Hauptthemen sind und bleiben »Freundschaft« und »Mobbing«.

Solltest du ernsthaft an Gott glauben und dich mit Theologie beschäftigen wollen (Wissenschaft der Religion), dann bist du bei den meisten deiner Reli-Lehrer an der falschen Adresse, da sich Wissenschaft und Gott (glauben viele Lehrer jedenfalls) bekanntlich ausschließen, genau wie Pommes und Erdbeermarmelade.

Um im Religionsunterricht klarzukommen, ist es wichtig, jede Aussage mit »Ich persönlich glaube« zu beginnen! Glauben wird großgeschrieben. Für Wissen sind andere Fächer zuständig. Um deinen Lehrer völlig aus der Bahn zu werfen, ist es immer eine nette Idee, dich irgendwann während des Unterrichts einfach auf den Boden zu werfen und den Herrn zu preisen! Selbstverständlich ist es ebenso möglich, dich an die Tafel zu stellen und dich selbst auszupeitschen – für jede Sünde ein Hieb! Für jeden Gedanken an Masturbation 20 Hiebe! Für jede vollzogene Masturbation 100 Hiebe! – Da wird's zeitlich ganz schön eng in einer Doppelstunde!

Ganz wichtig am Religionsunterricht: Toleranz! Ohne Toleranz geht mal gar nichts! Egal, um was es geht – alles, was »anders« ist, gilt es zu tolerieren, akzeptieren, respektieren. Trifft demnach auch auf dein Verhalten zum Lehrer zu. Tolerieren! Akzeptieren! Respektieren! – Und nach der Stunde seine Karre beschmieren!

Musik

Wenn für »Wissen« andere Fächer zuständig sind, gehört Musik mit Sicherheit nicht dazu. Es gibt keinerlei praktischen Grund, Musik zu haben. Bei einer Gesangseinlage unter der Dusche hilft Musikunterricht nicht die Bohne weiter, sondern bewirkt eher das Gegenteil. Wer beim spontanen Singen während des Einseifens über die richtige Höhe von Oktaven nachdenken muss, singt mit Sicherheit nicht besser. Und falls sogar die Katzen aus der Nachbarschaft miauend miteinsteigen, läuft irgendwas verkehrt.

Musiklehrer sind, nicht selten jedenfalls, Gestalten, die es selbst als Musiker zu nichts gebracht haben und eine Tonleiter für ein Kletterwerkzeug halten. Folglich versuchen sie nun ihr eigenes (natürlich unentdecktes) musikalisches Genie an ihre Schüler weiterzugeben.

Für Schüler sind Musikstunden absolute Highlights. Wo sonst kann man sich richtig schön zum Affen machen und wie ein blinder Marder auf ein Xylofon eindreschen? Wo sonst kann man lustige Volkslieder singen von Interpreten, die mit vollem Recht tot oder vergessen oder beides sind? Wo sonst lernt man, dass Mozart sich zu Tode gesoffen hat? Dass Beethoven nur selten gebetet hat? Dass Bach im Begriff für ein Gewässer weiterlebt?

Wiederum gilt es zu unterscheiden zwischen Musiklehrern, die Ahnung haben, und denen, die nicht einmal dann den richtigen Ton finden, wenn man ihnen das Ding direkt unter die Nase hält.

Nutzlose Musiklehrer haben sich im ersten Lehrerjahr ein Repertoire von Liedern zurechtgelegt, welches sie, wenn sie viel Bock haben, auch tatsächlich mit ihren Schülern einüben. Hier kommen dann also Xylofon, Blockflöte und Triangel zum Einsatz. Solltest du allerdings etwas über moderne Musik wissen wollen, bist du bei solch musikalischen Grabschändern definitiv an der falschen Adresse. Gute Lehrer hingegen können mehr als nur singen. Sie kennen sich in der Welt der Oper, der Operette, des

Ich singe, also bin ich!

Musicals aus und sind gleichzeitig auf dem Laufenden darüber, was moderne Menschen gerne hören. Dass »heitere, volkstümliche bayrische Schwänke mit Jodelindex« eher selten darunter fallen, ist sehr bedauerlich!

Um Musikunterricht zu überleben, musst du bereit sein, Noten zu lernen. Glücklicherweise gibt es nicht so viele davon, und kluge Leute haben sie sogar auf Strichen untergebracht, um sie besser unterscheiden zu können.

Auf Grundlage dieser Noten lassen sich, vorausgesetzt, es ist ein Instrument vorhanden, Töne erzeugen, die entweder stimmig und schön klingen oder eben, als wenn du einer Katze auf den Schwanz trittst. – Nein, eine Katze, auch wenn sie extrem hässlich ist, geht nur bei absoluten Katzenhassern als Musikinstrument durch. Mehrschweinchen und Hamster hingegen sind aufgrund ihres höheren Quietsch-Faktors bei talentierten und berühmten Symphoniemusikern heiß begehrte Viecher, leider aber im Schulalltag weder als Schlaginstrumente noch als Schlagobjekte erlaubt. (Vergleiche die entsprechenden Passagen in der Schulordnung!)

Rein theoretisch ist es unmöglich, im Musikunterricht eine schlechtere Zensur als »befriedigend« einzufahren. Sollte es dir aber doch gelingen, dieses Fach mit »mangelhaft« abzuschließen, gebühren dir höchster Respekt und absolute Anerkennung! Damit wärst du nämlich der oder die Erste und solltest dich irgendwo in eine Ecke setzen und so lange schämen, bis deine Pubertät abgeschlossen ist. Musikunterricht ist absolut gammelig und wird in seiner Gammeligkeit nur noch von Kunst gleichzeitig über- und unterboten.

Was der Unterricht nicht hergibt, kannst du dir aber immer noch selbst geben. Wenn der unbekannte Musiker Mozart im Unterricht nur in einem 3-Minuten-Referat abgehandelt wurde, spricht überhaupt nichts dagegen, den Typen mal zu recherchieren. Nicht Lebensdaten und Todesdaten und solchen Quatsch – sondern seine Musik. Der Mann ist schließlich nicht bekannt geworden, nur weil er geboren oder gestorben ist.

Hör dir seine Symphonien an. Seine Opern. Seine Konzerte. Wenigstens Auszüge aus Symphonien, Opern oder Konzerten. Oder Auszüge aus Auszügen. Geh auf Entdeckungsreise – wozu gibt es schließlich das Internet? Tipp ein, hab Spaß und finde heraus, ob du ein Dummbatz bist, der glaubt, klassische Musik wäre eine Art Altersheim-Background-Mucke, oder jemand, der sich auf – musikalische – Erfahrungen einlässt und nicht gleich nach dem ersten Song aufgibt.

Kunst

An sich ein supergeiles Fach, aber wie bei allen supergeilen Fächern schaffen es aus- und un- und untergebildete Lehrer, daraus eine Art Abfalltonne kreativen Herumwurstelns zu machen.

Kunstlehrer mit Null-Bock-Einstellung machen sich gar nicht erst die Mühe, wirklich etwas zu unterrichten. Mit Hilfe eines Malbuchs für Kindergartenkinder (Titel: »Der Clown«) geht ein Halbjahr locker rum! Ein weiteres Malbuch (»Der bunte Clown«) reicht fürs zweite Halbjahr.

Für Mal- und Zeichentechnik hat ein normaler Kunstlehrer keine Zeit. Der am Anfang jedes Schuljahres herzustellende Geburtstagskalender, quasi eine olympische Disziplin des modernen Kunstunterrichts, nimmt schließlich bereits mehrere Monate in Anspruch. Nach Fertigstellung wird er im Klassenraum ausgehängt, wo ihn mit hundertprozentiger Sicherheit kein Schwein beachtet.

Alle Bilder sind schön. Nur meins ist hässlich!

Je höher der Jahrgang, umso komplexer wird der Unterricht. Werden anfangs noch Clowns gemalt, geht man schon bald zu Landschaftsmotiven über. Mit Perspektive!

Einige Kunstlehrer sammeln die Bildchen sogar ein und zensieren sie. Hierbei bedienen sie sich einer seit Jahrhunderten erprobten Bewertungstechnik, der subjektiven Wahrnehmung. Es ist demnach nicht wichtig, wie gut das Bild wirklich ist, wie fein und sauber und genau du gearbeitet hast, wie brillant deine Linienführung ist, wie durchdacht deine perspektivische Gestaltung – es geht einzig und allein darum, ob deinem

Lehrer das Ding gefällt. Einmal draufgucken: Like oder Nicht-Like. Zensur drunter. Fertig.

Kunstlehrer sind ansonsten sehr expressive und offene Typen. Sie sprechen davon, dass man sich mithilfe der Kunst »entfalten« soll – wollen aber auf keinen Fall, dass du als Schüler eine solche Entfaltung anstrebst. Kunst ist für Künstler! Und für Kunstlehrer! Ganz bestimmt aber nicht geeignet für Teenagerterroristen mit beschmierten Fingern und Deckweiß in den Haaren.

Standardzeugnisnote ist trotzdem eine 2. Klassenarbeiten werden nicht geschrieben.

Kunst kommt bekanntlich ohne jegliche Theorie aus. Kunstgeschichte gibt es nicht. Außer vielleicht in der Oberstufe. Dort gibt es zusätzlich »abstrakte Kunst«. Hierzu hat der künstlerisch begabte Lehrer auf eine riesige weiße Leinwand einen winzigen Klecks gemacht (oder einfach seinen kleinwüchsigen skandinavischen Bulldoggenmischlingsrüden drauf kacken lassen) und verlangt eine tiefschürfende schriftliche Analyse mit der Fragestellung, was uns der Künstler damit sagen will. Sag einfach irgendwas mit »Darstellung der Unendlichkeit des Universums« oder »Ausdruck des universellen Seins«. Sollte ausreichen.

Auf keinen Fall darfst du die Qualität des Kunstwerkes anzweifeln. Auch Bemerkungen wie »Ich finde das Bild hässlich« sind wenig zielführend und zeugen lediglich von deiner unsagbaren Dummheit und Ignoranz gegenüber großen Meisterwerken.

Sport

Sport ist vielleicht das wichtigste Fach überhaupt – zumindest für geistige Flachflieger.

Erfunden wurde der Sportunterricht nicht von Sportlehrern, wie viele Schüler fälschlicherweise annehmen, sondern von Diät-

Experten mit dem Ziel, dicken, fetten, klumpigen Schülern zum Abnehmen zu verhelfen. Obwohl diese Idee grundsätzlich löblich war, zeigte sich bald, dass zwei Stunden Sport in der Schule dafür nicht ausreichen, da dicke, fette und klumpige Schüler dazu neigen, sich nach dem gepflegten Sich-die-Seele-aus-dem-Leib-Kotzen direkt wieder ein Stück Sahnetorte aus der Schulcafeteria in die Kauleiste zu schieben, was interessant ist, denn Schulcafeterien haben zwar vieles, aber ganz bestimmt keine Sahnetorte, und eigentlich auch sonst nichts, was schmeckt.

Einige Sportlehrer glauben, dass Schüler (egal ob dick oder fett oder dürr wie Streichhölzer) nur hier, nur in der Sporthalle, nur unter Aufsicht eines spackigen Sportpädagogen, »an ihre Grenzen gehen« können. Dieses An-die-Grenzen-Gehen ist eine ziemlich faszinierende Sache, vor allem, wenn man oben an einem Seil hängt und nicht den Hauch einer Ahnung hat, wie man jemals wieder runterkommt, ohne sich sämtliche Arme und Beine zu brechen.

Vom Sportlehrer ist generell keine Hilfe zu erwarten: Ist er jüngerer Bauart, macht er wenigstens hin und wieder noch vor, wie man was machen soll. Ist er älter, trägt er dem sportlichsten Schüler auf, es gefälligst vorzumachen. Er selbst geht stattdessen eine rauchen. Dies ist zwar schlecht für die Lunge und somit für die Kondition, aber nur weil er Sport *unterrichtet*, muss dies noch lange nicht heißen, dass er auch Sport *treibt*. Wenn er weg ist, dabei aber nicht raucht, hat er Elterngespräche.

Sportlehrer erkennt man daran, dass sie stets im Trainingsanzug durch die Schule latschen. Sieht scheiße aus, scheint sie aber nicht zu stören. Duschen ist für einen richtigen Sportlehrer weibisch und ungesund: Richtige Männer (auch Mädchen) müssen nach ihrem eigenen Schweiß riechen und sind laut Rahmenrichtlinien des Faches Sport (so eine Art Gebrauchsanweisung für das Foltern von Jugendlichen) verpflichtet, mit ihrer eigenen Duftwolke eine harmonische Symbiose zu formen. Ansonsten wird es nie etwas mit dem An-die-Grenzen-Gehen.

Entsprechend ist auch das Zeigen und fröhliche Herumtragen überdimensionaler Schweißflecken laut Sportlehrerdenke bei Jungs ein Zeichen von Männlichkeit. Mädchen sollten allerdings die Finger davon lassen – ohnehin haben sie sonderbarerweise eine natürliche Abneigung gegen Schweiß.

Manchmal neigen sie deshalb dazu, dem Sportunterricht aus dem Weg zu gehen, was auch verständlich ist: Schließlich hat man sich nicht Make-up, Eyeliner und Mascara ins Gesicht getunkt, nur um das Ganze beim Barrenturnen in eine schwitzige und unsexy aussehende Masse umzuformen. Außerdem sind viele Fälle dokumentiert, wo selbst die perfektesten Fingernägel am Reck abgebrochen sind oder sich die Haare im Trampolin verfangen haben.

Bei männlichen Lehrern hilft der Schülerinnenspruch »Ich hab meine Periode« ungeheuer weiter. Funktioniert sogar wöchentlich, unabhängig davon, dass dies biologisch ein kleines bisschen problematisch sein dürfte. Kein männlicher Lehrer wird sich aufgrund der Häufigkeit einer Erdbeerwoche mit einem Mädchen anlegen.

Als Junge hingegen klappt die Ausrede »Hab voll Penisbruch« prima, allerdings nur bei weiblichen Lehrkräften. Männliche wollen sich meist mit eigenen Augen ein genaues Bild von der Bruchstelle machen.

Andererseits: Warum sollte man ausgerechnet Sport schwänzen? Endlich mal ein Fach, in dem man sich bewegen darf. In dem man Gas geben darf. Aggressionen ausleben kann. Bildungsforscher plädieren schon seit Jahren für mehr Sportunterricht in Schulen, damit »die Kids sich mal richtig auspowern können«. Ohne nun der Bildungsforschung einen Gefallen tun zu wollen: Nutze die Chance!

Außerdem bietet Sportunterricht eine tolle Gelegenheit, süße Girlies oder noch süßere Boys in kurzen und knappen Klamotten zu sehen.

Falls übrigens im Unterricht Spiele gespielt werden (Fußball, Handball, Federball, Maskenball et cetera) und du definitiv immer der Letzte bist, der in ein Team gewählt wird, mag dies mit deiner

Fettleibigkeit zu tun haben oder dem Faktum, dass du einfach nur doof bist.

Kleiner Trost am Rande: Auch dein Sportlehrer wurde immer als Letzter gewählt – sein Sportstudium war somit nichts weiter als eine verflixt ausgeklügelte Racheaktion.

Biologie, Physik, Chemie

Irgendwann, so sagen Wissenschaftler, wird sich die Natur an den Menschen rächen. Für all das, was wir ihr antun. Umweltverschmutzung vom Feinsten, Zerstörung von Lebensräumen, Aldi-Plastiktüten statt Jutebeutel. Die Natur wird, da ist man sich einig, früher oder später zurückschlagen, und zumindest in der Schule hat sie dies längst getan.

Biologie. Physik. Chemie. Alle drei Naturwissenschaften. Um diese drei Fächer auseinanderzuhalten, bietet sich folgende Eselsbrücke an: Wenn es grün ist und sich schlängelt, ist es Bio. Wenn es stinkt, ist es Chemie. Und wenn du irgendwas gar nicht verstehst, stecken du und dein Arsch bestimmt gerade im Physikunterricht fest.

Naturwissenschaften zeichnen sich dadurch aus, dass Experimente gemacht werden. Dies aber nur, wenn der Lehrer darauf Lust hat, denn Experimente haben mit Vorbereitung zu tun, und Vorbereitung ist bei vielen Lehrern genauso beliebt wie Vertretungsunterricht oder koffeinfreier Kaffee ohne Wodka.

Manchmal müssen sie sogar *in ihren Pausen* eine Versuchsanordnung aufbauen – was dazu führt, dass sie es lieber gleich sein lassen. Die meisten Versuche stehen eh im Schulbuch. Man muss sie also nicht durchführen, um sie zu verstehen, weil die klugen Leute der Schulbuchverlage sie längst vorher durchgeführt oder von anderen Leuten aus anderen Schulbuchverlagen abgeschrieben haben.

Lehrer der Naturwissenschaften haben es nicht leicht, und es wäre schön, wenn Schüler dies endlich kapieren würden. Finden zumindest die Lehrer. Warum sie es so schwer haben, weiß man nicht. Die Forschung steckt diesbezüglich noch in den Kinderschuhen.

Wichtig für Naturwissenschaften, vor allem Chemie und Physik, ist das Formel-Lernen. Und abstraktes Denken.

Nehmen wir beispielsweise an, dass ein mit Helium gefüllter Fesselballon (oder Frosch) in einer Höhe H schwebt. Dort oben, also in Höhe H, weist er (Ballon oder Frosch) ein kugelförmiges Volumen von V = 16.000 Kubikmeter (ganz schön fett also) auf, bei einem Luftdruck von 286 hPa. Am Startort (unten) herrschte eine Temperatur von T = 15 Grad (Herbst!), welche aber mit steigender Höhe von Ballon oder Frosch linear abnimmt. Böse Sache! Auf 1.000 Meter beträgt die Abnahme sechs Grad. Wird also schattiger! Um nun die Höhe H (weil Höhe mit dem achten Buchstaben des Alphabets beginnt) zu berechnen, brauchst du lediglich noch die Masse der Gondel (gegebenenfalls Bauchumfang Frosch), der Ballonhülle mit Heliumfüllung und der Befestigungsseile, welche zusammen m = 7 t beträgt.

So weit, so einfach. Jetzt musst du nur noch anhand einer Formel X herausfinden, warum verdammt noch mal irgendwer auf dieser gottverfluchten Erde wirklich und ernsthaft wissen will, wie hoch der beschissene Ballon fliegt und ob die Sicht da oben gut oder schlecht oder

H + V + T = 7mt - X.
Macht absolut Sinn!

nicht vorhanden ist. Bei dieser Gelegenheit: Was sind hPa? Kann man die essen? Wofür steht m? Ist das t für irgendwas gut? Und warum wird es nach oben hin immer kälter? Da oben ist doch die Sonne, und die Sonne wärmt, und je mehr man sich ihr nähert, desto wärmer müsste es doch eigentlich werden. Warum fällt der Ballon nicht runter, so ganz ohne Motor? Warum steigt er? Wird er vielleicht von engelgleichen Gnomen hochgezogen? Welchen Einfluss hat dieses Heliumzeugs darauf?

Eigentlich ganz interessante Fragen. Nur zu beantworten mit physikalischem Grundwissen und einem klaren Verständnis davon, wie die Welt um uns herum funktioniert.

Man kann es natürlich auch lassen und einfach daran glauben, dass Gott die Naturgesetze gemacht hat. (Gott = Vater von Jesus, hatten wir schon.) Wenn man aber daran glaubt, dann glaubt man auch daran, dass Gott nicht wollte, dass wir uns über seine Schöpfung Gedanken machen und dass Weihnachten wirklich der Geburtstag von einem weißbärtigen Fettklops namens Santa Claus ist.

Wäre es nicht schön, zu wissen, warum ausgerechnet im Frühling die Pflanzen anfangen zu blühen und warum ausgerechnet dann viele Tiere aus ihrem Bau kommen und erst mal gepflegt einen beliebigen Partner poppen?

Warum dein Toastbrot immer mit der Nutellaseite auf dem Boden landet? Warum deine Fürze anders riechen als die Düfte deiner Freunde? Warum Strom ein Licht anmachen, dein Lebenslicht aber ausmachen kann? Warum du scharf wirst, wenn du jemanden siehst, der dir gefällt? Warum du Pickel hast oder – mit etwas Glück – keine? Warum Vögel im Winter nach Süden fliegen, statt einfach hierzubleiben und im heimischen Nest zu vögeln? Warum Alkohol deine Körperfunktionen durcheinanderbringt und dich Dinge doppelt sehen lässt?

Nun ja. *Schön* zu wissen wäre das alles vielleicht nicht. Aber interessant. Die Welt um dich herum ist auf naturwissenschaftlichen Gesetzen aufgebaut. Alles folgt dem Schema Ursache und Wirkung.

Wenn also in China ein verschimmelter Sack Reis umfällt, kann dies dann dazu führen, dass du Durchfall bekommst? Frage deine Lehrer nach entsprechenden Rechenformeln und finde es selbst heraus!

Viele Physik- oder Chemie- oder Biolehrer sind, so sagt man, vor langer Zeit selbst mal Schüler gewesen – und aufgrund ihres dauernden Gefasels über Physik oder Chemie regelmäßig von Mitschülern (und Eltern) verprügelt worden. Was aber zum Teil auch daran lag, dass sie komische Klamotten trugen. T-Shirts mit Streber-Aufschriften à la »Einstein ist mein Vorbild« oder »Küss mich, ich bin ein verzauberter Physiker«. Oder, falls man damals etwas dicker geraten war (vollschlank), gerne auch eine Jacke mit »Save the Whales«-Aufnäher.

Solche Dinge vergisst man nicht! – Grund genug also für dich, deine Kleidung den Bedingungen anzupassen. Lass dir von deinen Eltern einen Pullover kaufen mit dem Periodensystem der Elemente drauf oder mit den lateinischen Namen irgendwelcher Büsche. Klar musst du direkt nach dem Unterricht den Mist wieder ausziehen, aber zumindest für die Dauer einer Stunde gibst du deinem Lehrer zu verstehen, dass du »einer von ihnen« bist, ein Naturwissenschafts-Freak!

Geschichte

Viele Schüler reiben sich immer wieder verwundert die Augen und fragen: »Was interessiert mich denn, was in der Vergangenheit so los war?«

Da ist natürlich was dran. Es gibt keinen Grund, im Früher zu leben, wenn doch das Jetzt so viel beeindruckender ist. Die Vergangenheit wird gerade von Geschichtslehrern maßlos überschätzt; sie wälzen sich regelrecht in der historischen Grütze ihrer eigenen

Wichtigkeit und übersehen dabei, dass es völlig irrelevant ist, dass Papst Johannes der Weiß-der-Teufel-Wievielte irgendwann im Jahre Scheiß-Drauf zum Frühstück Rührei gegessen hat.

Was aber wäre gewesen, wenn Johannes Weiß-der-Teufel-Wievielte auf Rührei verzichtet und stattdessen einfach Zwieback verspachtelt hätte? Hätte sich durch eine solche Kleinigkeit der Lauf der Welt verändert? – Um's kurz zu machen: Kann sein. Vielleicht hätte seine Pro-Zwieback-Entscheidung sogar deine Geburt verhindert. Dies wiederum hätte auf deine eigene Geschichte bedenkliche Auswirkungen gehabt. Dinge, die früher passierten, haben nämlich tatsächlich Auswirkungen auf das Jetzt. Das Tolle an Geschichte ist, dass sie schon immer stattfand. So gesehen ist sie wie Gott oder Dummheit. In vielen Fällen war dein Geschichtslehrer sogar live dabei! Hängt aber vom Alter des Lehrers ab und vom zeitlichen Vorbeisein des vergangenen Ereignisses.

Geschichte ist ein unglaublich spannendes und faszinierendes Fach – sofern Lehrer es schaffen, richtig damit umzugehen. Geschichtslehrer lieben es, ihren Untertanen einfach mal »was zu erzählen«. Was sie dann auch tun. Immer und immer wieder setzen sie zu endlos öden Monologen an, bei denen jeder normale Mensch, und erst recht gilt dies für Schüler, bereits nach zwei Minuten den Faden verliert und lieber darüber nachdenkt, mit wem er gerne in der Pause herumknutschen würden. (Knutschen übrigens hat auch etwas Geschichtliches! Noch vor 100 Jahren war es in der Schule ziemlich unüblich, jemanden zu küssen, weil es

I'm a part of history!

nur wenige Schulen für Mädchen *und* Jungs gab, und wenn man nicht über homosexuelle Neigungen verfügte, konnte so ein Schultag ganz schön lang werden.)

Immerhin verlangen Lehrer heutzutage nicht mehr, dass du die römischen Kaiser auswendig lernst. Und zwar alle. Mit Vor- und Nachnamen, Nummer, Lebensdauer und -zeit, Regierungsdauer und -zeit sowie selbstverständlich Penislänge, Vor- und Nachnamen beider Schwiegereltern und der Haustiere derselben. Die Namen sämtlicher Huren, mit denen er es sonst noch getrieben hat, und ganz allgemein sexuelle Vorlieben.

Klar, das Auswendiglernen von Listen mit Namen und Daten ist wenig sinnvoll. Trotzdem braucht es eine Art Grundgerüst, um sich in der Geschichte zurechtzufinden. Du darfst also wissen, dass Geschichte sich in Epochen unterteilt, dass verschiedene Menschen ihre Zeit geprägt und vorangebracht haben, dass bestimmte Erfindungen ganz logisch in eine Zeit X fielen und nicht in eine Zeit Y, weil die Zeit Y dafür einfach noch nicht reif war und es eine Zeit Z noch gar nicht gab. Auch wenn du es nicht glaubst – sogar du selbst bist Teil der Geschichte, und mit jedem Tag, den du lebst, steigt nicht nur die Anzahl derjenigen Leute, die dich am Arsch lecken können, sondern auch deine historische Bedeutung. Wer weiß, vielleicht gehst du irgendwann sogar in die Geschichtsbücher ein? Als derjenige, der eine Revolution gegen die Bildungsanstalten des Landes anführte und zur Belohnung auf dem Scheiterhaufen der Ignoranz verbrannt wurde. Als derjenige, der um die Welt zog mit dem Ziel, alles Doofe, Dumme und noch Dümmere auszurotten, dabei natürlich scheiterte und ebenfalls ein heißes Ende fand. Als jemand, der Amok lief, nur weil er zu faul war, mal eben sämtliche Jahreszahlen der Weltgeschichte auswendig zu lernen.

Schüler, so belegen mal wieder ganz neue pädagogische Studien, können sich theoretisch die Handynummern sämtlicher Freunde auf Facebook merken, kriegen es aber nicht gebacken, Anfangs- und Enddatum des Zweiten Weltkrieges zu lernen.

Falls du wirklich auf die Idee kommst, alle Jahre der Weltgeschichte zu lernen: Man beginne, darüber herrscht unter Historikern Einigkeit, im Jahr null, wobei null in keiner Weise ein Qualitätsmerkmal darstellt, sondern lediglich eine etwas kaputt geratene Zahl ohne sonderliche Relevanz.

Willst du in Geschichte gut sein, ist Interesse natürlich hilfreich. Wenn dieses nicht vorhanden ist, gibt es immer noch das Schulbuch. Ist zwar auch nicht interessant, aber besser als nichts. Um Geschichte zu verstehen, muss man darüber lesen. Bei jüngeren Geschichtslehrern reicht es völlig, sich als Vorbereitung auf eine Stunde die entsprechenden beiden Seiten des Buches ins Hirn zu pressen. Eine lockere Internetrecherche kommt ebenfalls gut rüber und dürfte keine Kunst sein, da du eh die Hälfte deines Lebens im virtuellen Nichts verschwendest.

Falls das Thema zum Beispiel gerade um die Französische Revolution kreist, überrasche doch deinen Lehrer einmal mit der Aussage, dass es sich dabei, wiederum vertrauen wir unserem Lieblingsinternetnachschlagewörterbuchlexikondings Wikipedia, »um eines der folgenreichsten Ereignisse der europäischen Geschichte handelte, zurückzuführen auf die Abschaffung des feudal-absolutistischen Ständestaates sowie der Propagierung und Umsetzung grundlegender Werte und Ideen der Aufklärung, was mitursächlich für tiefgreifende macht- und gesellschaftspolitische Veränderungen war und das moderne Demokratieverständnis entscheidend beeinflusst hat«. Sollte ausreichen, um Eindruck zu schinden.

Man lerne: Mitarbeit hat auch mit der Fähigkeit zu tun, sich gekonnt und gebildet auszudrücken. Klar hättest du auch sagen können, dass »die Revolution voll cool war und echt wichtig und so, und es gab auch viel Stress bei den Franzosen«, doch wären damit wesentliche Aspekte unbehandelt geblieben.

Kann sein, dass dich Geschichte mal ganz locker am Arsch lecken kann. In diesem Fall bist du wahrscheinlich einfach noch nicht wirklich eingedrungen. In die Geschichte. Nicht in den Arsch.

Irgendwas Interessantes gibt es immer. Die Geschichte des Make-ups? Geschichte der Sexualität? Geschichte des Films? Geschichte der Kriege? Geschichte der Lebkuchenherzchen? – Nimm einfach etwas Interessantes aus deinem Jetzt und recherchiere die Hintergründe. Vielleicht gerätst du dabei in eine Art Sog. Lass dich hineinziehen. Zum Beispiel in die Geschichte der Bildung …

Erdkunde

Ähnlich bedeutungslos wie Geschichte ist nur noch Erdkunde. Erdkunde wird von sogenannten Erdkundelehrern unterrichtet, die unter Umständen über erdkundliches Wissen verfügen und, nach vorheriger Unterweisung, die Hauptstädte von mindestens oder höchstens zwei europäischen Staaten fast fehlerfrei aufschreiben können. Meistens sind dies die Hauptstädte von Großbritannien und Frankreich. Fragst du nach den Regierungssitzen von Schweden, Luxemburg oder Polen, sind Erdkundelehrer meist genauso aufgeschmissen wie ein Fallschirmspringer ohne Fallschirm. Dafür kennen sie sich aber aus in den Bereichen Vulkanausbrüche, Erdbeben und Lebensumstände von Sklavenkindern in indischen Textilfabriken.

Hier sieht man bereits, dass Erdkunde ein weites Spektrum von Themen anbietet und eigentlich ein Sammelbecken ist für all den Scheiß, auf den normale Fächer keine Lust haben. Nicht umsonst gilt der Erdkundelehrer im Kollegenkreis als ein eher »mittelbegabter Typ«, der Sachen unterrichtet, die er selbst nie erlebt hat, und über Länder erzählt, in denen er selbst noch nie gewesen ist, zurückzuführen auf die miserable Einkommenssituation moderner Lehrer und natürlich die Tatsache, dass man in fremden Ländern nie weiß, was einen erwartet, und es bei Mama sowieso viel schöner ist als woanders.

Erdkunde ist also, freundlich gesagt, Zeitverschwendung.

Zugegeben, es ist nicht schlecht, zu wissen, dass der Nordpol tatsächlich nicht im südlichen Italien zu finden ist, dass die Leute in Mexiko nicht mexikanisch, sondern spanisch sprechen, dass China und die USA die Luft verpesten, bis der Arzt kommt, und dass eine nutzlose Stadt wie Düsseldorf tatsächlich existiert.

All diese Dinge gehören irgendwie zur Allgemeinbildung und ließen sich problemlos in den Griff bekommen, wenn man täglich Zeitung lesen oder eine Nachrichtensendung gucken würde. Dann könnte man sich auf Dauer das Arschplattsitzen im Erdkundeunterricht jedenfalls ersparen.

Politische Weltkunde

Selbstverständlich gilt dies auch für Politikunterricht. So ziemlich jeder Schüler hat diesbezüglich eine ganz klare Meinung, zusammenzufassen unter der Formulierung »Interessiert mich nicht« oder »Fick dich, du Pisser«, wobei nicht immer klar ist, ob mit »Pisser« irgendein Politiker gemeint ist oder der aus dem Hintern politisierende Lehrermops.

Ohne die Politik (und die Geschichte) würdest du vielleicht überhaupt nicht zur Schule müssen. Immerhin waren es Politiker, die für die »allgemeine Schulpflicht« verantwortlich zeichneten. Klar gehören sie dafür eigentlich verprügelt. Stattdessen bekommen sie aber meist nur einen (noch) größeren Dienstwagen, reden, ohne je gefragt zu werden (vergleichbar also mit Lehrern), und strecken ohne Unterlass ihre Gesichter in alle möglichen Fernsehkameras, in der Annahme, auf diese Weise vielleicht berühmt zu werden. Politiker sind außerdem dafür verantwortlich, dass Lehrer so miserabel bezahlt werden (tiefster Mindestlohn!) und dass die Ferien immer so schnell vorübergehen. Und dass die Schultoiletten ganz bestimmt nie, nie und nimmer, erneuert werden.

Da Lehrer daran verständlicherweise etwas ändern wollen, sind sie häufig in der Lokalpolitik aktiv und sitzen im Stadtrat. Dafür bekommen sie kein Geld, aber jede Menge Ehre (und/oder Verachtung), und finden sich in der Zeitung wieder, was offenbar Sinn und Zweck ihres ganzen Daseins ist.

Von dermaßen aktiven Synapsenschockern kann man nun wirklich nicht erwarten, dass sie auch noch Zeit für Unterricht haben. Wenn ein Lehrer sich also am Abend vorher stundenlang im Stadtrat mit anderen politischen Lachnummern darüber geprügelt hat, ob nun für die Stadträte wirklich neue Stühle aus Goldleder mit Platinsitzen notwendig sind (ja, sind sie), ist er logischerweise am nächsten Morgen viel zu alle und kaputt, um wirklich relevante und aktuelle weltpolitische Fragen von Krieg und Frieden zu debattieren.

Was auch daran liegt, dass er von aktueller Politik meist keine Ahnung hat. Zitat: »In dem Thema bin ich gerade nicht so drin, aber es ist auch für unser momentanes Thema nicht von Bedeutung.«

Momentanes Thema in Politik ist *immer* eines, das mit aktuellem Weltgeschehen garantiert nichts zu tun hat. Dafür, so glaubt der Politiklehrer, ist der Geschichtslehrer zuständig, der wiederum felsenfest der Ansicht ist, dass Deutsch und Erdkunde sich der Sache viel besser annehmen könnten, wohingegen Deutsch und Erdkunde auf den Englischlehrer verweisen, der das Thema, wenn es denn wirklich wichtig ist, doch viel besser in einer Fremdsprache unterrichten solle, um der Bedeutung des Themas wirklich gerecht zu werden.

Tatsache ist, dass es Schüler gibt, die mehr über Politik wissen als ihre Lehrer. Hierbei handelt es sich natürlich um bekloppte Schüler, die ihre wahrlich knapp bemessene Zeit allen Ernstes mit Tageszeitungen oder Nachrichten füllen. Entweder, weil sie keine Freunde haben, mit denen sie ihre Zeit besser verbringen könnten, oder weil sie langsam, aber sicher Spaß an politischen Themen entwickelt haben.

Wenn du das erste Mal eine Nachrichtensendung siehst, stellst du fest, dass dein Politikunterricht dich in keiner Weise vorbereitet hat. Aber natürlich hast du das auch nicht erwartet. Tausend Namen, zehntausend Orte, eine Million Zusammenhänge, die alle keinen rechten Sinn ergeben. Auch keinen linken übrigens, aber das nur nebenbei.

Andererseits ist eine Nachrichtensendung nichts anderes als eine Fernsehserie. Du musst dich erst einmal zurechtfinden, die unterschiedlichen Leute und ihre Beziehungen verstehen, lernen, warum bestimmte Leute aus bestimmten Ländern sich gerne gegenseitig zerbomben und ermorden, und warum es unklug ist, sich mit dem Falschen anzulegen. Erst langsam entwickelt sich so eine reizvolle Geschichte, die immer wieder, mit neuen Leuten und neuen Ländern, weitergeführt wird und schlicht und einfach niemals aufhört.

In diesem Sinne gleicht Politik dem System Schule, dessen einziger Sinn zu häufig darin besteht, »Texte« zu lesen. Ohne »Texte«, liebevoll kopiert, wäre Unterricht gar nicht möglich. Mit Texten kann man nämlich tolle Sachen machen. Zum Beispiel: Sachen unterstreichen. Aber immer nur die wichtigen Sachen. Man kann daraus auch Flugzeuge basteln, was aber meist nicht gerne gesehen wird. Es sei denn, der Lehrer ist noch müde von seiner wichtigen Stadtratssitzung und versteckt sein Gesicht hinter einer mit intellektuellem Background und politischem Wissen prall gefüllten Zeitung namens *Bild*.

AGs

Neben den nun genannten Fächern gibt es sicherlich noch weitere, die dir den Schulalltag versauen, was aber, wie herausgestellt, nicht immer an den Fächern, sondern primär an ihren Lehrern liegt. Könnte natürlich auch an dir selbst liegen, aber die Wahrscheinlichkeit hierfür ist bestimmt ziemlich gering. Sonstige Fächer müssen nicht näher beschrieben werden, da sie alle (!) komplett bedeutungslos sind und nicht dazu dienen, dein Spaßlevel auf ein vernünftiges Niveau zu bringen. Somit sind sie also gescheitert!

Aber wer braucht schon Spaß, wenn es Arbeitsgemeinschaften gibt? Eine ganz großartige Erfindung besonders für Eltern, die nachmittags endlich mal in Ruhe fernsehen wollen und dabei ganz bestimmt keine Ablenkungen von jugendlichen Parasiten gebrauchen können.

Da viele Schulen sich heutzutage »Ganztagsschule« nennen, es aber gar nicht genug richtigen Unterricht gibt für diesen »Ganztag« und Lehrer auf so was noch weniger Bock haben als auf alles andere, müssen eben Themengebiete herhalten, die es eigentlich gar nicht geben dürfte.

→ Die Garten-AG. Eng zusammenarbeitend mit der Unkraut-AG.

→ Die Theater-AG. Körperspannung und -entspannung, dabei grinsend pantomimisch im Kreis latschen.

→ Die Textiles-Gestalten-AG mit verschiedenen Knopfbefestigungstechniken und dem Ziel, am Ende des Schuljahres einen Topflappen für Tante Gerda gestrickt, gehäkelt oder aus Ton zusammengeklatscht zu haben.

→ Die Tanz-AG. Hip-Hop oder Paartanz. Oder lateinamerikanischer Paarungstanz. Kann man auch in der Kuschel-AG »treiben«.

→ Kuschel-AG findet häufig außerhalb der Schule statt, meist ohne Lehrer, dafür aber auch ohne Klamotten.

→ Die Murmel-AG. Für Leute, die aus unerfindlichen Gründen gerne mit Murmeln spielen. Im Regelfall nur mit Jungs als Teilnehmer.

→ Make-up-AG: Wie schminke ich mich, ohne dass ich wie eine Totenmaske aussehe? Als Teilnehmer erwünscht: Mädchen. Jungs nur in Ausnahmefällen. Sollen vorher Kontakt mit dem Lehrer aufnehmen.

→ Die Koch-AG. Lernen, wie man es schafft, auch Wasser anbrennen zu lassen.

→ Schwangerschaftsgymnastik-AG. Für Mädchen, die ihre Hausaufgaben im Fach Biologie irgendwie falsch verstanden haben.

→ Die Amok-AG. Wo man lernt, dass man überall Amok laufen kann, nur nicht in der Schule. Was außerdem laut Schulordnung nicht gestattet ist. Teilnehmer wählen als Zusatzangebot meis-

tens auch die Aggressions-AG. Hier lernen auch die ruhigsten und schüchternsten Mädchen, wie man andere Mädchen (die hübscher sind) gegen die Wand klatscht! Geöffnet auch für Jungs.

→ Ein Knüller natürlich, meistens aber ausgebucht, die Putz-AG mit dem Untertitel »Unterstütze deinen Hausmeister bei der Reinigung *deines* Lebensraums«.

→ Besonders clevere Schüler mögen sich auch entscheiden für die Mandala-AG. Hier malt man Mandalas.

→ Oder die Lese-AG. Hier lernt man Lesen. – Zumindest in der Theorie und nur, falls der arme Wicht, der als Lehrer mit Leseförderung beauftragt wurde, keine Lust hat.

Schüler, die keine AGs wählen, sind naturgemäß ziemlich unbeliebte Menschen ohne soziale Kontakte. Gerade deshalb ist es so wichtig, dass du auch in deiner Freizeit mit der Schule (dein *Lebensraum!*) verbunden bleibst. Immer noch besser als nach Hause zu gehen und einzuüben, was du in der Prostitutions-AG viel einfacher und schneller erlernst.

Falls eine AG tatsächlich von einem Lehrer oder einem seiner Artverwandten »unterrichtet« wird – umso besser. Einige Schulen haben sich aber darauf spezialisiert, extra für AGs besondere Fachkräfte einzustellen; dazu gehören Hausfrauen, Rentner und sämtliche Personenkreise mit einem IQ unter Zimmertemperatur, die sich gerade in der Nähe befanden und nicht rechtzeitig fliehen konnten.

Mit der Aussicht auf eine Scheibe Knäckebrot haben sie dann das Glück, sich AG-Leiter nennen zu dürfen, was sie hinsichtlich ihrer sozialen Stellung ungefähr auf die Stufe eines Klötzchenanmalers bei LEGO stellt.

Da inzwischen leider viele Schulen auf die geniale Idee gekommen sind, wenigstens eine AG verpflichtend zu machen, sind Schüler ohne AG-Erfahrung nur noch selten zu finden. Wenn also 20 verschiedene AGs zur Wahl stehen, wähle eben diejenige, die am wenigsten bescheuert ist.

Oder – obwohl dies vielleicht albern klingt – wähle einfach ein Angebot, das dich vielleicht zumindest minimalst interessiert und nicht vollständig ankotzt. Auch wenn das Angebot grottenschlecht und hundsbeschissen ist, irgendwas einigermaßen Passables findet sich immer.

9. KAPITEL

REFERIEREN UND POWERPOINTEN

Drückt dein Lehrer dir ein Referat auf, dann solltest du nicht diskutieren, sondern mit Freude und Glanz in den Augen das mit Sicherheit total faszinierende Thema zur Kenntnis nehmen und dich am besten noch bedanken. Ausnahmsweise darf hierzu auch der Mittelfinger benutzt werden.

Das Referat ist nämlich eine der großartigsten Schülertätigkeiten, die man sich vorstellen kann. Viel geiler noch, als mit irgendeiner süßen Maus oder einem scharfen Typen aus der Parallelklasse zu flirten. Genialer noch, als zu atmen! Das Referat, lieber Schüler, liebe Schülerin, ist die Königsdisziplin des schulischen Daseins. Die Krönung. Oder Dröhnung.

Vielleicht hilft es, sich noch einmal anzuschauen, was ein Referat eigentlich ist: Neben Frontalunterricht und Gruppenarbeit und Filmgucken und natürlich dem ewigen und dauernden gemeinsamen Frühstücken vor jeden (absolut jeden!) Ferien ist das Referat die von Schülern am meisten geliebte Lehr- und Lernmethode. Falls du dies irgendwie anders siehst, zeigt sich wieder einmal vor allem deine enorme Ignoranz!

Der Vorteil für den Lehrer liegt darin, dass er schlicht und einfach nicht arbeiten muss. Diese kleinen pädagogischen Pausen sind dringend notwendig, schließlich willst du nicht, dass er irgendwann tot über der Tafel hängend zusammenbricht. Oder? Böse Zungen behaupten sogar, dass Lehrer Referate *nur* machen lassen, weil sie keinen Bock auf Arbeit haben. Dies allerdings ist genauso falsch wie ein evangelischer Papst.

Der Lehrer begründet Referate vollkommen nachvollziehbar damit, dass sie a) ungeheuer auflockernd sind, b) ungeheuer auflockernd sind und es c) sowieso besser ist, wenn bestimmte Themen nicht von ihm selbst vorgetragen werden, sondern wenn Schüler ihren Mitschülern etwas beibringen.

Das arme Schwein, das mit Referieren dran ist, nimmt also die Lehrerrolle ein und bringt all seinen Freunden und Feinden im Raum die Grundlagen des gewünschten Themengebietes näher, worüber sich alle ganz doll freuen, so sehr nämlich, dass sie im Anschluss eine Polonaise durch die Schule veranstalten. In der Theorie bereitet er sich dermaßen gut vor, dass er selbst regelrecht zum Experten wird. Klingt pädagogisch gesehen irgendwie sinnvoll. Ist aber natürlich gequirlte Mausemansche und eiskalt gelogen.

Die bereits angesprochene Theorie, wonach der Lehrer einfach nur keinen Bock auf Arbeit hat, rückt also doch wieder ins Zentrum.

Fragen bitte erst im Anschluss!

Was nun aber tun, wenn man für ein Referat erwählt wurde? – Gute Frage! Natürlich sich erst einmal bei allen Mitschülern darüber auslassen und Mitleid erheischen! Anschließend ganz gekonnt kotzen gehen. Zu Hause dann mit der Arbeit loslegen. Sprich: Recherchieren! Wobei unter Recherchieren eigentlich nur zu verstehen ist: Wikipedia-Artikel aufrufen. Dann eine PowerPoint-Präsentation erstellen. Wichtig hierbei: Stets eine sehr, sehr, sehr ausführliche Gliederung auf Folie 1. Diese dann während des Referats lang und breit vorlesen, da Folie 1 wahrscheinlich die einzige Folie ist, die überhaupt über so was wie Inhalt verfügt.

Dabei muss man sich für den restlichen Vortrag trotzdem total tolle Überleitungen ausdenken. Ganz im Sinne von: »Ich möchte diejenigen von euch, die das Thema bislang noch nie verstanden haben, nun darauf aufmerksam machen, dass …« Sehr beliebt auch: »Bei meinen langwierigen Recherchen bin ich auf folgenden interessanten Sachverhalt gestoßen, den ich nunmehr ausführlich und sachgerecht vorstellen möchte.«

Zu Beginn des Referats braucht es natürlich einen durchdachten Einleitungssatz, der aber nicht zum Thema, sondern zum Vorgehen passt: »Bitte stellt eure Fragen erst im Anschluss an meinen Vortrag. Ich werde sie dann anhand meines beeindruckenden Kenntnisstandes sach- und zielorientiert beantworten.« – Eine solche Blubberblase gehört zu einem Referat dazu wie Curry zur Currywurst. Ob du wirklich über Kenntnisstand verfügst oder nicht, ist dabei nicht relevant.

Falls dich deine Mitschüler einigermaßen mögen, werden sie ganz bestimmt nicht auf die dämliche Idee kommen, dich mit Nachfragen zu nerven. Außerdem würde eine Nachfrage meist implizieren, dass deine Mitschüler in irgendeiner Weise Interesse für das Themengebiet aufbringen. Was aber nicht der Fall ist. Nie!

Die letzte PowerPoint-Folie (also Folie 2) ist eigentlich nur für den Lehrer gemacht. Nicht schlecht wäre es, wenn du hier lustige Symbole platzieren könntest. (Herzchen! Liebesengel! Sexstellungen!) Oder du packst einfach Quellen drauf. Hierbei ist zu beachten, dass »Google« zwar vieles ist, aber ganz bestimmt keine Quelle.

Gleiches gilt für »Internet«. Dass du dich, was Informationen angeht, bei Wikipedia bedienst, ist logisch und nachvollziehbar – trotzdem solltest du Wikipedia nicht dauerhaft als Quelle benutzen, und schon gar nicht als einzige: Der Autor dieses Buches hat zwar damit kein Problem, aber nur deshalb nicht, weil er sagenhaft arbeitsscheu ist und schlicht und einfach nicht die Energie hat, andere Quellen zu Rate zu ziehen und weil Wikipedia wirklich zu jedem, absolut jedem noch so dämlichem Thema etwas zu sagen hat.

Für dich allerdings gilt: Wiki gerne, aber eben nicht nur. Schau dich ein wenig genauer um, finde andere Infoquellen. Ernsthaft, es gibt welche! Manchmal sogar bessere, solche nämlich, die dir Fakten und Ereignisse und Zusammenhänge viel geschickter und deutlicher und häufig auch kürzer und präziser nahebringen, als Wiki es kann.

Referatsprofis verwenden übrigens nie Internetquellen, sondern Buchtitel. Wo man die herbekommt? Entweder man stöbert ein wenig im Onlinebuchhandel, oder man erfindet einfach Titel und Autor.

Wusstest du zum Beispiel, dass ein gewisser Maximilian von Rotz-Würgensen eine Geschichte des Römischen Reiches mit dem ungewöhnlichen Titel *Die Geschichte des Römischen Reiches* geschrieben hat, in der es um irgendwas geht, was mit der Geschichte des römischen Reiches zu tun hat, veröffentlicht 1994 im Schlag-mich-Tot-Verlag München? Wusstest du nicht? Echt nicht?

Für Referate drucke ich das Internet aus!

Macht nichts. Weder gibt es Maximilian Rotz-Würgensen noch sein Buch noch den Verlag. Das Jahr 1994 existiert, aber irgendwo muss man eben Abstriche machen.

»Oje – aber wenn ich falsche Quellen angebe, wäre das nicht Betrug?« Klar wäre es das! Aber wir reden hier nicht über Universitätsarbeiten, sondern über Schulreferate.

Außerdem geht es nicht um wissenschaftlich korrektes Vorgehen, sondere einzig und allein darum, eine Zeitdauer von maximal 15 Minuten einigermaßen gekonnt über die Bühne zu kriegen und dabei dem Lehrer das Gefühl zu geben, dass du wirklich mit Leidenschaft und Ehrgeiz viele Tage und Wochen deines

Lebens mit diesem Thema verbracht hast, und nur mit diesem Thema, mit nichts anderem.

Hast Freunde vernachlässigt, warst gefühlt seit Jahren nicht mehr auf der Toilette und fühlst dich irgendwie verstopft, hast vor lauter Arbeit deinen Sittich verhungern lassen und bist seit mindestens 72 Stunden ununterbrochen wach. Alles für genau dieses eine Referat!

All dies darfst du deinem Lehrer durchaus auch mal im persönlichen Gespräch mitteilen. Füge aber hinzu, dass die Referatsvorbereitungen zu den besten Jahren deines Lebens zählen und dass du dich unbedingt noch bedanken wolltest, dass er ausgerechnet dir dieses tolle Thema gegeben hat. Es hat dich weit vorangebracht, hat deine Sicht auf die Welt und das Universum auf alle Zeiten verändert! Dafür einfach mal danke, danke, danke!

Ich hab da mal was vorbereitet ...

Du könntest natürlich auch ... aber nein ... davon wollen wir nicht sprechen. Höchstens ganz kurz. Also ... Du könntest natürlich auch dein Thema ... hmm, wie kann man so was am besten sagen?

Also ... Du könntest es auch einfach mal *gut* vorbereiten. Und dann auch noch *gut* halten. Sodass weder Mitschüler noch Lehrer währenddessen einpennen.

Im Ernst jetzt? Referate, die nicht langweilig sind? Krasser Schwachsinn! Oder doch nicht?

Also, mal von vorne. Du bekommst ein Thema vorgegeben. Du nimmst es mit nach Hause. Du wirfst den Computer an, um dir schon mal Überblickswissen zu genehmigen. Du benutzt dazu Wikipedia. *Und* auch noch andere Seiten. Wirklich wahr, gerade kürzlich haben Wissenschaftler herausgefunden, dass das Internet nicht nur aus Wikipediaartikeln besteht. Natürlich ist dies noch nicht felsenfest bewiesen, aber gucken kann man ja trotzdem.

Wenn du gänzlich geil drauf bist und wirklich etwas erreichen möchtest, gehst du in die Stadtbücherei. Noch besser sogar eine Universitätsbücherei, sofern so ein Ding bei dir in der Nähe herumsteht. Ist sehr schön da und nachmittags meistens so leer, dass man problemlos eine Kuh hindurchtreiben könnte. Studenten schlafen nachmittags nämlich noch. Oder schon wieder. Weiß man nicht genau.

In besagter Bücherei suchst du dann nach zum Thema passenden sogenannten »Büchern«, welche man meistens auf extra dafür hergerichteten Gerüsten findet, welche man in Fachkreisen als »Regale« bezeichnet, in welchen wiederum die Bücher in alphabetischer Ordnung aufgestellt sind, welche total einfach zu verstehen ist, wenn man denn das Alphabet draufhat, welches bekanntlich eine geordnete und abgeschlossene Menge grafischer Zeichen ist, welche wiederum als »Buchstaben« bezeichnet werden, welche wiederum nicht verwandt sind mit dem allseits geschätzten Wattestäbchen,

welches bekanntlich aus Watte besteht, ein brutales Gemisch aus, nun ja, Watte eben, und damit als Bäuschchen zusammengeknüllt eine tödliche Waffe darstellt. Wir schweifen ab.

Zuletzt waren wir in der Bücherei und suchten nach Infos in richtigen Büchern. Entweder man leiht die Dinger dann aus, klaut sie oder kopiert möglicherweise nutzbare Kapitel, um sie zu Hause zu lesen und die entsprechende Info vernünftig zu ordnen.

Besonders pfiffige und geistreiche Referatshalter beginnen übrigens jedes Referat (jedes!) mit einem Zitat irgendeines berühmten Knilchs. Wenn dieser Knilch noch nicht mindestens 100 Jahre tot ist, ist er auch nicht berühmt, folglich kann er nichts gesagt haben, was wichtig ist.

Mit der Verwendung eines Zitats gibt der Vortragende seinem Publikum zu verstehen, dass er dieses auf ganzer Linie missachtet und er selbst viel klüger ist als alle anderen Personen im Raum, inklusive des pädagogischen Kobolds.

Zitate zeugen von Intelligenz. Oder zumindest von der Fähigkeit, Zitate überhaupt finden zu können. Wenn man mal gar nichts Gescheites findet, geht immer noch ein Zitat von Francis Bacon, 1561–1626, einem britischen Philosophen und Wissenschaftler. Der ist, grob geschätzt, tatsächlich seit 100 Jahren tot, vielleicht auch seit viel länger, und eignet sich für jedes Thema mit seinem Knüllerspruch: »Wissen ist Macht!«

Falls dir das zu »hoch« vorkommt, nimm einfach einen beliebigen Spruch von Homer Simpson, zum Beispiel »Im Gegensatz zu euch bin *ich* kein armer Irrer!« oder »Der Versuch ist der erste Schritt zum Versagen«. Sorgt für Aufmerksamkeit unter den Zuhörern und ein Minuszeichen im Zensurenbüchlein.

Wer noch mehr Aufmerksamkeit erreichen will, weil er es nötig hat und gerne im Mittelpunkt steht und ein schleimiger Einfaltspinsel ist, sollte neben den fundierten Fakten und Inhalten auf den PowerPoint-Folien natürlich noch Anschauungsmaterial mitbringen.

Ich hab da mal was mitgebracht ...

Beschäftigst du dich also in Biologie mit giftigen Taranteln, wäre es sicher auch im Sinne deiner Mitschüler, wenn du ein entsprechendes Exemplar dabeihättest. Lässt sich problemlos im Zoohandel bestellen. Unter Umständen legt man sich auch einfach im Heizungskeller der Schule auf die Lauer: Auf diese Weise lassen sich mit etwas Geschick und thematischem Gespür auch Beutelratten, Maden aller Art, Sackläuse, Einhörner und sonstige grauenerregende Viecher in den Vortrag integrieren.

Hast du das Glück, in Geschichte über ein wichtiges Jahr zu referieren, zum Beispiel den Beginn oder das Ende des Hundertjährigen Krieges, ist es eine Selbstverständlichkeit, dass du zur Veranschaulichung dieses speziellen Ereignisses 100 Geburtstagskerzen mitbringst und selbige vom Lehrer auspusten lässt. So ist auch er mal mittendrin im Geschehen und hat seine Tagesration an Arbeit geleistet.

Schwierig wird es, wenn du über einen Roman plaudern sollst. Vielleicht etwas von Charles Dickens? In seinen Werken geht es eigentlich immer um irgendwelche Waisenkinder. Sollten so schwer nicht zu finden sein und sind mit Aussicht auf einen Lutscher und einen Schokoriegel bestimmt zum Mitmachen zu bewegen.

Für den Fall, dass Anschauungsobjekte schwer zu besorgen sind, sollte aber wenigstens ein Foto drin sein. Gerade PowerPoint-Präsentation, die einzig und allein aus Unmengen von Text bestehen, am liebsten noch in Schriftgröße 3, wirken auf jeden Betrachter, sogar auf den Lehrer, einschläfernd und zeugen nicht gerade von deiner Bereitschaft, den Quatsch interessant zu gestalten.

Anschauungs-objekt? Klar – hier bin ich!

Fotos sind also wichtig. Dürfen auch witzige Bilder sein. Hauptsache, es sind überhaupt Bilder. So gesehen ist es auch nicht verwerflich, zum Beispiel in einem Referat über den »Unterschied zwischen Gleichstrom und Wechselstrom« im Fach Physik ein Bild aus deiner Kindheit mitzubringen, auf dem du splitternackt mit einem Föhn in der Badewanne hockst und mit einem gelben Gummientchen spielst. Sorgt mit Sicherheit entweder für heiteres Gelächter oder für Entsetzen! Beides ist gut – beides schafft Aufmerksamkeit!

Ich beweg mich mal nicht wie ein Zombie ...

Wichtigstes Instrument bei einem Vortrag sind aber gar nicht die Fakten, Daten oder Zusammenhänge selbst. Viel entscheidender ist, *wie* du den Ramsch vorträgst – Körperhaltung und Gesichtsausdruck verraten mehr über dich, als du vielleicht denkst.

Einem Redner, der vorne steht und dabei aussieht wie ein Zaunpfahl auf Beruhigungsmittel, hört nicht mal mehr der beste Freund oder die beste Freundin zu. Einem Redner, der außerdem in exakt einer einzigen Stimmlage faselt, hört nicht mal mehr das eigene Hirn zu. Sicherheitshalber dann noch mit dem Rücken zur Klasse stehen, weil man ja nun wirklich nicht erwarten kann, dass man sich die Inhalte der Folien auch noch auf zum Beispiel Karteikärtchen geschrieben hat, und schon ist es passiert: Die Bude schläft. Alles schläft. Sogar der Schwamm ist eingeschlafen, und der schläft aufgrund der biologischen Vielfalt, die sich nach jahrelangem Gebrauch auf ihm ausgebreitet hat, eigentlich nie.

Sofern Gruppenpennen also dein Ziel war, kann man nur sagen: Herzlichen Glückwunsch! Sie haben die Langeweile nicht nur erfunden, sondern auch perfektioniert und wie einen Virus übertragen. Sie haben sogar die Spindel übertroffen, die einst Dornröschen in ihren hundertjährigen Schlaf versetzte. Sie sind, werter Schüler, werte Schülerin, ein anderes Wort würde es nicht treffen, einfach nur spitze! Oder scheiße. Hängt von der Sichtweise ab.

Daher also nicht einfach auf Zaunpfahlart steif und halb tot in der Landschaft stehen wie ein kaputter Strommast – vielmehr zappeln wie bescheuert, dazu tanzen und unter Umständen einen Handstand machen. Alles, was dem Publikum gefallen könnte, und sei es auch noch so schwachsinnig.

Schon beim Einstiegszitat kann man durch den Raum hüpfen im Hampelmann-Style, und beim Vorlesen der Gliederung (was man übrigens nie! tun sollte) bietet es sich an, sich in Abständen von fünf Sekunden blitzschnell hinzusetzen, aufzustehen, hinzusetzen, aufzustehen, hinzusetzen ... Sieht nicht nur super aus, sondern zeigt den Anwesenden, dass du den Inhalt deiner Rede mit deinen Bewegungen abgestimmt hast. Gegen Ende des Referats könntest du dich vielleicht bewegen wie ein Robotermensch – immer schön in Zeitlupe. Genau dies sind die kleinen Dinge, die Zuschauer lieben!

Falls dir das aber irgendwie alles spanisch vorkommt und du vielleicht sowieso nicht der sportliche Typ bist, kannst du auch einfach vorne im Raum stehen und auf jegliches Herumhampeln verzichten. Was nicht heißen soll, dass du nicht auch mal einen Schritt nach links oder rechts oder auf das Publikum zu machen darfst.

Ebenfalls nach links und rechts, und nach oben und unten, darf sich gerne auch deine Stimme bewegen. Sie kann nämlich irre Dinge leisten: Laut und leise. Schnell und laut. Ist dir schon bekannt? Prima! Und warum kannst du laut/leise/schnell/laut im realen Leben anwenden, nicht aber während eines Vortrages?

Ach ja. Du hast Angst. Du bist nervös. Du bist eine Flachpfeife. Eigentlich willst du nicht im Mittelpunkt stehen. Und wenn doch, dann auf keinen Fall ein Referat halten.

Du Lehrerliebling, du! Nur die besten dürften referieren! Vielleicht hilft es dir ja, wenn du gar nicht mehr du bist. Ganz simpel eigentlich: Du gehst aus deiner alten Rolle heraus, deinem Du. Verwandelst dich in einen Schauspieler.

Niemand erwartet eine Shakespeare-Aufführung bei einem Referat über die »Darstellung der Liebe in der romantischen Lyrik des frühen 19. Jahrhunderts in England«. Jeder aber erwartet, dass du es schaffst, ein solches Thema »rüberzubringen«.

Sei ehrlich: Du findest Lehrer, die einfach jedes noch so geile Thema auf Sparflamme servieren, doch auch abgrundtief fürchterlich. Sei es, dass diese Lehrer eh keine Ahnung haben oder dass sie einfach nicht geeignet sind für spannende, intelligente und motivierende Darstellungen. – Und obwohl du so was hasst, willst du es jetzt genauso machen?

Ich komm dann mal zur nächsten Folie ...

Ob du also selbst darin besser bist, lässt sich nur durchs Versuchen herausfinden. Stell dich zu Hause vor einen Spiegel. Am besten einen großen. (So kannst du beim Home-Referating nebenbei auch einen Blick darauf erhaschen, wie umwerfend saugeil du mal wieder aussiehst.) Und dann blubber den Spiegel voll, bis er beschlägt.

Suche dir Wörter auf deinen Karteikärtchen, die du besonders betonen möchtest. Spiele durch, was du leiser, was lauter, was schneller, was langsamer oder was du lieber gar nicht sagen willst. Sei mal ein wenig kreativer als ungefähr 100 Prozent deiner Mitschüler und mache die Veranstaltung wenigstens teilweise zu einer Personalityshow with Fakten-Background.

Zu viel an Show, und dein Lehrer macht dich fertig (Fakten vernachlässigt, Zuschauer abgelenkt, dreckige Schuhe). Richtiges Maß an Show – und er freut sich!

Ein letztes Wort noch zum Thema PowerPoint. Das Programm erlaubt dir, zwischen den Folien einen »Effekt« zu schalten. Wahrscheinlich, um die enorm lange Wartezeit zwischen den Folien zu überbrücken. So kannst du horizontal blenden und vertikal blenden, von außen oder von innen einblenden, aus allen Richtungen überdecken ohne mit Einblenden – und noch tausend andere »Effekte« schalten, welche den einzigen Zweck haben, von nicht vorhandenen Inhalten abzulenken.

Natürlich ist dies noch steigerbar, indem du Soundeffekte beim Überblenden, Überdecken, Einblenden et cetera hinzufügst: Bombe, Brise, Explosion, Glocken, Hammer, Laser, Trommelwirbel, Zischen – um nur einige zu nennen. Am besten, du schaltest alle gleichzeitig an, inklusive »sound of the grashalm in the storm« und »sound of a glas when you schenk in water«. Solch ein Effekt-Overkill kommt gerade bei älteren Lehrern immer spitze an.

Wichtig ist natürlich, dass du gerade die Soundeffekte schön laut laufen lässt. Als Optionen bieten sich an: sehr laut, krachend laut, wahnsinnig laut, unbegrenzt laut.

Ganz klar: Da insgesamt 100 Prozent aller von Schülern jemals gehaltenen Referate komplett öde sind, wird sich dein Referat, ein Triumpf der Rhetorik, in den Korridoren der Macht (also der Weg vom Lehrerklo zur Lehrerkaffeemaschine) herumsprechen. Deine Lehrer werden nicht nur dein technisches Know-how zu respektieren wissen, sie werden auch endlich anfangen, dich zu mögen! Und gemocht werden ist schließlich nicht nur für den GWW eine total lebensbejahende Angelegenheit.

10. KAPITEL

MÖGEN UND MEHR

Falls du als Schüler erfolgreich sein willst, gehören klar definierte soziale Verhaltensweisen unbedingt dazu. Auch wenn du einen Lehrer nicht magst, wenn dir der bloße Gedanken an ihn, nackt oder bekleidet, Gänsehaut bereitet – grüßen solltest du ihn trotzdem. Es gibt Schüler, die grüßen Lehrer mit allem gebührenden Respekt und sogar mit korrekter Verwendung des Nachnamens: »Hallo Herr X, Hallo Frau Y.« Viele dieser Schüler grüßen aber nur, wenn der Lehrer a) ihr eigener ist oder sie b) wissen, dass dieser Lehrer sie spätestens im nächsten Jahr unterrichten wird. – Es zeigen sich also klare Symptome von ausgeprägter Schleimscheißerei mit deutlichem Hang zur Braunnasigkeit. Dieselben Schüler, die einen Lehrer X jetzt noch grüßen, weil sie ihn in Mathe, Englisch oder Deutsch haben, neigen häufig dazu, ihn im nächsten Jahr, wenn sie ihn nämlich abgegeben haben, nicht einmal mehr mit dem Arsch anzusehen.

Sollst du nun also jedem Lehrer, der dir auf dem Flug begegnet, freudestrahlend um den Hals fallen, ihn zärtlich auf die Wange küssen und seine Haare streicheln? (Wird schwierig, wenn er oder sie eine Glatze hat.)

Nein – sollst du nicht. Weder Glatze polieren noch liebevoll umarmen. Aber ein simples »hallo« wird schon noch hinzukriegen sein. Sind schließlich gerade mal zwei Silben. Und wenn es für ein »hallo« nicht reicht, dann wenigstens ein freundliches

Nicken. Hierzu benutze man – nur zur Erläuterung – seinen Kopf, nicht aber, wie viele Schüler fälschlicherweise glauben, den Mittelfinger.

Damit kann man zwar auch tolle Sachen machen, ihn zum Beispiel einfach sinnlos in die Luft halten, ist aber immer nur situationsabhängig zu gebrauchen.

Hallo!

Nicht nur, dass Lehrer es mögen, freundlich gegrüßt und angelächelt zu werden – wie es wohl jeder Mensch ganz gerne hat –, sie werden sich vielleicht auch bei der Verkündung deiner Note an die Geste erinnern.

Aha! Da haben wir's mal wieder: Grüßen also mit Hintergedanken! So gesehen kann man seinem Lehrer morgens auch selbst gebackene Kekse auf den Tisch legen. Oder Hackbällchen. Wobei diese meistens nicht gebacken, sondern gekauft werden. Nicht vergessen: Folie entfernen!

Nein – natürlich nicht Grüßen mit Hintergedanken. Ist zwar ein netter Nebeneffekt, der vielleicht ja, vielleicht nein eintritt. Sollte aber niemals Ziel sein. Stattdessen: Grüßen einfach nur des Grüßens wegen und weil es sich so gehört.

Allein die Tatsache, dass wir jetzt über eine Seite lang über eine Banalität wie »hallo« oder »Kopfnicken« gesprochen haben, zeigt, wie wichtig das Thema eigentlich ist. Viele deiner Mitschüler haben nämlich von Grundlagen des guten Benehmens noch nicht sonderlich viel gehört und kommentieren einen Lehrer auf dem Flur höchstens mit »Da kommt schon wieder die dämliche Reli-Schlampe« oder »Der alte Sack ist doch eh schon wieder besoffen«. – Natürlich aber tun sie das so, dass sie dabei nicht gehört werden! Wieder mal ein Beispiel dafür, dass die Welt im Allgemeinen und die Schule im Besonderen nur von Turnbeutelvergessern und Feiglingen bevölkert ist.

Zu den klar definierten sozialen Verhaltensweisen gehört auch, dass du Jobs, die dir dein Lehrer in seiner atemlos-pfiffigen Güte aufträgt, mit viel Liebe und Sorgfalt erledigst. Und zwar alle. Verlangt er also von dir, die Tafel zu wischen, freilich eine der schlimmsten und bösartigsten Sklaventätigkeiten überhaupt, dann mach es einfach.

Klar ist es erniedrigend. Klar würdest du am liebsten im Boden versinken. Aber das Leben ist schließlich keine Spaßwiese mit fetten Schafen und hässlichen Ponys. Leben ist ein Steakhaus, und überleben werden immer nur die Stärksten – und die, die sich unterordnen.

Es soll allen Ernstes Schüler geben, vor allem in jüngeren Jahrgängen, die darauf hinweisen, dass sie ja gestern erst die Tafel geputzt ... und dass der Justin-Dustin noch gar nicht ... und dass andere nie was machen. – Außer, dass der Lehrer mit vollem Recht fragt, wer zur Hölle dieser Justin-Dustin ist und ob es die Nase überhaupt gibt und wer ihn das letzte Mal gesehen hat, bringt eine solche Verweigerungshaltung gar nichts.

Die Tafel ist dreckig. Na und?

Dir werden beim Tafelwischen schon nicht die Hände abfallen. Auch die immer wieder aufflackernde Legende, wonach vor vielen Jahren einer Schülerin, könnte auch ein Schüler gewesen sein, von hochgiftigen Kreidedämpfen das Gesicht weggeätzt wurde, gehört ins Reich der Lüge.

Nichts dran. Kreide ist überhaupt nicht giftig. Kreidestaub allerdings sehr wohl. Führt zu Mutationen und Pickeln. Daher also: stets nass wischen! Und das Restwasser mit dem Abzieh-Teil abziehen.

Vielleicht gibt es ohnehin keine Kreide mehr und auch keine grünen Tafeln, sondern diese modischen neuen Whiteboards oder Activeboards oder Smartboards. Aktiv oder smart sind sie zwar noch nie gewesen, dafür aber wenigstens weiß – zumindest, wenn sie gerade aus der Verpackung kommen. Spätestens nach einmaligem Gebrauch sind sie nur noch verschmiert, weil sich vor allem wasserfeste Stifte nur sehr schwer wieder entfernen lassen. Lehrer haben aber für wasserlösliche Stifte kein Geld oder sind zu dumm, sie korrekt zu verwenden. Schade eigentlich.

Dieser gedankliche Exkurs war mal wieder komplett belanglos und sollte eigentlich gelöscht werden. Aber so ist es nun mal – Unsinn überlebt immer, genau wie Schule!

Ich mag dich!

Jemanden mögen ist eine komische Sache. Vielleicht magst du den süßen Typen, der dich in der Pause immer so sonderbar ansieht. Vielleicht magst du auch das heiße Girlie, das immer lächelt, und zwar immer nur zu dir. Vielleicht magst du Tiere. Oder Pizza. Oder dich unter der Dusche anfassen. Unter Umständen magst du sogar irgendeinen deiner drei Milliarden Lehrer.

Aber, realistisch gesehen – dieses Lehrermögen ist doch irgendwie anders als das Tiere-/Pizza-/Duschanfassmögen oder das romantische Mögen. Zumindest glauben wir das. Oder hast du vor, mit deinem Lehrer/deiner Lehrerin ein Dinner bei Kerzenschein und Kuschelmusik zu veranstalten, in der Hoffnung, ihn oder sie im Anschluss im Bett deiner Eltern zu vernaschen? Ach. Hast du nicht vor? Sehr strange! Sagt irgendwie jeder.

Und jetzt das eigentlich Erstaunliche: Dein Lehrer hat es auch nicht vor! Meistens jedenfalls nicht!

Hin und wieder hast du vielleicht schon mal den Satz »Ich glaube, der mag mich nicht« gehört – und mit »der« ist natürlich irgendein Lehrer gemeint.

Ein Lehrer würde in einem solchen Fall wahrscheinlich erwidern, dass er a) alle Schüler gleich gern mag und b) persönliche Sympathien ohnehin keine Rolle spielen, da er schließlich Leistung bewertet und nicht den Charakter eines Schülers. – Um mal ganz ehrlich zu sein: Ein Lehrer, der solche Aussagen tätig, und dabei nüchtern ist, hat ziemlich gruseligen Nebel im Großhirn.

Wenn wir nämlich davon ausgehen, dass Lehrer Menschen sind – noch immer sind sich Wissenschaftler diesbezüglich nicht völlig einig –, dann haben sie auch Sympathien. Die Sympathie, eine Erfindung der alten Griechen, kam direkt nach der Erfindung der Liebe und damit verbunden der Heirat. In solchen Momenten empfanden Menschen nämlich Sympathie (also extremes Mitleid) mit den Heiratenden.

Voll sympathische Leute hier!

Du magst deinen Mathelehrer mehr als deinen Englischlehrer? Kann passieren. Vielleicht ist er einfach netter, freundlicher, hilfsbereiter, kompetenter, erotischer et cetera. Im Umkehrschluss kann dies aber auch bedeuten, dass dein Mathelehrer dich eventuell auch viel lieber mag als zum Beispiel Britney-Chantalle oder Justin-Dustin.

Ja, Lehrer mögen einige Schüler mehr als andere, auch wenn sie es natürlich dir gegenüber niemals zugeben würden. Die Aussage »Also, ich kann dich einfach nicht leiden. Tiffany-Jacqueline und Shy-low-Marvin sind einfach viel besser drauf als du. Solltest also mal deinen Charakter ändern. Außerdem hast du Mundgeruch« wird mit Sicherheit niemals vorkommen.

Dir gegenüber werden Lehrer stets den Eindruck zu erwecken versuchen, dass sie tausendprozentig objektiv sind. Sind sie aber nicht. Können sie auch nicht sein. Menschen sind einfach nicht dafür gemacht, komplett objektiv zu sein. Dann wären es Roboter, wobei sich in letzter Zeit einige Pädagogen doch recht stark in diese Richtung entwickelt haben.

Klar finden Lehrer dich interessant, spannend, durchgeknallt, bekloppt, einfach nur irre und wirr, ziemlich lieb, etwas zu aggressiv, ehrgeizig, manchmal auch süß, sauer oder salzig. Vielleicht finden sie auch deinen Charakter zum Fürchten, deine Optik hingegen ziemlich gelungen. Oder sie fühlen sich sexuell zu dir hingezogen. Was wohl keiner von uns sich wünschen würde. Oder würden dich noch nicht mal ansehen wollen, wenn sie blind wären. Alles absolut möglich!

Genau dieses »Mögen« oder »Nicht-Mögen« kann unter Umständen durchaus Einfluss auf deine Zensuren haben und den Unterschied machen zwischen einer 3– und einer 4+.

Was du dafür tun kannst, dass dein Lehrer dich »mehr mag«? Berechtigte Frage. Trotzdem unsinnig. Es ist nicht dein Job, durch Sympathie zu überzeugen. Dein einziger Job ist es, einigermaßen freundlich durch die Schule (also das Leben) zu spazieren und dabei zumindest so zu arbeiten, dass dein Lehrer dich nicht schon beim ersten Anblick als Anschauungs-objekt an eine Baumschule überweisen möchte.

Klar ist es ärgerlich, wenn Lehrer ihre Lieblingsschüler ha-ben und diese blöderweise auch noch bevorzugen. Dagegen tun kannst du nicht besonders viel, auch wenn es dein Fairnessgefühl verletzt.

Einzige Möglichkeit: den Lieblingsschüler auf eine intelligente Art und Weise beseitigen. Hierzu binde man ihm oder ihr einen Felsbrocken ans Bein und versenke die Person im nächstgelegenen Fluss, Meer, See oder, falls vorhanden, Waschbecken. Da der Posten des Lieblingsschülers damit also frei geworden wäre, spricht über-haupt nichts dagegen, sofort deine Bewerbungsunterlagen einzu-reichen. Wer weiß, vielleicht hast du ja Glück.

Andererseits … Wenn Lehrer Lieblingsschüler haben (was der Fall ist), dann kann man wohl auch behaupten, dass auch du Lieb-lingslehrer hast, Singular oder Plural.

Du mich auch?

Es ist keinesfalls verboten, deinem Lehrer oder deiner Lehrerin von deinen Gefühlen ihm oder ihr gegenüber zu berichten. Vielleicht einen kleinen Spruch ablassen? So was wie »Herr Penner, ich wollte Ihnen einfach nur mal sagen, dass ich total auf Sie abfahre und Sie mir in meinen Träumen schon viele erotisch hochwertige Momente geschenkt haben.«

Geht natürlich auch bei weiblichen Lehrern: »Liebe Frau Wittky-Schwabowsky, könnten Sie sich vorstellen, mit mir eine Pizza essen zu gehen? Bei Ihnen zu Hause? Damit meine Eltern nichts davon mitkriegen. Die sollen nämlich nicht wissen, dass ich es mit jeder dahergelaufenen Fickmaus treibe. Außerdem finde ich es toll, dass Sie so offen mit Ihrem enormen Bauchumfang umgehen!«

Egal, ob du als Junge einen Mann oder eine Frau, ob du als Mädchen Frau oder Mann oder umgekehrt ansprichst – Sympathiebekundungen, am besten noch mit romantisch-ansprechender Wortwahl (siehe oben), sind immer gern gesehen. Lehrkräfte, denen es wichtig ist, mit ihren Schülern auch eine »persönliche Beziehung jenseits des rein Pädagogischen« einzugehen, werden deine wie auch immer geartete Einladung sicherlich gerne annehmen und ihre Erfahrungen allerhöchstens ihrem Internetblog für geile Pädagogenferkel anvertrauen. Was im Übrigen gegen die pädagogische Schweigepflicht verstößt. Macht aber nichts – denn diese gibt es nicht, zumindest nicht bis zu deiner intellektuellen und körperlichen Volljährigkeit.

Es kann in einem ganz normalen Schülerleben durchaus vorkommen, dass man tatsächlich glaubt, ohne den »privaten Rat« eines Lehrers nicht auskommen zu können. Einige Schüler berichten sogar, dass ihnen in besonderen Situationen (unglücklich verliebt oder Meerschweinchen tot) ein Lehrer-Schüler-Gespräch gutgetan habe. Entweder standen diese Schüler unter Drogen oder sie meinten es tatsächlich ernst. Letzteres ist gar nicht mal unmöglich: Wenn Freunde nichts bringen und Eltern besser nichts von einer gewissen Sache wissen sollten, sind Lehrer recht passable Gesprächsgenossen.

Allerdings solltest du dir hundertprozentig sicher sein, dass du dem Lehrer deiner Wahl vertrauen kannst – wenn er will, kann er deine Infos nämlich problemlos an deine Eltern weiterleiten, also genau das tun, was du eigentlich verhindern wolltest. In einem solchen Fall von Vertrauensbruch gestattet dir der Gesetzgeber den Gebrauch extremer Maßnahmen, die a) mit dem Auto des Lehrers, b) einem einfachen Küchenmesser, c) Bremsschläuchen und d) dem Durchtrennen derselben zu tun haben.

11. KAPITEL

SCHWÄNZEREIEN

Eine der hochwichtigsten schulischen Angelegenheiten ist eng verknüpft mit dem vor allem bei Schülern älterer Jahrgänge nicht sonderlich beliebtem Konzept der Anwesenheit. Gemeint ist damit, dass du im *Unterricht* anwesend bist. Nicht nur geistig, sondern auch körperlich. Also überhaupt da bist. Am Tisch sitzt, happy grinsend, darauf wartend, dass der ganze Spuk bald wieder vorbei ist. Einige Schüler nehmen sich in diesem Zusammenhang nämlich die Freiheit, hin und wieder einige Stunden zu »skippen«.

Dieses Schwänzen – ein gebräuchlicherer alternativer Ausdruck, der absolut gar nicht mit dem Plural von Schwanz zu tun hat – hat sich inzwischen bei vielen Schülern zu einem richtigen Trendsport entwickelt. Macht ja auch Sinn und ist hochgradig nachvollziehbar.

An Schulen ist es mittlerweile nämlich üblich, auch schon in der ersten oder zweiten Stunde Unterricht stattfinden zu lassen. Also quasi Unterricht vor der ersten großen Pause! Schlimm! Dabei sollte sich auch in den Direktorien inzwischen herumgesprochen haben, dass solch früh praktizierter Unterricht lernpsychologisch gesehen eine Katastrophe ist.

Kein normaler jugendlicher Mensch kann morgens um acht oder halb neun oder neun oder elf oder zwölf schon denken, geschweige denn, an irgendetwas Vernünftiges. Was also bilden Lehrer sich ein, zu solchen Extrem-Uhrzeiten Unterrichtsbeteiligung einzufordern? Noch nicht mal der Meldearm funktioniert so früh, da die Muskeln sich verständlicherweise noch im Schlafmodus befinden. Gilt im Übrigen auch für sämtliche Gehirnzellen. Außer für die, die sich mit Hunger und Stuhlgang beschäftigen.

Nichts als Nächte

Nachdem man ohnehin die halbe Nacht an Hausaufgaben oder Referaten gearbeitet oder Vokabeln gelernt oder einfach nur gechillt hat, kann kein Mensch erwarten, dass man spätestens um sieben Uhr morgens schon wieder ausgeruht und fit ist. Das wäre sogar für Batman eine Spur zu anspruchsvoll.

Dabei ist es unerheblich, dass Wachforscher mit Schwerpunkt Komatologie herausgefunden haben, dass Schlaf eigentlich überflüssig ist und lediglich dazu dient, den Verkauf von Betten zu fördern. Für die intellektuelle und soziale Bildung von Schülern ist Schlaf auf jeden Fall eine Katastrophe, führt er doch pro Tag (!) zu mehreren Stunden Bildungsausfall. Diese Bildungsausfallphasen sind Zeitperioden, in denen du nicht lernen kannst, weil du dich in deinem kleinen Bettchen liegend irgendwelchen schwachsinnigen Träumen hingibst und allen Ernstes glaubst, deinem Körper beim Schlafen etwas Gutes zu tun.

Tatsache ist aber: Der Körper braucht Schlaf ebenso wenig wie Pickel. Leider wird er aber von Geburt an darauf trainiert, sich ausruhen zu müssen – und was erst einmal antrainiert wurde, ist schwierig wieder abzutrainieren. Solange Letzteres nicht geschehen ist, kann Schule am frühen Morgen schlicht und einfach nicht funktionieren und ist sogar noch alberner als normal.

Somit wird inzwischen auch von Hausärzten empfohlen, die ersten Unterrichtsstunden sicherheitshalber zu Hause zu verbringen. Dies gilt vor allem im Winter: In den frühen kalt-bösen Morgenstunden zwischen Dezember und November ist die Gefahr, dass sich das Gehirn erkältet, entzündet und damit verrottet und mit hoher Wahrscheinlich gänzlich abstirbt, immer noch am größten. Selbst mit Mütze!

Nichts als Tage

Schulen, die dich am frühen Morgen bereits antanzen lassen, und zwar zu jeder noch so abstrusen Jahreszeit, haben meistens auch die traurige Angewohnheit, nachmittags Unterricht laufen zu lassen.

Du findest diese sehr ärgerlichen nachmittäglichen Unterrichtsstunden ganz unten auf deinem Stundenplan. Ja – weiter runter! Die Fliegenschisse? Der Scheiß, den der Kopierer nur noch halb erwischt hat? – Super! Genau die!

Es handelt sich dabei aber nicht um den Auswurf von Stechmücken, sondern um ganz normale Stunden, die meistens vor menschenleeren Publikumsrängen stattfinden, weil Schüler schlicht und einfach a) nicht wissen oder b) nicht glauben können, dass auch nach dem Mittagessen in der Bildungsbutze noch irgendwas von Relevanz stattfindet.

In der Tat wird es dringend Zeit, dass sich die Menschenrechtskommission der Vereinten Nationen dieses heiklen Themas annimmt. Bei anderen Formen von Ausbeutung und Sklavenarbeit protestieren die schließlich auch die ganze Zeit. Eine Sprecherin der UN kommentierte einen entsprechenden Antrag allerdings mit den Worten: »Wir machen alles, aber für Schule sind höhere Mächte zuständig!«

Die amerikanische Lehrergewerkschaft F. I. C. K. äußerte sich in ähnlichen Tönen, auch wenn gerade F. I. C. K. ansonsten immer für weniger Unterricht ist – wobei es F. I. C. K. gar nicht so sehr um Schüler, sondern primär natürlich um ihre eigenen Mitglieder geht.

Eine von F. I. C. K. in den Raum geschissene Idee, wonach man Unterricht auch einmal ohne Lehrerpersonal ausprobieren könnte, wurde sofort wieder verworfen, weil Lehrer in ihrer grandiosen Gier auch ohne Schüler und Unterricht auf Bezahlung bestehen. Teufelskreis! Die Unterrichtsstunden frühmorgens und spätnachmittags werden vom Stundenplaner der Schule (eine nie gesehene Gestalt aus dem Auenland, deren Verstand ihrer nicht vorhandenen Körpergröße entspricht) meist mit Fächern gefüllt, die sowieso unter »ferner liefen« rangieren. Religion zum Beispiel ist ideal gelegt am Freitag in der 9./10. Stunde. Da Gott bekanntlich keine Uhr kennt, wird er, laut Auenlandbewohner, auch freitags gegen Abend noch in der Schule sein.

In der Oberstufe findest du nachmittags generell ausschließlich Unterricht, der in keiner Weise abiturrelevant ist. Ein toller Termin also für Sportkurse von Badminton über Leichtathletik über rhythmische Tanzgymnastik bis zu Ballspielen ohne Bälle.

Nichts als Pelze

Schüler, die sich dem frühen oder späten Unterricht verweigern, werden als »Schwänzer« bezeichnet und weisen eine auffällige Ähnlichkeit zum »Drückeberger« auf. Beide finden Arbeit absolut klasse – solange diese nicht sie selbst betrifft.

Historisch gesehen hat es Schwänzen (nicht zu verwechseln mit Pimmeln, was eine Tätigkeit nur für Jungs ist) schon immer gegeben. Weil es a) schon immer Drückeberger (auch bekannt als »faule Schweine«) gab und weil es b) manchmal wirklich sinnvoller ist, zu einer (schulischen) Veranstaltung nicht hinzugehen und sich stattdessen bei McDonald's einen Whopper reinzustopfen.

Es gibt einfach mal Unterricht, der ist dermaßen unterirdisch schlecht (was aber natürlich in keiner Weise mit dem jeweiligen

Lehrer zusammenhängt), dass man nicht *wegen* dieses Unterrichts lernt, sondern höchstens *trotz*. Manchmal reift in einem Schüler X deshalb die Erkenntnis, dass er mehr lernen kann, wenn er auf bestimmte Stunden gleich ganz verzichtet.

Eine derartige »Schwänzeritis« ist natürlich für den Lehrer problematisch. Bekanntlich bekommt er für jeden Schüler, der auf seiner Liste steht, jeden Tag einen Sack voll Gold. Je weniger Schüler aber anwesend sind, umso weniger Säcke Gold bekommt er beim letzten Gong von der Sekretärin in die Hand gedrückt. An einigen ganz schlimmen Tagen fährt er somit nur mit einem halb vollen Kofferraum Edelmetall nach Hause, wofür er sich, was nachvollziehbar ist, sehr schämt.

Jenseits dieser finanziellen Problematik fühlt sich ein Lehrer bei zunehmender Abwesenheit von Schülern in seinen Stunden natürlich außerdem respektlos behandelt. Womit er recht hat! Was wiederum daran liegen mag, dass man gegenüber einigen Lehrern wirklich kaum Respekt aufbringen kann. So gibt es am Freitagnachmittag Unterricht bei einem Faulpelzpädagogen, der vollkommen ohne schriftliche Quellen auskommt – dafür aber jede Menge mehr oder weniger spannende Filme zeigt.

Zeigt also der Lehrer Faulheitssymptome (stets gekoppelt mit gekonnter Unfähigkeit), ist es nur fair, ihm mit dem gleichen Respekt zu begegnen. Mit gar keinem nämlich.

Nichts als Sorry

Blöd ist, dass sich die intergalaktische Schulbehörde überlegt hat, dass Schüler sich für fehlenden Unterricht »entschuldigen« müssen. Noch schlimmer ist dabei, dass bis zum 18. Geburtstag die Eltern diese »Entschuldigungen« tätigen müssen. In der Tat eine dumme Sache, denn in solchen Fällen müssen die Eltern in den Plan des

Schwänzens eingeweiht werden. Sie werden quasi zu Komplizen einer illegalen Handlung, und es ist zwingend nötig, ihnen »nachvollziehbare Gründe« für ein Unterrichtsfernbleiben zu verklickern.

Als Einsteigermethode des Schummelns gilt generell die von Spontaneität gekennzeichnete »Hab keinen Bock«-Variante. Hierbei entscheidest du dich sehr kurzfristig, ob du eine Unterrichtsteilnahme in der Folgestunde für sinnvoll erachtest. Entscheidest du dich für »ach nee, heute nicht«, musst du nichts weiter tun, als nicht hinzugehen. Sehr einfache Vorgehensweise! Fällt allerdings auf, wenn du das »ach nee, heute nicht« langfristig praktizierst.

Andererseits soll es in einigen Lehrerkollegien tatsächlich Lehrer geben, die sogar zum Aufschreiben einer Fehlstunde zu blöd sind. Oder zu faul. Die nicht einmal eine Entschuldigung einfordern.

Da du nicht alle Lehrer von Anfang an kennst, bietet es sich an, hier genaue Beobachtungen anzustellen. Ist er wirklich so blöd und faul, wie alle sagen? Oder ist alles noch schlimmer? Ist er also blöd und faul, will aber trotzdem Entschuldigungen sehen und schreibt bei unentschuldigten Fehlstunden eine schlechte Note auf? Ein solcher Lehrertyp, bezeichnen wir ihn der Einfachheit halber mal als »Der Widersprüchliche«, ist sehr problematisch. Er macht zwar keinen Unterricht, gibt aber trotzdem knallharte Zensuren. Kurz gesagt: Die Bezeichnung »Der Arschige« wäre ebenfalls angemessen, hat sich bislang aber noch nicht durchsetzen können.

Es gibt allerdings Möglichkeiten, auch ohne anschließende Entschuldigung aus einem Unterricht herauszukommen. Hierzu suche man in der Pause vorher den jeweiligen Lehrer im Lehrerzimmer auf und teile ihm mit von Schmerz gezeichnetem Gesicht tränenvoll mit, dass man entweder extreme Kopfschmerzen oder noch extremere Bauchschmerzen habe.

Vor allem in der Kombination »weibliche Schülerin und männlicher Lehrer« klappt dies immer, insbesondere, wenn das Mädchen noch auf Menstruationsbeschwerden verweist. Kein männlicher Lehrer wird es jemals wagen, dies zu bezweifeln. Allein schon, weil er null Lust hat, mit der Frauenbeauftragten der Schule über das Nichtbeachten weiblicher Nöte zu diskutieren.

Toll auch, wenn man clever genug ist, dem Lehrer mitzuteilen, dass man schwanger sei. Vorteil: Du wirst ab sofort mit Samthandschuhen angefasst. Nachteil: Klappt nur bei Mädchen und ist eine Methode, die nicht länger als neun Monate durchgezogen werden kann. Außerdem ist es notwendig, im Verlaufe dieser neun Monate extrem zuzunehmen.

Die Kombination »männlicher Schüler und weibliche Lehrerin« ist dagegen schwieriger. Der grammatikalisch tolle, ansonsten aber minderwertige Satz »Ich kann heute nicht an Ihrem Unterricht teilnehmen, weil mein Penis wehtut, weil ich ihn im Reißverschluss eingeklemmt habe« klappt vielleicht noch in der Grundschule. An jeder weiterführenden Schulform aber gehen Lehrkräfte gemeinhin davon aus, dass Jungs über die Fähigkeit verfügen, auch ohne ernsthafte Genitalverletzungen pinkeln zu gehen.

Funktional, sofern man auf die Menstruations- beziehungsweise Pimmelbeschwerden nicht verweisen kann oder will, ist stets die Bemerkung, dass man schon längere Zeit depressiv sei und dass das Leben sowieso ganz düster und grau sei … Bevor der Lehrer gezwungen ist, mit dir ein privates, persönliches Gespräch über deine emotionale Lage zu führen, was er abgrundtief hasst, wird er normalerweise mitleidvoll nicken und dich mit den Worten »Wir sollten demnächst mal darüber reden« nach Hause schicken.

Keine Sorge: Er wird auch »demnächst mal« ganz bestimmt nicht mit dir reden. Er wird dich nicht einmal ansprechen und dich auch bei kompletter Teilnahmslosigkeit am Unterricht mit einer passablen Note bedenken. (»Der Schüler hat es so schwer, der braucht jetzt eine kleine Aufmunterung!«)

Scheiße wird's nur, wenn er abends aus purer Langeweile und wegen des miserablen Fernsehprogramms doch noch auf die Idee kommt, deine Eltern anrufen, um ihnen Ratschläge in Sachen Depressionen zu geben. (Wer sollte sich in diesem Bereich schließlich besser auskennen als ein studierter Pädagoge?) Da dann deine Eltern wiederum mit dir deine Stimmungen auskundschaften wollen, inklusive Besuches einer psychiatrischen Einrichtung mit Leuten in weißen Jacken und Wohnräumen mit weißen Wänden aus Gummi, mag es also vielleicht doch nicht so gut sein, das Wort »depressiv« im Gespräch mit einem Lehrer fallen zu lassen. Die Vorteile einer Schwänzstunde können eine mehrmonatige Therapie in der geschlossenen Anstalt nicht aufwiegen.

Nichts als Ärger

Wer als Schüler am Abend auf seinen Stundenplan sieht und dabei für den nächsten Tag ein Aufeinanderfolgen von Mist entdeckt, entschließt sich selbstverständlich, am folgenden Morgen gar nicht erst aufzustehen. Hat auf jeden Fall den Vorteil, dass der Abend deutlich entspannter wird.

Um dieser fortschrittlicheren, aber auch kriminelleren Methode zum Erfolg zu verhelfen, ist ein gewisses schauspielerisches Talent nötig, schließlich musst du gegenüber deinen Eltern irgendein »Unwohlsein« simulieren, welches schlimm genug ist, um nicht zur Schule zu müssen, aber wiederum nicht schlimm genug, um einen Erkundungstrip durch sämtliche Arztpraxen der Stadt zu veranstalten.

Damit man an solchen »Komplett-Tagen« trotzdem noch aktiv am Unterricht partizipieren kann, sollte man natürlich stets per Handy mit den armseligen Gestalten im Klassenraum Kontakt halten und sich über die wesentlichen Inhalte informieren lassen. Sollte man. Muss man aber nicht. Einfach mal ein freier Tag ohne Stress und Hektik wird ja wohl noch erlaubt sein!

Dennoch, trotz der Vorteile von Freistunden stellt sich Generationen von Schülern immer wieder dieselbe Frage: Lohnt sich der ganze Kram?

Immerhin birgt das bewusste Unterrichtsfernbleiben viele Risiken, Stress mit den Eltern und vielleicht auch schlechtere Noten. Wer Unterricht dauerhaft schwänzt, hat erstaunlicherweise in Klassenarbeiten nicht so wirklich eine Ahnung, worum es eigentlich geht.

Studien belegen in diesem Zusammenhang, dass bei guten Lehrern, also solchen, die es schaffen, viele Inhalte mit viel Spaß zu verknüpfen, die Schwänzfrequenz sehr gering ist. Bei Arschkrötenlehrern wiederum steigt diese Frequenz proportional zur Lustlosigkeit besagter Froschlurche. Dass du dir bei solchen Lehrern also das Recht herausnimmst, etwas anderes Sinnloses zu machen, zum Beispiel einfach mal im Bett abhängen, ist komplett logisch. Es spricht auch eigentlich nichts dagegen.

Wer als Schüler nicht wenigstens einmal schwänzt, macht etwas verkehrt. Aber: Du solltest es eben nicht dauerhaft machen. Es fällt a) auf und zeigt b), dass du noch nicht wirklich über Verantwortungsbewusstsein verfügst (Vorsicht: Moral!). Würde ein normaler Arbeitnehmer mit dauernder Regelmäßigkeit einfach mal nicht zu seinem Job erscheinen, bräuchte er bald überhaupt nicht mehr zu erscheinen.

Schule ist dein Job. Erfülle ihn. Mit allen Pflichten. Es ist, ganz hart gesagt, ganz einfach deine verdammte Pflicht, regelmäßig am Unterricht teilzunehmen. Auch, wenn er scheiße ist. Per Definition ist allerdings »nie« auch eine regelmäßige Handlung ...

Nichts als Schwänze

Die Pflicht zur Unterrichtsteilnahme gilt auch für Lehrer. Was sich aber offenbar noch nicht überall herumgesprochen hat. Ja – auch Lehrer müssen morgens antanzen. Und mittags. Und wenn laut Stundenplan nachmittags auch noch Unterricht liegt, muss der stressgeplagte Mensch dort ebenfalls antreten. Allerdings tut er dies längst nicht immer.

Ich lebe
für die Schule!
(Wer's glaubt ...)

Sicherlich kennst du Exemplare, die entweder dauernd zu spät oder sicherheitshalber gar nicht kommen. Viele Lehrer interpretieren das Wort »Pflicht« nämlich anders als die einschlägigen Wörterbücher: So sind sie der Meinung, dass sie selbst keine Pflichten haben, sondern nur Rechte, wohingegen Schüler keine Rechte, dafür aber tausend Pflichten haben. Lehrer sind zu gar nichts verpflichtet. Glauben sie zumindest. Schließlich haben sie (meistens) entweder studiert oder sind zumindest schon mal an einer Universität vorbeigefahren und haben ein Selfie gemacht. Damit haben sie ihrer Meinung nach sämtliche Lebensverpflichtungen längst erfüllt.

Zugegeben: Einige Lehrer haben Familien und damit vielleicht auch Kinder. Kleine Kinder. Kleine Kinder haben zum Beispiel die unnütze Angewohnheit, krank zu werden. Und extrem lästig zu sein. Auch ohne Krankheit. In solchen Fällen sind Lehrer tatsächlich gezwungen, Prioritäten zu setzen. Eigene Kinder gehen also anderen Kindern vor.

Wenn Lehrer eigene Kinder haben, kann es auch passieren, dass das Korrigieren von Klassenarbeiten Jahre dauert. Eigene Kinder haben nämlich Ansprüche: So möchten sie, dass man sie hierhin bringt und dahin bringt, dass man sie füttert, mit ihnen spielt und ihnen, zumindest bis zum 11./12. Lebensjahr, den Hintern abwischt. All dies ist bereits für einen normalen Elternteil anstrengend und belastend. Für einen Lehrer ist alles logischerweise noch viel schlimmer, da er mit dem Begriff »Normalität« im Regelfall genauso viel anzufangen weiß wie ein Teletubby mit dem Begriff »Verstand«.

Viele Lehrer aber verfügen eben *nicht* über Kinder, geschweige denn eine Familie, was damit zu tun hat, dass sich kaum jemand findet, der bereit wäre, einen Lehrer zu mögen, zu lieben, zu heiraten und mit ihm oder ihr eine Wohnung zu teilen. Trotzdem schwänzen solche Leute die Schule! Wahrscheinlich weil sie, wie immer, »dringende Elterngespräche« auf dem Plan haben.

Zusammenfassend lässt sich sagen: Faulpelze gibt es überall. Auch unter Lehrern. Tatsächlich scheint sich gerade unter Lehrern eine gewisse Leck-mich-am-Arsch-ich-hab-heute-keine-Lust-zu-unterrichten-Stimmung ausgebreitet zu haben. In solchen Fällen sprechen wir, fachlich korrekt, von »Lehrerschwänzen«.

Vor einigen Jahren hat der ehemalige Bundeskanzler Gerhard Schröder dies ebenfalls erkannt und in einem Gespräch mit Schülern gesagt: »Ihr wisst doch ganz genau, was das für faule Säcke sind.« – Schröder lag richtig, übersah aber, dass es falsch ist, alle

Lehrer über einen Kamm zu scheren. Dann könnte man denselben Spruch nämlich auch für Politiker, Fleischereifachverkäuferinnen, Bananengeradebieger und gegebenenfalls Nusskernreinfüller bei Snickers verwenden.

Dass einige deiner Pädagogen nutzlos und sogar zum Zuschlagen einer Drehtür zu dämlich sind, sollte sich herumgesprochen haben. Dies gilt aber eben nicht für alle. Es wäre also wirklich nicht schlecht, zumindest ein klein wenig Fairness walten zu lassen. Anderseits sollte man es mit der Fairness natürlich nicht übertreiben ...

Man kann einigermaßen sicher davon ausgehen, dass Lehrer nicht gern zur Schule gehen. Natürlich gibt es Ausnahmen, aber das sind die Streberpädagogen. Die meisten Lehrer würden am liebsten zu Hause bleiben und an einem unterhaltsamen Sachbuch über die *Kampfzone Schule* schreiben. Der Titel ist allerdings noch verhandelbar. Könnte auch *Höllenmoloch Klassenzimmer* oder *Schüler – Von Jahr zu Jahr dümmer* oder *Schule ist eine Hühnerleiter – einfach nur beschissen* heißen. Durchaus publikumswirksam, mit Pädagogen als Zielgruppe, wäre sicher auch der humoristische Ratgeber *Bleib bloß an der Uni*. Vielleicht aber doch lieber ein Fachbuch? Im Sinne von *Sinn und Zweck von Schülern – Methoden zur Auslöschung satanischer Teufelsbrut*. Ganz geniale Schreiberlinge würden sich vielleicht auch an einem Lyrikband versuchen: *Wanderungen durch Bildungswelten – Düstere Gedichte aus düsteren Orten*.

Da aber viele Lehrer nicht schreiben können, hat sich die Sache mit der geplanten Autorenkarriere meist schnell wieder erledigt. Zumindest, wenn sie ihre schriftstellerischen Unzulänglichkeiten endlich realisiert haben.

12. KAPITEL

CLASH DER KULTUREN

Was Lehrer noch weniger mögen als Unterricht, sind natürlich Schüler. Und was sie noch weniger mögen, geradezu verabscheuen, sind selbstverständlich diejenigen Personenkreise, die für die Existenz von Schülern überhaupt verantwortlich sind: Eltern!

Diese auch als »Erzeugergeneration« bekannten Leute tun unter dem Deckmantel der Liebe das, was sie selbst ohne Ausbildung perfekt können, nämlich Motzen. Motzen übrigens ist Ortsteil der Stadt Mittenwalde im wunderschönen Landkreis Dahme-Spreewald, irgendwo in Brandenburg. Wenn man den Quellen glauben darf, waren bereits die Gründerväter von Motzen weniger mit dem Aufbau ihrer Ortschaft, sondern mehr mit ihrer Lieblingsbeschäftigung beschäftigt – eben dem Motzen. Da Motzen (als Tätigkeit) durchaus Freude bringt, ganz anders als das Dorf, welches lediglich Not und Elend über seine Bewohner träufelt, breitete sich der motzige Ton schnell über die ganze Welt aus und ist nunmehr ein elementarer Bestandteil elterlichen Vokabulars.

Wurden früher nur die eigenen Kinder angemotzt (sie waren bekanntlich wochentags im Keller eingesperrt und damit immer zur Stelle), sind moderne Eltern mutiger und motzen auch die Lehrer der Kinder an, obwohl die nun doch wirklich nichts dafür können, dass sich die kleinen Biester so dermaßen beschissen entwickelt haben.

Eltern und Fische

Weil Eltern bekanntlich »nur das Beste« für ihre Zöglinge wollen (also gute Noten), Lehrer hingegen oftmals andere Einschätzungen haben, kann es zwischen Pädagogen und Erzeugerfraktion zu Konflikten kommen, die sich manchmal nur noch mit dem Umzug des Lehrers in eine andere Stadt lösen lassen, sofern er nicht bei den Fischen enden möchte.

Falls deine Eltern einen solchen Konflikt mit Lehrer X haben, natürlich wegen dir (Du bist schuld!), und Lehrer X bereits seit Wochen nicht mehr zum Unterricht erschienen ist, so kann es wirklich sein, dass er seine »Karriere« an einem anderen Ort weiterverfolgen möchte. (Soll heißen: Er ist geflüchtet!) Möglich ist auch, aber darüber wird nur sehr selten geredet, scheint also ein gesellschaftliches Tabu-Thema zu sein, dass deine Eltern Lehrer X zu Hause besucht und ihm unmissverständlich – mit einer Schrotflinte in der Hand, wahlweise auch einer Saftpresse – klargemacht haben, was sie von seinem Unterricht und seiner Zensurengebung halten. (Soll heißen: Er ist geflüchtet worden.) Oder aber natürlich, er ist gänzlich weg. Für immer. Weg in dem Sinne, das man in vielen Jahren mit viel Glück vielleicht irgendwann seine Überreste finden wird.

Viele Eltern sind nämlich Experten in Sachen Unterricht und Zensurengebung. Lehrer in ihrer Ignoranz können und wollen sich aber nicht eingestehen, dass andere Menschen klüger sind als sie selbst, und verweigern folglich einen konstruktiven Dialog mit Eltern. Dabei sollten sie beachten, dass auch Mamas und Papas einmal Schüler waren und sich daher sehr genau auskennen, beziehungsweise glauben, sich auszukennen.

Sie wissen also, dass es völlig unmöglich ist, in Sport nur eine 3 auf dem Zeugnis zu haben. (»Unser Sohn ist gar nicht fett! Nur, weil er aussieht wie eine Kugel, brauchen wir noch lange nicht von Übergewicht zu sprechen! Wir verlangen eine 2! Außerdem lehnen wir jede Art von Diskriminierung aufgrund von Ballförmigkeit ab!«)

Sie wissen auch, dass es in einem Fach wie Kunst niemals eine 4 geben darf! (»Unsere Tochter ist sehr talentiert, sie malt zu Hause auch total viel und braucht jemanden, der sich in ihr künstlerisches Wesen besser einfühlen kann! ›Gewisse‹ Lehrer sind dazu aber offenbar nicht imstande.«)

Solltest du Konflikte mit anderen Schülern haben, werden deine Eltern dem Lehrer klarmachen, dass immer das andere Kind zu bestrafen ist. (»Unser Sohn tut so etwas nicht! Er ist absolut lieb und brav! Wir haben ihn so erzogen, dass er andere Menschen achtet! Oder wollen Sie als Lehrer/in etwa etwas anderes sagen?«)

Du bist schlecht in Mathe, und dein Lehrer schlägt gegenüber deinen Eltern Nachhilfeunterricht vor? Der Elternkommentar folgt ohne weiteres Tamtam: »Meine Tochter braucht keine Nachhilfe! Sie scheint mit Ihren Unterrichtsmethoden nicht klarzukommen. Letztes Jahr war Mathe noch ihr Lieblingsfach. Aber seit es einen neuen Lehrer gibt …«

Lehrer und Sonst-So

Mindestens zweimal im Jahr ist der Lehrer gezwungen, mit Eltern aktiv in Kontakt zu treten, live und direkt sogar, wovon er genauso viel hält wie der Papst von Sexualverkehr. Diese in jeder Hinsicht belanglose Erfindung namens »Elternsprechtag« verleitet ihn nicht selten dazu, sich bereits zwei Wochen vorher mit Brechdurchfall krank zu melden, sodass ein Fehlen am DMI (aus dem amerikanischen: Day of Meeting Idiots) nicht weiter für Aufsehen sorgt.

Erfahrenere Lehrer entscheiden sich aber, den DMI eiskalt durchzuziehen, ist ihnen doch bewusst, dass ihn die »Idiots« ansonsten telefonisch in den Wahnsinn treiben.

Also setzt er sich in seine Zelle (Klassenraum) und wartet, dass es klopft. Herein tritt dann irgendeine Person, die offenbar mit einer anderen jüngeren Person ein verwandtschaftliches Verhältnis hat. Diese – ältere – Person erwartet dann Angaben zum »Leistungsstand« und zum »Sonst-So«. Erläutert der Lehrer diesen Leistungsstand, führt dies bei der anderen Person zu ganz verschiedenen Reaktionen: Lächeln, Grinsen, ungläubigem Staunen, Abscheu, Ekel, Verzweiflung – um nur einige von Tausenden Gesichtsausdrücken in Worte zu packen. Bist du ein guter Schüler, eine gute Schülerin, in Kurzform: ein gutes Kind – dann gibt es keinen großen Grund zur Sorge. Wahrscheinlich gehen deine Eltern, falls überhaupt, nur zum Elternbrechtag, um sich bestätigen zu lassen, dass sie alles richtig gemacht haben und als Eltern einfach unübertroffen spitze sind!

Halten sich deine Leistungen allerdings bislang eher in Grenzen, werden die Dinge komplizierter.

Einige Mamas und Papas hören dem Lehrer konzentriert zu und versprechen, sich vermehrt um den schulischen Erfolg des Kindes zu kümmern (Soll heißen: Du bekommst Hausarrest, für mindestens sechs Monate, darfst nie wieder Freunde sehen, wirst einen leeren Platz vorfinden, wo einstmals dein Fernseher stand, bekommst ein neues Handy – allerdings eines ohne jegliche Internet- oder SMS-Funktion, und dein Internet-Browser ist auf einmal so eingestellt, dass du nur noch auf pädagogisch wertvolle Seiten und den Internetauftritt der *Tagesschau* kommst. Oder du wirst einfach nur verprügelt!).

Andere Mamas und Papas hören dem Lehrer ebenfalls konzentriert zu und versprechen, sich bei der Schulleitung über ihn zu beschweren. Was nett ist, denn so kann der Lehrer endlich mal seinen Schulleiter kennenlernen, der normalerweise nur bei Dienstbesprechungen anzutreffen ist und sich ansonsten in einem dunklen Kabuff namens »Schulleiterzimmer« verkriecht, wo er oder sie nichts anderes tut, als Beschwerden über das Kollegium zu sammeln.

Wiederum andere Mamas und Papas brechen einfach nur in Tränen aus – womit sie offenbar kundtun wollen, wie stolz sie auf den Nachwuchs sind, und dass es einfach super ist, wie alles so läuft.

Einige besonders üble Schulen in besonders finsteren Gegenden erlauben und/oder erwarten, dass Schüler an Elternsprechtagen ebenfalls anwesend sind und den Gesprächen beiwohnen. Auch hier gilt: Sind deine Noten in Ordnung – kein Grund zur Sorge. Sind sie es nicht – ist halt scheiße!

Du wirst die seltene Freude haben, die schlimmsten fünf Minuten zu erleben, die überhaupt vorstellbar sind. Du bist nämlich, obwohl Teilnehmer des Gespräches, eigentlich gar nicht da. Man redet nicht mit dir, sondern über dich. Du bist es nicht wert, an diesem Gespräch zu partizipieren. Hin und wieder wirst du angesehen. Von vorne, links oder rechts. Du solltest nichts sagen. Nur nicken. Schweigen. Nicken. Unter Umständen auch im Erdboden versinken.

Schüler und Ficker

Erfahrenen Schülern ist daher klar, dass sie ihre Eltern schon *vor* dem Elternabend entsprechend vorbereiten müssen. Ganz wichtig ist dabei der Verweis »Niemand in der Klasse kann den Lehrer leiden« oder »Der kann das überhaupt nicht richtig erklären«. Gerne auch: »Ich streng mich total viel an und mache alles, also echt jetzt, aber der kann mich nicht ausstehen.«

Letzteres ist ohnehin am besten: Deine eigenen miserablen Leistungen auf eine persönliche Ebene ziehen! Bei einigen Eltern könntest du damit durchaus Erfolg haben. (Tipp: Lerne mittels intensiver Beobachtung ihrer Verhaltensweisen deine Eltern vorher kennen und versuche, herauszufinden, wie sie ticken!)

Nun gibt es allerdings auch Eltern, die Schule genauso sehr hassen wie du (oder dich), und von daher nicht einmal am Elternsprechtag ihre Füße in das Gebäude setzen wollen aus Angst, sie würden abfallen. Kann auch sein, dass einige Eltern einfach nur nicht die Bohne interessiert sind an deinem Schulerfolg. Natürlich kannst du als strebsamer Schüler mit Verstand so etwas nicht hinnehmen. Es ist also selbstverständlich, dass du in solchen Fällen deinen Lehrer bittest, doch einfach mal spontan zu Hause vorbeizukommen.

Als Alternative bietet sich an, dass du dein eigenes Ding machst: selbstständig und unabhängig und trotzdem erfolgreich. Du bist schließlich kein kleines, doofes, plärrendes Pisskind mehr, das bei jedem Rückschlag winselnd in einem runden Raum herumrennt und die Ecke sucht. Lehrer freuen sich auch, wenn du ohne Erzeuger in der Tür stehst! Mehr noch als mit.

Insgesamt zeigt sich aus den bisherigen Erkenntnissen, dass Eltern-Lehrer-Kommunikationsabende sich keinerlei Beliebtheit erfreuen. In einem kürzlich veröffentlichten Ranking der US-Lehrerorganisation F.I.C.K. stehen Elternabende mit knappem Abstand auf Platz 2 der am ätzendsten Dinge überhaupt. Ganz oben stehen natürlich, wie seit Jahrhunderten, Lehrer selbst. Dicht dahinter folgen dann auch schon Schüler, wiederum dicht gefolgt von Eltern und anschließend, auf Platz 5, eitrigem Fußpilz, dem es immer noch nicht gelungen ist, sich in der Unbeliebtheit zu steigern. Auf den weiteren Plätzen der Top 10 finden wir Krieg, Gewalt, Mobbing, Knoblauch und Stücke von erbrochener Thunfischpizza.

Im Endeffekt ist es kein Wunder, dass Lehrer sich nach solchen Elternveranstaltungen mit ihren (imaginären) Freunden ganz gepflegt die Birne dicht kippen und am nächsten Morgen, sofern sie denn überhaupt erscheinen, wieder einmal irgendeinen brillanten Film zum Thema »Drogen« reinwerfen.

Anquatschen solltest du Lehrer nach Elternsprechspäßchen auf keinen Fall. Sie sind schlicht und einfach und nachvollziehbarerweise nicht zurechnungsfähig. Demnach ist also eigentlich alles wie gehabt!

13. KAPITEL

NACHHILFE ... HILFE!

Irgendwo auf den letzten Seiten haben wir uns dafür entschieden, ein böses Wort einzufügen. Wir haben es einfach mal »zwischendrin« platziert, sodass du vielleicht gar nicht gemerkt hast, dass es überhaupt da war. – Nein, nicht »Fußpilz«! Auch nicht »Thunfischpizza«. Eher so etwas wie Thunfischpizza mit Fußpilz. Nachhilfe nämlich!

Nachhilfe wird dann eingesetzt, wenn deine Eltern meinen, dass du zu viel Freizeit hast. Eltern mögen nämlich keine Freizeit, weil sie selbst als Kinder auch keine hatten, was aber nur daran liegt, dass Freiheit damals noch nicht erfunden worden war. Nachhilfe wird auch eingesetzt, wenn Eltern auf den Trichter kommen, dass du ohne Extraunterricht später auf einem Bahnhofsklo Drogen verkaufen und in einer Unterkunft namens »Unter der Brücke« hausen wirst.

Nachhilfe scheint also eine ziemlich coole Veranstaltung zu sein. Auf den ersten Blick zumindest. Auf den zweiten Blick muss man aber festhalten, dass Nachhilfe ausgerechnet immer dann stattfindet, wenn man ohnehin keinen Bock auf nichts mehr hat – direkt nach der Schule.

Manchmal gönnen sich Eltern was Besonderes für den Nachwuchs (also dich) und melden ihn in einem komplett humorbefreiten Laden namens »Nachhilfeinstitut« an. Diese »Institute« tragen sonderbare Namen wie »Schülerhilfe«, »Lernzirkel«, »Studienkreis«, »Tutoria« oder einfach »Geldverbrennungsmaschine«. Eigentlich sollte jeder Schüler wenigstens einmal in seiner Schullaufbahn einen solchen Laden betreten und am eigenen Leib erfahren haben.

Eine Mitgliedschaft beim Schülerzirkeltutorienkreis kannst du dir auch wunderbar zum Geburtstag oder zu Weihnachten wünschen. Viel besser als Kohle, Klamotten, Bücher, Videospiele oder eine Liebesbeziehung.

Nachhilfe, vor allem in einem »Institut«, ist nämlich dermaßen abgefuckt, dass sie fast schon wieder lässig ist. Du findest dort auch keine Lehrer im eigentlichen Sinne: Entweder sind es Studenten oder Hausfrauen oder Rentner oder ehemalige Karussellanhalter auf dem Jahrmarkt, die den Anforderungen des modernen Amüsierbetriebs einfach nicht mehr gewachsen waren.

Auf jeden Fall haben sie alle eines gemeinsam: Es liegt ihnen absolut gar nichts daran, dir etwas beizubringen oder dir solche Albernheiten wie Hilfestellungen anzubieten. Sie wollen einzig und allein deinen dich liebenden Eltern Geld aus der Tasche ziehen. Was im Regelfall auch ganz herrlich funktioniert! Sofern du eines Tages zusammen mit deinen Erzeugern in einen Kuhstall auf einem nahe gelegenen Acker ziehen musst, liegt das daran, dass das Haus verkauft wurde, um die Nachhilfebastarde fürstlich entlohnen zu können.

Zugegeben, Nachhilfe kann helfen. Muss aber nicht. Und wird nur selten wirklich in einem Institut funktionieren.

Suche dir besser einen älteren Schüler deiner Schule und lass ihn oder sie zu dir nach Hause kommen. Nachteil: Zimmer muss aufgeräumt werden. Vorteil: Man kann sich aufs Bett legen und zumindest so tun, als würde man zuhören, während man eigentlich mit den Händen unter der Decke andere spannende Sachen erledigt. – So gesehen ist Nachhilfe das perfekte Motivationsmittel für Jungs und Mädchen gleichermaßen.

Es kann natürlich sein, dass du in allen Fächern kacke bist, inklusive in Sport. Dies kann dazu führen, dass 15 verschiedene Nachhilfetypen bei dir ein und aus gehen. Stress ist also praktisch vorprogrammiert. Wenn deine Eltern also auf die geniale Idee kommen, dich in mehr als drei Fächern gleichzeitig und dauerhaft Nachhilfe nehmen zu lassen, so hat dies mehrere Gründe.

Zum einen wollen sie dich natürlich bestrafen. Was auch damit zu tun haben könnte, dass sie dich einfach nicht lieben! Zum anderen wollen sie dich bestrafen und gleichzeitig ungestört »ehelichen Pflichten« im Elternschlafzimmer nachkommen. Zum ganz anderen verschaffen sie sich ein gutes Gewissen. Wenn man Nachhilfelehrer bezahlt, muss man sich schließlich nicht selbst um den nutzlosen Nachwuchs kümmern. Mit der Formulierung »nutzloser Nachwuchs« bist übrigens *du* gemeint!

Kosten ab Anfang

Von der Geburt bis zum 18. Lebensjahr kostest du deine Eltern mehr als 100.000 Euro. Überleg doch mal, was Mama und Papa mit einer derartigen Menge an Geld alles hätten anfangen können: So könnte man davon mindestens 20 Rollen Toilettenpapier kaufen! Nimmt man die billigen, die mit nur einer Lage, die, die sich ein bisschen wie grobes Schmirgelpapier anfühlen und zum breitbeinigen Gehen führen, bliebe vielleicht sogar noch Geld übrig für ein Stück Erdbeertorte – allerdings ohne Sahne.

Stattdessen aber müssen Eltern *dich* verpflegen. Sie müssen dir Kleidung kaufen, weil zumindest ab dem Tag der Einschulung die bei euch in der Familie gebräuchlichen Müllsäcke in der Öffentlichkeit einfach nicht gut ankommen. Sie müssen dir Nahrung geben. Schlimmer noch, *gesunde* Nahrung! Dabei weiß doch jeder, dass alles, was gesund ist, a) nicht schmeckt und b) unverschämt teuer ist. Teurer jedenfalls als Sahne für Erdbeertorte. Nur besonders reiche Eltern können sich dies noch leisten.

Da Kinder die bescheuerte genetisch motivierte Angewohnheit haben, aus ihrer verkürzten Rolle herauszuwachsen und ohne

Unterlass größer zu werden, reicht es auch nicht aus, nur ein Mal Unterwäsche, Socken, Schuhe, Pullover, Hosen und Jacken zu kaufen. Das Einkleiden des Nachwuchses ist ein kontinuierlicher und für das Portemonnaie sehr schmerzhafter Prozess, der schlichtweg niemals zu enden scheint.

Dann auch noch Schulbedarf: Hefte. Mappen. Stifte. Hast du eine Ahnung davon, was das Zeug kostet? Und wahrscheinlich willst du all diesen Kram auch nicht in einer Tragetasche transportieren, richtig? Also dürfen Mama und Papa noch für eine Schultasche blechen. Und Sportschuhe. Und einen Tuschkasten.

Und Friseurkosten. Zumindest bei Mädchen kommt da schnell ein irrwitziger Betrag zusammen. Bei Jungs reicht nach wie vor ein Kochtopf, um den Mama einfach drum rum schneidet. Sieht zwar nicht geil aus, ist aber billig!

Wenn man also all diese Summen und Ausgaben addiert, stellt sich schnell heraus, dass deine Eltern pleite sind. Woran natürlich *du* schuld bist.

Und dann bringst du auch noch schlechte schulische Leistungen? Wie undankbar kann man eigentlich sein? Deine Eltern erwarten zu Recht von dir, dass du Top-Ergebnisse ablieferst, irgendwann an einer Eliteuniversität studieren wirst, dann zum Beispiel eine gut laufende Fabrik für Kartons gründest und mit deinen enormen Börsengewinnen dafür sorgst, dass deine Eltern a) für alle Ewigkeit in Saus und Braus leben und b) dich für alle Ewigkeit niemals wiedersehen müssen!

Deine Mutter hat dich immerhin geboren. War bestimmt nicht einfach! Und als Dank bekommt sie dafür eine 4 in Sport? Eine lachhafte 3 in Religion? Und lediglich eine 2+ in einem Witzfach wie Physik? Ohne Scheiß – du solltest dich schämen! Sei mal dankbar bitte!

Viele deiner Lehrer, dies kommt ein wenig überraschend jetzt, hatten oder haben ebenfalls Eltern. Unglaublich vielleicht. Dennoch wahr. Natürlich schämen diese Eltern sich für den Beruf ihrer Kinder und geben auf Nachfrage lieber ein »Mein Sohn ist Müllmann« oder »Meine Tochter fährt bei Aldi die Einkaufswagen zusammen« an. Die Schande, pädagogischen Nachwuchs gezeugt zu haben, ist einfach zu groß, als dass man damit frohlocken und angeben könnte.

Lehrer also, die auch einmal Eltern hatten, fühlen sich missverstanden, glaubten sie doch früher allen Ernstes, dass sie Mama und Papa mit ihrer Berufswahl stolz gemacht hätten. Wieder einmal merken sie, wie respektlos sogar die eigene Familie mit ihnen umgeht. Auf Familienfeiern dürfen sie aus Prinzip erst erscheinen, wenn sie versprechen, nicht über ihren Beruf zu sprechen. Fällt ihnen allerdings nicht schwer, da sie ohnehin nie eingeladen werden.

Vielleicht machst du dir also die Mühe und versetzt dich etwas mehr in deine Lehrer hinein: Auch sie haben es mit ihren Eltern nicht leicht. Wenigstens haben sie das Glück, nicht auf Elternsprechabenden antanzen zu müssen, um kritisiert zu werden.

Sitzen bis Ende

Falls deine Eltern für Nachhilfe kein Geld haben, können Lehrer weiterhelfen. Zwar nicht mit Nachhilfe, denn dazu müssten sie ihre eigene kostbare Zeit opfern, was nun wirklich inakzeptabel ist, aber vielleicht wenigstens mit Nachsitzen.

Zwar ist Nachsitzen offiziell verboten, doch lassen sich besonders sadistische (oder wohlmeinende) Lehrer daran nicht hindern und nennen den Spaß einfach »Extraarbeitssitzung«. Meistens sind die Lehrer dabei noch nicht einmal anwesend: Sie setzen dich nach Schulschluss in einen der ekeligsten Räume der Firma, wahrscheinlich also direkt ins Lehrerzimmer, und geben dir Aufgaben.

Entweder darfst du all den Kram erledigen, dem du bislang erfolgreich aus dem Weg gegangen bist, oder du wirst gezwungen, tausendmal in wunderschönster Schönschrift, handschriftlich, in Schriftgröße 8, Times New Roman, auf ein Blatt Papier zu schreiben: »Ich bin dumm. Ich bin unwürdig. Ich bin klein. Ich verdiene es nicht besser. Ich bin Schmutz. Gesellschaftlicher Bodensatz. Unnütz. Unwürdig. Unschlau. Ich sollte mich schämen. Ich bin ein Symbol der Schande. Ich verehre meinen Lehrer. Er ist mein Gott. Geheiligt sei sein Name, wie im Himmel, so auf Erden. Mir wird es an nichts mangeln. Er erlöse mich von dem Übel, denn meine verdiente Tracht Prügel setzt es heute. Denn sein ist die Kraft und die Herrlichkeit in Ewigkeit. Amen.«

Solltest du an einen wahren Sadisten geraten, wird er sich den Spaß nicht nehmen lassen und dir beim Nachsitzen Gesellschaft leisten. Vielleicht meint er es auch einfach nur gut und glaubt, du würdest dich »zu zweit« besser fühlen. Hierbei sollte es dich trotzdem nicht verwundern, wenn ihr beide statt im Lehrerzimmer im einzigen schalldichten Raum der Schule landet, tief unten in den Gewölben des Hausmeisterhabitats, wo du deinem Herrn oder deiner Herrin für mindestens 45 Minuten schutzlos ausgeliefert bist.

Schreien wird nichts nützen. Auch für Anbetungsorgien ist es zu spät. Für eine Dreiviertelstunde sind alle demokratischen Werte aufgehoben: Willkommen im Absolutismus, der sich politisch gesehen nicht sonderlich von einer totalitären Diktatur unterscheidet, wo Opfer wie du sämtlicher Menschenrechte und Menschenwürde beraubt werden.

14. KAPITEL

DER KÖNIG DER LEHRER

Der sympathische Menschenversuch, der dich zum Beispiel auf Klassenfahren begleitet, ist normalerweise dein Klassenlehrer. Die meisten Schüler haben, egal, wie nicht-so-geil sein Unterricht ist, automatisch ein anderes Vertrauensverhältnis zu ihm als zu irgendeiner anderen Saftschubse, die man nur einmal die Woche zum Beispiel im Gigafach Musik antrifft.

Lehrer, die bereit sind, als Klassenlehrer zu fungieren, sind, das belegen sämtliche Studien zu diesem Thema, vollkommen gestört. Aus bislang noch unerfindlichen Gründen scheinen bestimmte Hirnteile entweder abgestorben zu sein oder aufgrund des dauernden Einatmens von Kreidestaub nicht mehr zielgerichtet zu funktionieren. Die meisten Klassenlehrer werden von ihren Schulleitungen noch nicht einmal dazu aufgefordert – sie machen es sogar freiwillig, was absurd ist, denn ein Delfin würde schließlich auch nicht mit einem Hammerhai ins Kino gehen.

Klassenlehrer sind die Elite unter den Pädagogen, die Einäugigen unter den Blinden. Einmal im Leben Klassenlehrer werden, das wäre was!, denken sich viele Junglehrer, die gerade selbst noch bei der Abiklausur beschissen haben. Nie wieder Klassenlehrer, das wäre was!, denken ältere Kollegen, die den Spaß schon mehrfach erlebt haben. Und andere wiederum machen es dauernd, jedes Jahr, bis sie irgendwann, grau und zittrig, über die Tafel stolpern und einfach tot sind.

Ist ein Klassenlehrer also anders als andere Lehrer? Noch bekloppter? Noch eine Stufe irrer als seine Kollegen? Der Klassenlehrer hat auf jeden Fall viele, viele Pflichten, die ihn über Normallehrer erheben, was auch der Grund für seine offen zur Schau getragene Arroganz ist. »Seht her, ihr Luschen! Ich bin besser als ihr. Ich leite eine Klasse.«

Ob die Klasse wiederum geleitet beziehungsweise gelitten werden will, spielt dabei erst einmal keine Rolle. Sie kann sich sowieso nicht wehren. Klassenlehrer sind die einzigen Lehrer, die sich zum Beispiel mit Waffen auskennen und dich darüber, wenn sie Lust haben, jedes Schuljahr neu belehren. Es wird dich dabei immer wieder aufs Neue erstaunen, aber tatsächlich: Nicht alles, was man mit in die Schule bringen möchte, ist auch erlaubt. So sind Messer auf dem Schulgelände verboten. Gewehre auch. Spitze Gegenstände (Nagelfeilen) sind problematisch, aber durchaus erlaubt. Sie werden meist erst dann verboten, wenn sich Schüler damit gegenseitig abstechen. Gegenseitiges Abstechen ist übrigens auch verboten und führt zu mindestens sechs Wochen gemeinnütziger Arbeit beim Hausmeister. Verboten sind außerdem Tränengas, Sägen und Gießkannen. Statistiken belegen eindeutig, dass die Zahl von Straftaten mit Gießkannen an öffentlichen Schulen immer mehr zunimmt.

Wenn du als Schüler gegen den »Waffenerlass« verstößt, nimmt dein Lehrer dein Handy weg. Oder verpflichtet dich, die Schulordnung abzuschreiben. Schulordnungen abschreiben lassen ist nämlich ein besonderes Hobby speziell von Klassenlehrern!

Fahrtgedöns

Hin und wieder erlaubt das grundgütige System Schule dir als Schüler, daraus auszubrechen. Diesen Ausbruch dürfen, wie gehabt, deine Eltern bezahlen. Folglich gibt es keine Geburtstags-

und Weihnachtsgeschenke, bis du 18 bist. Ganz offiziell gibt es, von schlauen Bürokraten der Schulbehörden mehr oder weniger eigenständig erdacht, bestimmte Wochen, die du mit deinen Mitschülern verbringen darfst. Riecht nach ewiger Party, jeder Menge Spaß, jeder Menge Flirten. Der einzige Haken dabei ist, dass diese Freizeitperiode eigentlich gar keine Freizeit bieten soll. Für Freizeit hat das System Schule nichts übrig. Lehrer schon mal gar nicht.

Trotzdem gibt es sie: Klassenfahrten!

Faszinierende Veranstaltungen, welche dir Einblick geben in die schönsten (und totesten) Gegenden des Landes. Wohnen wirst du nicht in Hotels, sondern in Jugendherbergen. Weil es eh keine Hotels gibt. Weil nämlich kein normaler Mensch überhaupt je in diese abgelegenen sogar vom Teufel verlassenen Gegenden fahren würde. Du hörst kein Vogelgezwitscher? Keinerlei Tiere zu sehen? – Logisch! Die verbringen ihre Zeit lieber in Draculas Schloss als in der Nähe einer Jugendherberge. Dort haben sie wenigstens die Chance auf einen schnellen Tod.

Die Anreise erfolgt entweder im Zug (natürlich ohne dass man vorher Plätze gebucht hätte und von daher mindestens sieben Stunden auf seinem Koffer hocken darf) oder, sehr beliebt, via Bus. Hierzu hat der Lehrer sämtliche Busunternehmen der näheren Umgebung befragt und sich dann für »Beschissen Reisen – Alte Busse! Alte Fahrer!« entschieden. War zwar die teuerste Firma, dafür hat sie einen schönen Namen und gibt offenbar Senioren eine Beschäftigungsmöglichkeit.

Wenn wir davon ausgehen, dass die meisten Lehrer ihre Schüler nicht sonderlich mögen, stellt sich die Frage, warum sie dann trotzdem mit ihnen Klassenfahrten machen. Ganz einfach: Weil es meistens vorgeschrieben ist. Erstaunlicherweise gibt es Lehrer, die auf solchen Fahrten über sich hinauswachsen und sogar im Vorfeld (!) einen Plan (!) entwickelt haben.

Selbiger besteht aus einem Museum, einem zweiten Museum und einem dritten Museum. Und das alles montags. Dienstags dann

Wandern. Viel Wandern. Wird am Mittwoch fortgesetzt, weil es euch allen so gut gefallen hat, beziehungsweise ihr Schnarchnasen keine Kraft mehr hattet, euch ordnungsgemäß zu beschweren beziehungsweise den pädagogischen Wanderwurm als gemeinschaftliche Fun-Aktion zu erdrosseln.

Donnerstag besucht man traditionell das Stadtmuseum, welches genauso langweilig ist wie die Stadt, in der du dich gerade befindest. Den Freitagvormittag kann man dann, zwischen Frühstück und Packen und Abreise, noch mit Freizeit verbringen. Natürlich nur auf dem Gelände der Herberge, auf der man so ziemlich alles machen kann. Es sollte nur nichts mit Ballsportarten zu tun haben. Relaxen wird auch nicht so gern gesehen. Und lautes Lachen nur am Wochenende, wenn die Bude eh geschlossen hat.

Dem Lehrer ist das egal. Er freut sich, nicht unterrichten zu müssen. Und außerdem nutzt er die Chance, seine Schüler »in einem anderen Kontext« kennenzulernen. Interessiert ihn zwar nicht, aber wenn ohnehin nichts Besseres zu tun ist, nutzt er halt die Gelegenheit. Wenn er also auf einer Wanderung urplötzlich neben dir auftaucht, so ist er eventuell auf die Idee gekommen, mit dir sprechen zu wollen. Am besten noch über »Persönliches«.

Yes, baby! Endlich ins Museum!

Nun kann man tun, was Schüler am liebsten tun: wegrennen! Oder man kann sich, wenn man genügend Arsch in der Hose hat, tatsächlich auf das Gespräch einlassen. Auf diese Weise haben Schüler allerdings häufig schon ihr gesamtes Weltbild über den Haufen werfen müssen, wenn sie nämlich im Laufe eines Dialogs feststellen, dass Lehrer X vielleicht doch nicht so ein Wichser ist und dass die Kollegin Y eigentlich sogar eine nette Person sein kann.

Auch für Lehrer ist dies oft eine neue Erfahrung. Bei einem Gespräch müssen sie manchmal schmerzhaft erfahren, dass zum Beispiel Schüler X oder Schülerin Y ganz andere Interessen haben als Schule. Dass Schule nicht sein oder ihr alleiniges Lebensziel darstellt. Dass er oder sie Hobbys hat, die, was ziemlich überraschend kommt, überhaupt nichts mit Mathe, Englisch, Deutsch et cetera zu tun haben und damit natürlich auf den Lehrer unsinnig wirken. Dass er oder sie außerhalb der Schule – allein der Begriff »außerhalb« wirkt für Lehrer sonderbar – ein Leben hat.

»Leben« ist auch so ein Terminus, mit dem Lehrer ohne vernünftige Gebrauchsanweisung in keiner Weise zurechtkommen. Dass Lehrer in solchen Momenten verwirrt sind, ist verzeihlich, medizinisch jedoch unbedenklich und kann eigentlich eher helfen als schaden. Vielleicht haben sie etwas gelernt. Was vielleicht ebenso auf dich selbst zutrifft, obwohl »etwas lernen« auf einer Klassenfahrt eigentlich nichts zu suchen hat.

Zettelzeug

Genauso wenig wie »Zettel austeilen« in der Schule. All der Stuss, den die arme Schulsekretärin täglich produziert, wird an den Klassenlehrer weitergereicht mit der Aufforderung, den Kram zu verteilen und unterschrieben wieder einzusammeln. Die Sache mit dem Einsammeln klappt aber meist eher weniger gut, da nur sehr wenige Schüler es schaffen, ihren Eltern den jeweiligen Zettel auch wirklich vorzulegen.

Vor allem Klassenlehrer kritisieren ihre Schüler ohne Ende, wenn sie (wie üblich) wieder mal nicht in der Lage waren, den »Klassenfahrts-Schwimm-Erlaubnis-Bogen« oder die »Informationen zum Elternsprechtag mit beigefügtem Raumplan auf der Rückseite zur Orientierung als Angebot an Menschen mit Ortsfindungsstörungen« am Stichtag abzugeben, inklusive Unterschrift ihrer Eltern.

Dies zeigt nur, wie unrealistisch viele Lehrer denken und wie wenig Ahnung sie von den Gegebenheiten in normalen Schülerhaushalten haben.

Es gibt nun einmal nicht in jedem Haushalt einen Stift. Und wenn doch, vielleicht hat man ihn gerade an die Nachbarn verliehen, die ebenfalls irgendwas für die Schule unterschreiben müssen. Stifte sind angesichts der momentanen wirtschaftlichen Lage unerschwinglich geworden, sind aber nach wie vor die einzig erlaubte Möglichkeit, Zettel zu unterschreiben. Eigenblut oder Eigenurin werden nach wie vor von der Lehrerschaft abschätzig betrachtet.

Du kannst dich bei deinem Lehrer in ein verflucht gutes Bild rücken, wenn du wirklich jeden noch so dämlichen Wisch sofort am nächsten Tag wieder abgibst. Notfalls von dir selbst unterschrieben.

Zettel abgeben?
Welche Zettel?

Dein Lehrer hat ohnehin nicht vor, die Dinger anzusehen. Es geht ihm lediglich darum, »versicherungstechnisch« abgesichert zu sein. Ob du auf einer Tagesfahrt stirbst oder nicht – er kann im Anschluss immer, mit einem Packen Zettel in der Hand wedelnd, sagen, du und deine Eltern wäret über die Gefahren des Besuchs der Müllverbrennungsanlage informiert gewesen.

Da gerade ein Klassenlehrer mindestens zweimal die Woche einen Zettel reinschmeißt, ist es für ihn schwierig, den Überblick zu behalten. Elitäre, strukturierte

Schüler wie du können sein Leben deutlich erleichtern. Sofern »Erleichterung des Lebens meines Klassenlehrers« wirklich Sinn und Zweck deiner schulischen Existenz ist, solltest du dich von einer ärztlichen Fachkraft im Bereich der psychiatrischen Funktionsstörungen bei nächster Gelegenheit gründlich untersuchen lassen.

Zielt dein Streben nach rechtzeitigem Abgeben von Zetteln aber darauf ab, einfach nur einen guten Eindruck zu machen (und davon zensurentechnisch zu profitieren), ist alles in Ordnung, trotz einer leichten Spur nicht zu übersehender Schleimerhaftigkeit.

Klingelstreich

Klassenlehrer können aber viel mehr, als Zettel rauszugeben und einzusammeln. Sie sind die einzigen deiner Lehrer, die eine komplette Telefonliste aller Schüler deiner Klasse besitzen, und an Tagen großer Langeweile neigen sie durchaus dazu, zum Telefon zu greifen und einfach mal »hallo« zu sagen. Nach einer solchen Begrüßungsformel folgt dann immer derselbe Satz: »Ich rufe an, um Sie über den Leistungsstand Ihres Kindes zu informieren.«

Derartige Anrufe gibt es nur, wenn selbiger Leistungsstand statistisch nicht mehr messbar ist, und ärgerlicherweise immer dann, wenn sich das Kind in Taschengeldverhandlungen mit seinen Eltern befindet, was dann häufig zur Einstellung der Verhandlungen und zu Hausarrest führt. Die meisten Klassenlehrer rufen nur zu Hause an in der Hoffnung, dass du daraufhin ordnungsgemäß und absolut zu Recht verprügelt wirst, woraufhin sie selbst die ganze Nacht über diebisch grinsend mit einem Glas Prosecco durch die Wohnung rennen und Lambada tanzen.

Andere Klassenlehrer wiederum, absolute Ehrgeizlinge, haben anderes im Sinn: Sie wollen schlicht und einfach einen Dialog eröffnen zwischen Lehrer, Schüler, Eltern, ungeachtet der Tatsache, dass du darauf eigentlich gar keinen Bock hast und wie immer nicht einmal gefragt wurdest. Diese Lehrer sind vielleicht tatsächlich nicht nur an deinem schulischen Erfolg, sondern auch an deiner emotionalen Lage interessiert. So wollen sie allen Ernstes, dass es dir gut geht, womit sie sich als »Gutmenschen« zu erkennen geben.

Auch wenn du das Verhalten solcher Klassenlehrer vielleicht als unangemessene Einmischung in dein Privatleben interpretierst, ist es bei näherer Betrachtung eigentlich ein gutes Zeichen. Immerhin kümmern sie sich mal um etwas anderes als um sich selbst.

Kümmerscheiss

Klassenlehrer müssen sich ohnehin um sehr vieles kümmern: So sind sie neben all ihren anderen Pflichten auch noch gezwungen, Klassenkonferenzen zu leiten. Dies tun sie aber gerne, weil sie ihnen das Gefühl von Wichtigkeit vermitteln.

Solche Konferenzen sind klar hierarchisch geordnet: Der Klassenlehrer auf seinem Thron, alle normalen Lehrer auf Winzstühlen, die man extra vorher aus dem Kindergarten ausgeliehen hat. Sauron gegen die Frodos. Sauron gewinnt.

Er hat zwar keinen Ring, dafür aber das mächtigste Instrumentarium, das einem Lehrer zur Verfügung steht: das Klassenbuch! Neben der Bibel immerhin das am meisten verkaufte und ebenfalls am meisten ungelesene Werk der Literaturgeschichte. Mit zweifelhaftem literarischen Wert. In dieses Buch wird unglaublich viel eingetragen – und nur er, der Klassenlehrer, darf es am Ende des Schuljahres mit nach Hause nehmen und die Fehltage seiner Kümmerlinge zählen, worum ihn viele seiner Freunde, unnötig zu erwähnen, stark beneiden.

Je weniger häufig er bei »Fehltage« deinen Namen findet, umso besser. Auch unter »Bemerkungen« solltest du am besten gar nicht auftauchen, es sei denn mit einem Verweis auf »erneut hervorragende Arbeitseinstellung« oder »schleimiges Sozialverhalten – Weiter so!«.

Bananenbrei

In den meisten Schulen und Schulformen ist es üblich, dass der Klassenlehrer auch die »Kopfnoten« bestimmt, beziehungsweise sie in der Konferenz vorschlägt und erwartet, dass die anderen Trolle bei der Abstimmung brav die Fingerchen heben und der Meinung des Großmeisters damit Relevanz verschaffen.

Kopfnoten haben sich leider noch nicht in allen Ländern der Welt durchgesetzt, sind aber auf einem unaufhaltsamen Vormarsch. Selbst Staaten, die aus finanziell-korrupten Gründen weder Straßen noch Strom noch Häuser noch Nahrung noch Nachnamen für ihre Bevölkerung bereitstellen können, sind stolz darauf, wenigstens schon einmal von Kopfnoten gehört zu haben und eine baldige Einführung derselben zu planen. Sofern bezahlbar. Also nie.

Pädagogisch gesehen scheinen Kopfnoten die Zukunft zu sein!

Bei Kopfnoten wird zuallererst deine Optik bewertet, primär dabei die Qualität deines Kopfes, inklusive Vorderansicht. Bist du also hässlich, hast du verloren. Hat dein Lehrer allerdings seine Brille verloren, und du bist trotzdem hässlich, könntest du Glück haben.

Neben der Optik geht es aber meist um viel Schlimmeres, nämlich um Arbeits- und Sozialverhalten. An vielen Schulen gibt es dafür keine Ziffern als Zensuren, sondern Buchstaben. Der Grund dafür ist nicht bekannt, man kann aber davon ausgehen, dass einfach keine Ziffern mehr zur Verfügung standen und die Schulbehörde auf Smiley-Symbole einfach keine Lust hatte. Zu trendy!

Ein A bekommst du zum Beispiel, wenn du deine Aufgaben »gründlich und sorgfältig und immer in der vorgegebenen Zeit und am besten auch schneller« erledigst. Wenn du »Einsatzbereitschaft und Ehrgeiz« zeigst. Wenn du bereit bist, »schwächere Mitschüler aufgrund ihrer Dummheit zu kritisieren und zu mobben« und dies »in der vorgegebenen Zeit erledigst«. Oder wenn du einfach »bereits am Morgen nach Seife mit Vanillearoma« duftest.

Wie du schlechte Arbeits- und Sozialbuchstaben einfährst, solltest du anhand von Eigenexperimenten selbst herausfinden können.

Wofür Kopfnoten im Endeffekt gut sind? Keine Ahnung. Eine Umfrage unter Pädagogen ergab jedenfalls, dass ihnen völlig Banane ist, was da für ein beschissener Buchstabe steht. Was auch für Eltern gilt. Bei Eltern handelt es sich um einen ganzen Obstsalat. Denen ist es meistens wichtiger, dass in Mathematik ein »Gut« auf dem Zeugnis steht. Ein schlechter Buchstabe (zum Beispiel »Z« = »zottelig und nicht zurechnungsfähig«) für dauernde sexuelle Belästigung scharfer Mitschüler/innen geht ihnen am Arsch vorbei.

Die Schulbehörde verweist in diesem Kontext darauf, dass Kopfnoten im Abgangszeugnis bei zukünftigen Arbeitgebern (Sklaventreiber) hingegen durchaus eine Bedeutung haben. Wenn das Bewerbungszeugnis also mit einem A und dem Zusatz »ist angepasst und tut alles, was wir befehlen« gekennzeichnet ist, steigt die Chance auf eine Einstellung deutlich – und ist jedenfalls größer als bei einem F mit handschriftlichem Zusatz »hat leider eigenen Willen entwickelt und neigt zum individuellen Denken«.

Aufgabe der Schule ist es schließlich nicht, auf das Leben vorzubereiten, sondern auf Studium (Schule für Intelligente mit besonderen Klassenräumen, die man Hörsäle nennt, obwohl man darin auch sehen kann) und Arbeitswelt (Schule mit extrem erhöhtem Langeweilefaktor und bei Scheißjob auch Scheißbezahlung).

Alles also, was nach der Schule kommt, ist nichts wirklich Neues, vielmehr die Fortsetzung des bereits bekannten, was bereits an deinem allerersten Schultag seinen Ausgangspunkt genommen und maßgeblich zur Zerstörung deiner Kindheit und Menschlichkeit beigetragen hat.

15. KAPITEL

LEHRERZWANG UND LEHRERKRAMPF
NEU MACHEN!

Trotz all ihrer Zerstörungswut glaubt Schule, dass sie modern ist. Trendy. Hip. Einfach nur »in«. Um dies zu beweisen, haben sich Schulbehörden bereits seit Anbeginn der Schulzeit immer wieder hypergeniale Sachen einfallen lassen, welche sie »Reformen« nannten.

Eine Reform ist auf den ersten Blick nicht schlimmer als Mundgeruch und bezeichnet eine größere, planvolle und gewaltlose Umgestaltung bestehender Verhältnisse. Reformen gab es schon, dies aber nur für geschichtlich interessierte Leser – die anderen bitte den Rest des Satzes überspringen –, vor ganz, ganz langer Zeit in der Römischen Republik, als Tiberius und Marius Gracchus sich an einer Landreform versuchten, um das Leben der Bauern zu verbessern. Daran lässt sich bereits sehen, was das zentrale Wort ist: Verbesserung! Gute Idee eigentlich. Leider aber sind die falschen Stellen damit beschäftigt – Behörden nämlich. Und diese sind der Politik unterstellt. Und darin arbeiten offenbar nur Vollidioten.

Wenn du als Schüler manchmal merkst, dass deine Lehrer angenervt und frustriert sind, so kann dies natürlich mit der Tatsache zu tun haben, dass sie von niemandem gemocht werden, inklusive ihrer eigenen Eltern. Ein weiterer Grund könnte aber mit »Reformen« zu tun haben.

Genauso, wie deine Lehrer dich verpflichten, irgendwas zu tun, was du für Mist hältst und wovon du auch nicht nur den Bruchteil einer Sekunde wirklich überzeugt bist, bringen die Behörden Reformen auf den Weg, per Gesetz, die Lehrer dann umsetzen dürfen/sollen/müssen, unabhängig davon, ob sie die Ideen für gut oder schlecht halten.

Reformen für Blöde!

Zu ungefähr 99 Prozent, da sind sich Lehrer einig (und normalerweise sind sie sich nicht einmal einig darüber, ob das Mensafutter beschissen oder sehr beschissen schmeckt), sind alle »von oben« verordneten Reformen eine zusätzliche Arbeitsbelastung.

Schon klar – Lehrer arbeiten ohnehin nicht viel. So gesehen ist es also Zeit für mehr Belastung. Wenn aber die Belastung nicht zu einem »Effekt« führt, kann man es auch sein lassen. Wenn du also vor jeder Mathearbeit 1.000 Stunden Arbeit investierst und es kommt trotzdem nur Murks (zuzüglich Hausarrest und Handyverbot) dabei heraus, wirst du früher oder später einfach aufhören, Arbeit zu investieren.

Es gibt Schulen, an denen Lehrer gezwungen sind, für jeden einzelnen Schüler einen Wisch namens »Dokumentation der individuellen Lernentwicklung« auszufüllen. Klingt wichtig. Ist aber natürlich Schrott. Du selbst wirst diesen Megawisch nie zu Gesicht bekommen, was aber in keiner Weise bedauerlich ist. Trotzdem geht es um *dich*. Um *dich* persönlich. Nur *für dich persönlich* setzen sich gleich mehrere Lehrer an ein einziges Formular und … machen Kreuze!

Als Kategorien für das Fach Englisch könnten dort zum Beispiel stehen: Aussprache, Rechtschreibung, Grammatik, Sex-Appeal,

Optik. Dein Englischlehrer wird nun also zum Stift greifen und bei »Aussprache« ein Kreuz setzen, irgendwo zwischen »läuft super«, »läuft normal« oder »läuft rückwärts und erbärmlich«. Entscheidet er sich nun für »Grammatik = erbärmlich« wird mit sofortiger Wirkung das Förderkonzept deiner Schule in Kraft gesetzt. Kein Stein wird dabei auf dem anderen bleiben, dein gesamter Schulalltag wird sich von heute auf morgen komplett verändern, du wirst einer Revolution deiner ganz privaten Bildungslandschaft beiwohnen.

Man könnte auch sagen: Stille! Grabesstille! Eisesstille. Es passiert nämlich in Wirklichkeit mal gar nichts, weil Schulen schlicht und einfach kein Geld haben für besondere Fördermaßnahmen. Die Tröge sind leer.

Der Dokumentationsbogen wird unterschrieben und in einen mächtigen Ordner geheftet und dann in einen mächtigen Schrank gestellt, nur um ihn vor den nächsten Zeugnissen wieder herauszuholen und dasselbe Spiel von vorne zu beginnen. Dein neuer Englischlehrer wird dann die Angaben des alten (oder toten) Englischlehrers anschauen (Grammatik = erbärmlich) und feststellen, dass deine Grammatik immer noch erbärmlich ist. Also trägt er genau dies auch ein. Im Anschluss unterschreibt er, heftet das Ding in einen mächtigen Ordner und stellt diesen in einen mächtigen Schrank.

Förderungsbedarf vorhanden? Ja! Findet Förderung statt? Nö! Anstatt mehr Lehrer einzustellen, kann man Geld doch viel besser investieren, zum Beispiel in irgendeine nagelneue sechsspurige Autobahn, die kein Mensch braucht.

Wenn die Politik also weiß, dass die Tröge leer sind (zumindest, was Schulen und Bildung angeht), dann darf man sich durchaus fragen, weshalb sie auf die Idee mit der »individuellen Lernentwicklung« gekommen ist. Die Antwort ist simpel: Weil man Schule reformieren muss! Egal wie, egal mit welchen Mitteln.

Zwänge für Doofe!

Lehrer, die eigentlich schon um spätestens ein Uhr mittags auf dem Golfplatz stehen sollten, sind dank tausendfacher Reformen nun gezwungen, nach einem bitterharten Schultag tausendfache an Nutzlosigkeit kaum zu überbietende Formulare auszufüllen. Manchmal gar in mehrfacher Ausfertigung, was nicht besonders stimmungsaufhellend ist. Neben diesem Ausfüllen von Wischen und Zetteln, der allgemeinen Unterrichtstätigkeit (also Filme zeigen und Texte reinwerfen) sowie dem Korrigieren von Klassenarbeiten und Tests (immer zu spät und selten nachvollziehbar) haben Lehrer noch andere Dinge zu erledigen, zum Beispiel die Teilnahme an Konferenzen.

Es gibt Klassenkonferenzen (alle unterrichtenden Nasen deiner Klasse + Schulleitung), Teamsitzungen (alle unterrichtenden Nasen deiner Klasse ohne Kontrollinstanz), Gesamtkonferenzen (*alle* Lehrer deiner Schule + Elternvertreter (immer sehr engagiert!) und Schülervertreter (auch engagiert, aber meist gelangweilt)), Dienstbesprechungen (*alle* Lehrer deiner Schule, aber ohne störendes Beiwerk) und Schulvorstandssitzungen (gewählte Lehrer, gewählte Schüler, Zeitverschwendung).

Da all diese »Meetings« als zeitraubende und in jeder Hinsicht bescheuerte Folterinstrumente zwar geeignet, aber eben noch nicht ausreichend sind, hat die Schulbehörde außerdem Zeugniskonferenzen empfohlen. Lehrer haben zudem mehrere Klassen und müssen folglich auch an mehreren Konferenzen teilnehmen. Wer also an einem Konferenztag abends um sieben Uhr einen Lehrer aus der Schule tapern sieht, sollte sich hüten, ihn anzusprechen. Lehrkräfte aller Art (männlich, weiblich, neutral) könnten aus lauter Frust die Festigkeit ihrer Schultasche an einem unschuldigen Körper testen wollen.

Sämtliche Konferenzen sind, wären es Krankheiten, akut und ansteckend und tödlich öde. Im Wesentlichen handelt es sich bei jeder einzelnen um gnadenlose Verschwendung von Lebensenergie. Als

Vergleich: du und Hausaufgaben. Oder fühlst du dich etwa happy dabei? Eben! (Falls übrigens doch, wäre ein Arztbesuch keine gänzlich dämliche Idee. Ein Hals-Nasen-Ohren-Arzt sollte dabei genug Kompetenz haben, um dich medikamentös wieder auf Normalmaß zu bringen.)

Konferenzen, vor allem solche, wo Eltern anwesend sind (Gesamtkonferenzen), sind für Lehrer das größte Übel überhaupt. Übler noch als abgelaufene Vollmilch mit leckeren Stückchen. Mit etwas Glück sind die teilnehmenden Eltern nicht deine eigenen Eltern. Wenn doch, handelt es sich um sogenannte Strebereltern, die sich mit nichts anderem beschäftigen als dem Schulerfolg ihres eigenen Kindes und von daher am Ort des Geschehens die Rahmenbedingungen verändern wollen.

So soll es Schulen in der Republik geben, die in aller Seelenruhe vor sich hin gearbeitet haben – in 45-minütigen Unterrichtsstunden. So also, wie es seit dem Aussterben der Dinosaurier üblich war. Alles war schön. Alles funktionierte. Bis Strebereltern auf den Trichter kamen, dass auch andere Zeiteinheiten möglich wären. Daraus ergab sich dann die 90 qualvolle Minuten andauernde Doppelstunde. Statt also vier Englischstunden pro Woche hast du zwei Englischstunden, die etwas größer ausfallen, dafür trotzdem nicht besser werden.

Jeder Bildungsforscher, der sein Gehirn nicht morgens in den Fresstopf seines Dobermanns gegeben hat, kann bezeugen, dass mehrere kleine Lerneinheiten einen besseren Effekt auf den Lernerfolg haben. Da Bildungsforscher aber nur Experten sind und Eltern die viel, viel, viel, viel größeren Experten und die Schulleitungen sich generell weigern, sich mit Eltern anzulegen, sind 90-Minuten-Blöcke heutzutage an vielen Schulen Standard.

Man könnte auch sagen: Eine Schule springt in ein bodenloses Loch und setzt damit eine Kettenreaktion in Gang. Falls es an deiner Schule noch Einzelstunden im 45-Minuten-Rhythmus gibt – warte ab! Hab Vertrauen in die Kraft der Reformation.

Die Schulelternschaft (ja, die nennen sich wirklich so) sitzt wahrscheinlich noch in irgendeinem Keller, trinkt Capri-Sonne mit Coke-Zero-Geschmack und denkt darüber nach, ob nicht vielleicht auch das 89-Minuten-Modell ausprobiert werden sollte. Und ob man nicht überhaupt auf so starre Regelungen mit Zeitvorgaben verzichten könnte. Kann man nicht einfach »Stunden« komplett aus dem Stundenplan streichen? Lehrer unterrichten einfach so lange, wie sie wollen. So was würde man dann »Flexi-Time« nennen. Weil's cool klingt und Schüler mit englischen Begriffen coole Dinge assoziieren.

Schüler suchen sich in der Flexi-Time aus, welchen Unterricht sie besuchen wollen oder ob sie überhaupt wollen. Hier wird also deine ganz persönliche Eigenverantwortung in den Mittelpunkt gestellt. Toll! Lehrer geben auch keine Zensuren mehr, sondern nur noch Emoticons. Wem das als Schüler zu grausam vorkommt, der kann mit dem Einwand, dass *jegliche* Form von Zensuren »gegen das Kindeswohl« gerichtet ist und »die Persönlichkeit des Schülers nicht in den Vordergrund stellt«, auf Antrag erwirken, gar kein Zeugnis mehr zu bekommen (Flexi-Nothing).

Ob du es glaubst oder nicht: Irgendwo wird dieser Quatsch bestimmt genau jetzt, in diesem Moment, geplant und durchdacht. Sobald diese Idee dann in der Politik landet, kannst du drauf wetten, dass sie verwirklicht wird. Sie kostet nichts und sieht zumindest so aus, als würde »irgendwas gemacht«. Darüber freut sich dann das Abstimmungsvieh, das heißt die wählende Bevölkerung.

Enten für Schüler!

Genauso behämmert ist die elendige Debatte über ein acht- oder neunjähriges Gymnasium. Obwohl alle Beteiligten mit neun Jahren Gymnasium absolut happy waren, kamen kluge und mit Sicherheit betrunkene Politiker in zumindest einigen Ländern auf den Schimmer, einfach mal die Schulzeit um ein Jahr zu verkürzen. Sinn und

Zweck eigentlich nicht erkennbar, außer, dass die Schulabgänger dann immer jünger werden.

Diese als Großreform getarnte Entenfickerei führte dazu, dass sich Lehrer quer durch die Republik in endlosen Sitzungen den Arsch platt sitzen konnten, um neue Curricula zu schreiben. Bei diesen Curricula handelt es sich nicht um einen neuartigen Penispilzparasiten, sondern um Lehrpläne, auf denen vermerkt ist, in welcher Klasse in welchem Fach welche Themen thematisiert werden.

Da nun aber alles in weniger Zeit stattfinden musste, gab und gibt es ohne Ende Sitzungen und Konferenzen, die vor allem eines bringen: nichts nämlich! Selbst wohlmeinende Lehrer, die immer offen für neue Ideen sind, zeigen sich angesichts von Lebenszeitverschwendung eher wenig begeistert und würden die zuständigen Politiker nur allzu gerne in Schimpf und Schande durch die Straßen treiben.

Nunmehr, nachdem alle Beteiligten gemerkt haben, dass ein achtjähriges Gymnasium irgendwie doch nicht so geil ist wie anfangs gedacht, drehen viele Länder das Rad wieder zurück auf neun Jährchen. Quasi die Reform der Reform. Macht zwar keinen Sinn, aber probieren kann man es ja trotzdem mal. Wenn dann die blöden Lehrer nicht mitmachen wollen, werden sie als faule Säcke beschimpft und als Ewiggestrige, die keinen Bock haben, das Lebensumfeld und Lernklima ihrer Schüler zu verbessern.

Mag das Wort »Reform« also auch noch so unschuldig daherkommen – es steckt meist ein übel gelaunter Schabernack drin.

Lehrer für alle!

Reformen sind, siehe oben, größere, planvolle und gewaltlose Umgestaltungen der bestehenden Verhältnisse. Größer stimmt schon mal gar nicht. Dann müssten nämlich Lehrer eingestellt werden – und zwar richtige.

Nicht irgendwelche Hohlpiepen, die mit letzter Kraft (und Bestechung) einen Uniabschluss geschafft beziehungsweise ihn gefälscht haben. Nicht, wie bisher, Leute, die entweder fachlich keinen Schimmer von nichts oder absolut null Bock haben, mit Kindern und Jugendlichen zu arbeiten – und es auch nicht können. Nicht Lehrer, die nach zwei Jahren im Beruf »ausgebrannt« sind. Was komisch ist, da sie nie gebrannt haben, aber durchaus brennen sollten – und zwar auf dem Scheiterhaufen unsagbarer Nutzlosigkeit. Nicht Lehrer, die die Ausstrahlung einer Zimmerpflanze mit Blattläusen haben. Nicht die, die nach ihrer eigenen Schulzeit nicht wissen, was sie mit ihrem Leben anfangen sollen, und sich für ein pädagogisches Studium entscheiden, in der Hoffnung auf einen sicheren Job und sichere Bezahlung. Nicht irgendwelche Quarkfresser, die noch nicht mal richtige Lehrer sind, sondern »Quereinsteiger«. Ist in etwa so, als würdest du von heute auf morgen nicht mehr in der Schule, sondern im Kindergarten sitzen. Weil das schließlich auch irgendwas mit Schule zu tun hat.

So können also Menschen, die irgendwann mal in einer Bücherei waren, vielleicht als Deutschlehrer aktiv werden? Jemand, der schon mal auf einen Baum geklettert ist, zeigt durchaus Qualitäten eines Biolehrers, und jemand, der gerne Fußball spielt, könnte doch vielleicht Sport unterrichten? Viele wirklich verdammt gute Leute wollen nicht Lehrer werden – weil ihnen in der freien Wirtschaft mehr Kohle blüht, inklusive Aufstiegschancen. Wer weiß … vielleicht hast *du* ja trotzdem Lust? Irgendwann ist deine Schulzeit schließlich zu Ende. Dann stellt sich die entscheidende Frage, was du mit dem Rest deines Lebens anfangen willst: Buletten umdrehen bei Burger King ist sicherlich immer eine angenehme Sache, aber vielleicht hast du mit deinem Leben andere Pläne?

Und wenn du nicht leben willst, weil Leben dir auf den ersten Blick viel zu anstrengend vorkommt, dann geh halt wieder in die Schule! Die kennst du wenigstens in- und auswendig, wenngleich aus anderer Perspektive.

16. KAPITEL

FINSTERSTE FERIEN

Kein Job auf dieser Erde bietet so viele Ferien wie der Lehrerberuf. Ferien … kannst du dich erinnern? Ist schon wieder etwas her? Und die nächsten sind noch erschreckend weit weg? Und selbst, wenn Ferien sind, denkst du schon an die nächsten und übernächsten?

Schöne Sache! Andererseits – sind Ferien nicht auch brutale Phasen der Unterbeschäftigung? Der triefenden Langeweile? Der absoluten Belanglosigkeit? Mal ehrlich: Du gehst irre spät in die Kiste, stehst irre spät wieder auf, machst irgendwas komplett Nutzloses, gehst wieder irre spät in die Kiste und freust dich dabei trotzdem einen Keks, der natürlich ebenfalls irre ist. Was für eine Verschwendung wertvoller Lebenszeit.

Ganz anders deine Lehrer: Viele fühlen sich in Ferienzeiten unwohl und ungebraucht. Da sie über keinerlei soziale Kontakte verfügen, gibt es auch niemanden, der mit ihnen spielen will. Also sitzen sie zu Hause und bereiten sogar am ersten Tag der Sommerferien bereits Unterricht vor oder entschließen sich, ihre Wohnung zu renovieren, was aber nie passiert, da sie sich nicht zwischen den Farben Caffè Latte, Cappuccino und Braun entscheiden können, dann doch irgendwas mit Gelbschimmer kaufen, was sie im Keller verschimmeln lassen, weil sie es beim besten Willen nicht einsehen, sich in den Ferien schmutzig zu machen. Schließlich hat man gerade erst den fiesen Kreidestaub aus den Haaren bekommen.

Rundmails, Luder & du

Nicht wenige Lehrer sieht man in den unterrichtsfreien Wochen mehrfach täglich (oder stündlich) zum Briefkasten laufen, gerne noch im Bademantel. Auch nachmittags um drei sind schließlich Ferien! Nach einem verschämten Blick in den Kasten wandeln sie zurück mit dem einzigen Erkenntnisgewinn, dass erneut nicht eine einzige Postkarte drin ist. Dabei hatten sie doch jede Klasse, jeden Schüler, jeden Kurs darauf hingewiesen, dass es selbstverständlich ist, seinen Lehrern in den Ferien Postkarten zu schreiben. Dass Lehrer derartige Dinge regelrecht erwarten. Ist aber natürlich freiwillig! Bloß keinen Zwang ausüben! Gut, natürlich noch auf Konsequenzen hinweisen bei mangelnder Schreibdisziplin. Ansonsten aber mit absoluter Sicherheit absolut keine Pflicht!

Hatte man nicht sogar noch die eigene Adresse an die Tafel geschrieben und kostenlose Briefmarken ausgehändigt? Sicher werden bald welche eintrudeln. Spätestens morgen. Muss ja! Schlimm, dass die Post in den Ferien immer so langsam und schlampig arbeitet. Vielleicht sollte man noch eine Rundmail an die Eltern schreiben und »schöne Ferien« wünschen? Dabei die Postanschrift in Schriftgröße 60 integrieren? So als kleiner Wink mit dem Zaunpfahl? Kann nicht schaden.

Die Enttäuschung sitzt ohnehin noch tief; war schließlich schon komisch genug, am letzten Schultag vor den Ferien keine Geschenke bekommen zu haben. Nicht, dass man besonders viel erwartet hätte. Eigentlich hatte man gar nichts erwartet. Einen kleinen Präsentkorb vielleicht mit italienischem Parmesanschinken und Kaffeebohnen, frisch gepflückt von chilenischen Kindern ohne Schulpflicht. Einen Gutschein für ein Schlemmerfrühstück in der teuersten Breakfastbutze der Stadt? Eine Städtetour nach London? Bücher wären ebenfalls nett gewesen – notfalls auch Pralinen oder beides.

Immer natürlich mit einer Karte, von der ganzen Klasse unterschrieben und mit irgendeinem nettem Spruch im Sinne von »Wir werden Sie vermissen« oder »Für die beste Lehrerin der Welt«. Kann auch ein Gedicht sein. Gedichte sind schön und kommen von Herzen.

Hat nicht diese blonde Referendarin am letzten Tag eine Pralinenschachtel mit sich herumgetragen? Plus Blumenstrauß? Ausgerechnet diese dumme Nuss!? Typisch Religionslehrerin. Arrogantes Pädagogenluder! Klar, in so einem Witzfach ist es ja auch kein Problem, sich beliebt zu machen. Die Frau sollte man bei der Schulleitung verpetzen! Sicherlich hat irgendein Elternteil sie mit Schokolade und Gestrüpp bestochen. Hätte sie auf keinen Fall annehmen dürfen! Wieder typisch!

Für mich schon.

Apropos Eltern: Sollten nicht allmählich mal Danke-Mails im E-Mail-Account zu finden sein? »Danke für Ihre Mühe«, »Danke für all die geleistete Arbeit und die ganz hervorragende Zusammenarbeit!«, »Danke dafür, dass Sie sich unserer Kinder angenommen haben und sie so super geprägt haben.« – Kann auch sein, dass die Internetverbindung mal wieder nicht funktioniert. Verdammte digitale Welt. Bei dieser lahmen Arbeitsweise wird sich das Internet auf Dauer nicht durchsetzen können.

Hmm. Ob der Typ von der Post meine Karten vielleicht versehentlich dem Nachbarn gegeben hat? Mal rübergehen und fragen. Nach meiner Rechnung müssten schon mindestens 50 Karten eingegangen sein. Oder warten die Jungs bei der Post, bis sich das Austragen wirklich lohnt?

Nun gut. Noch mal eben kurz in den Briefkasten gucken. Vielleicht sind die Eltern das Problem? Dass sie ihren Kids nicht erlauben, Karten zu schreiben, weil das vom Vokabellernen ablenken könnte? Frechheit! Diese Eltern heutzutage übertreiben es maßlos. Kinder brauchen Freiräume! Merken die das nicht? Aber irgendeine Karte mit Seeblickmotiv für Tante Rosetta und Onkel Horst. Dafür reicht die Zeit noch. Dabei ist Tante Rosetta dermaßen alt, dass sie in ihrem Leben wohl schon genug Karten bekommen hat. Irgendwann ist auch mal gut gewesen. Und Horst hat sowieso noch nie viel vom Lesen gehalten. Pornomagazine haben keinen Text.

…

Was also können Schüler tun, um ihren Lehrern die Ferien zu versüßen? Hm. Was könntest du persönlich tun? Noch mehr Hm.

Da fällt einem beim besten Willen nichts ein. Solltest du mal recherchieren. Vielleicht gibt es doch eine Lösung. Aber Karten schreiben – nein! Bei aller Liebe. So tief kann man gar nicht sinken. Außer natürlich, außer, außer, außer … dein Lehrer ist wirklich klasse. Er hat dir in einer schwierigen Situation weitergeholfen. Hat dich wie einen richtigen Menschen und nicht wie einen Schüler behandelt. Dann, aber wirklich nur dann, wäre eine Karte in Ordnung. Oder ein Präsentkorb mit italienischem Parmesanschinken (was auch immer das sein soll) und chilenischen Kaffeebohnen.

Sommer, Herbst & Pfingsten

Ferien gibt es, wie dir bekannt sein sollte, in verschiedenen Ausprägungen. So gibt es klar erkennbar kurze Ferien, zum Beispiel die üblichen sechs Wochen im Sommer. Und es gibt Ferien, die sogar noch kürzer sind. Rechnet man sämtliche Ferienzeiten zusammen, so kommt man allerhöchstens auf drei komplette Monate! Selbst dem dümmsten Vizemeister im Kopfrechnen wird auffallen, dass sich hier eine klaffende Differenz zwischen Ferienzeit und Schulzeit auftut.

In einigen Ländern ist die Lage sogar noch schlimmer: Dort gibt es drei komplette Monate Sommerferien, was gar nicht schlecht klingt. Das war's dann aber auch gewesen. Alles andere ist Schulzeit. Ostern und Herbst und Weihnachten und Pfingsten fallen einfach mal aus. So gesehen hast du keinen Grund zum Klagen. Und trotzdem: Immer, wenn man sich gerade an die freudige Stimmung gewöhnt hat, kommt schon wieder jemand an (meist ein Geschöpf der Hölle, verkleidet als Mama oder Papa) und fragt grinsend an, ob die Schultasche schon gepackt ist. Woher bitte sollst du das wissen? Bist du neuerdings mit Gott verwandt? Packen würde schließlich voraussetzen, dass du wüsstest, wo sich die verdammte Tasche befindet.

Ganz lästige Eltern gehen sogar mit dir einkaufen, am besten mitten in den Ferien, damit bloß keine Null-Bock-Haltung aufkommt. Einkaufen klingt nicht schlecht. Es sei denn natürlich, sie fahren mit dir in einen Laden für Büro- und Schulbedarf: Hier nun können Eltern so richtig schön auf die Kacke hauen …

Jesus, Justin & Dustin

Monolog des Beklopptseins (Ohne Absätze. Eltern brauchen keine Absätze): Welche Farbe soll deine Mathemappe haben? Du brauchst doch eine, oder? Dieses Mal farblos? Was soll das denn sein? Farblos? So ein Unsinn. Was ist mit Religion? Soll die wieder sommerlich-grau sein wie letztes Jahr? Und aus recycelbarem Plastik? Das ist aber bestimmt teurer. Jesus Christus, warum weißt du das denn schon wieder nicht? Ach, sommerlich-grau für Physik? Ganz normal in Pappe. War das nicht bisher beige? Und gibt es einen neuen Lehrer? Was will der für eine Farbe? Grün? Aber Grün ist doch schon für Bio. Biolehrer nehmen immer Grün. Hat wohl was mit Pflanzen zu tun. Du kannst doch nicht für zwei Fächer dieselbe Farbe nehmen. Da kommt man ja durcheinander. Du ganz bestimmt, du bekommst ja jetzt schon nichts auf die Reihe. Gab es da nicht vor den Ferien einen Zettel, wo das alles draufstand mit den Farben? Und wenn ja, wo ist das Ding? Steht da auch drauf, ob du einen karierten oder einen linierten Block brauchst? Frau Schmalz-Buschikowsky sagte doch, sie mag keine Karos. Ach, Herr Hoschi wird dein neuer Sportlehrer? Ich dachte, der ist Alkoholiker. In Sport braucht man keine Mappe. Doch? Dieser Hoschi glaubt wohl, er ist was Besonderes. Kommt wahrscheinlich vom Saufen! Den rufe ich nachher an und frag mal freundlich nach, was der sich einbildet. Sportmappe. Tsss. Hab ich ja noch nie gehört. Neue Turnschuhe gibt es nicht, kannst du vergessen. Gab es erst letztes Jahr. Mir doch egal, ob schwarze Sohlen in der Turnhalle verboten sind. Dann geh halt auf Zehenspitzen. Hier gibt es eh keine Schuhe. Da müssten wir woandershin, und da gehen wir jetzt nicht hin. Die spinnen wohl, die Lehrer. Nicht alle Leute sind Millionäre. Millimeterpapier für Mathe? Hat der sie noch alle? Dreimal so teuer wie normales Papier. Kann man nicht einfach größer malen? Oh Gott, und die Sprachen erst … Sollst du ein neues Vokabelheft anfangen, oder ist das alte noch gut genug? Ach, da hast du noch nie etwas reingeschrieben? Und du weißt auch nicht, wo das Ding ist? War ja mal wieder klar. Na gut. Kaufen wir trotzdem ein neues. A4 oder A5? Herrje, das stand bestimmt auch auf dem Zettel. Aber den haben wir nicht. Ganz toll gemacht! Kann Justin-Dustin den vielleicht kopieren? Kennst du nicht? Nee, ich weiß auch nicht, wer

Justin-Dustin ist. Aber der hat bestimmt den Zettel noch. Außerdem sollten wir nach Stiften gucken. Aber keine Füller. Die verlierst du sowieso gleich wieder. Ich hatte dir doch letztens erst ein neues Geodreieck mitgebracht. Verloren? Wie kann man denn ein Geodreieck verlieren? Das ersetzt du mir aber von deinem Taschengeld! Irgendwann musst du mal begreifen, dass man sorgfältiger mit seinen Sachen umgehen muss. Wie jetzt … Du willst keine Stifte? Ein Stift genügt? Das macht man heutzutage so? Nicht mit mir! Du nimmst schön ein volles Etui mit. Hier, guck mal, Hausaufgabenheft. Das wäre doch mal was für dich. Weil du doch immer so schlampig mit Hausaufgaben umgehst.

Zu meiner Zeit gab es noch gar keine Hausaufgabenhefte. Wir mussten uns alles mit dem Kopf merken. Aber das kann man euch wohl nicht mehr zumuten. Darüber sollte man mal reden in der Schulelternschaft. Werde ich beim nächsten Treffen zur Sprache bringen. Da muss man was tun. So, haben wir alles? Taschenrechner? Der auch Grafiken kann und ins Internet? Wie bitte? Wozu soll das denn gut sein? Hast mal wieder nicht nachgefragt, oder? Warum auch, deine Eltern müssen den Kram ja bezahlen. Du solltest vielleicht mal darüber nachdenken, dass wir nicht nur für deine Schulsachen arbeiten gehen. Grafikfähiger Taschenrechner. Lächerlich. Welcher Lehrer ist das? Den rufe ich an. Bin mal gespannt, was die anderen Eltern darüber denken. Und das Workbook für Englisch muss auch noch bestellt werden? Aber da wurde letztes

247

Schuljahr doch überhaupt nicht mit gearbeitet. Rausgeschmissenes Geld also. Jedes Jahr dasselbe Theater. Auf jeden Fall musst du besser auf deine Sachen aufpassen. Wenn wir den Zettel jetzt hätten, wäre das alles viel einfacher. So ein Unsinn, nein, der hängt nicht an der Pinnwand. Warum sollte der denn an der Pinnwand hängen? An der in der Küche? Quatsch. Der mit der Aufschrift »Material«? Großartig. Und warum hast du den dann nicht mitgenommen? Was ist denn bloß los mit dir. Du wusstest doch, dass wir den brauchen. Justin-Dustin hätte das bestimmt nicht vergessen!

Ende des Monologs des Beklopptseins.

Schriftlich, mündlich & los

Niemand weiß genau, wo Ferien eigentlich herkommen. Vielleicht aus dem hohen Norden, ein Überbleibsel alter Wikingertraditionen. Vielleicht auch nicht. Vielleicht auch aus dem tiefen Süden. Kann sein. Muss aber nicht. Und ist auch ganz schön egal. Auf jeden Fall bieten Ferien, vor allem die »kleinen« Ferien (Herbst, Weihnachten, Ostern), eine tolle Gelegenheit, Dinge zu erledigen, für die man sonst keine Zeit hat.

Besonders gilt dies für Oberstufenschüler – deren Lehrer haben das Problem klar erkannt. Weil sie fürchten, dass ihre Schüler ohne pädagogischen Input nach Ferienschluss als gebrochene Menschen in die Schule zurückkehren würden, geben sie ihnen Aufgaben. Ferienaufgaben. Eigentlich ein Widerspruch. Interessiert aber keinen.

Da Schüler nun »jede Menge Zeit haben«, so die Logik der Lehrer, sollte es kein Problem sein, wenigstens mal eben zwei oder drei oder 30 Referate vorzubereiten. Wenn möglich auch noch die eine oder andere schriftliche Hausaufgabe. Auf jeden Fall aber können endlich die Deutsch- oder Englischlektüren gelesen werden. Obwohl – nur Lesen bringt nichts. Wäre viel zu wenig effektiv. Daher also auch noch die Personen charakterisieren, ein Standbild machen, ein Gedicht dazu schreiben, am besten gleich zwei, ein Lesetagebuch führen (größte Verarsche überhaupt!), dazu ein Deckblatt erstellen (sollte optisch ansprechend sein!) und das Ganze natürlich in vorgeschriebener Schriftart mit Schriftgröße 11,5 und mit Zeilenabstand 1,5 im praktischen Blocksatz. Dass man außerdem noch Zeit für Gruppenarbeiten oder Teampräsentationen hat (immerhin sind Ferien!), versteht sich dabei von selbst. Warum also nicht mehrmalige Treffen (pro Tag!) mit seinen Teammitgliedern? Bei der Gelegenheit sollte man sich natürlich durchaus die Mühe machen, in die Stadtbücherei zu fahren, besser noch in die Unibibliothek, egal, wie weit die weg ist. Man hat ja Zeit. Es sind Ferien!

Aber mal im Ernst: Ist es wirklich so abgrundtief erschütternd, wenn man in den Ferien lesen muss? Auch wenn es sich bei der Lektüre um Schiller, Lessing, Goethe oder einen anderen längst vermoderten Schreiberling handelt?

Mediziner sämtlicher Fachrichtungen (inklusive Urologie und Hals-Nasen-Ohren) stimmen übereinstimmend darin überein, dass Lesen *nicht* die Gesundheit gefährdet. Es sei denn, man liest immer nur im Dunkeln. Oder nachts. Und ohne Licht. In diesen Fällen – die Untersuchungen lassen nur einen Schluss zu – führt Lesen zu Augenkrebs und macht außerdem keinen großen Spaß.

Ansonsten ist Lesen wie Küssen: Es führt weder zu Blähungen (auch als Gesäßhusten bekannt) noch zu Verstopfungen, Magersucht oder Fettleibigkeit. Das Einzige, was Lesen wirklich gefährdet, ist die Dummheit, eine scheinbar unausrottbare Krankheit, vergleichbar mit Lepra, Pest, Herpes, Geilheit oder Schnupfen.

Irgendwelche Affen haben vor 1.000 Jahren die Theorie aufgestellt, dass jemand, der viel liest, auch besser schreiben kann. Und dass jemand, der viel liest, seine Fantasie deutlich weiter entwickelt als jemand, der eine tief gehende, mehr oder weniger erotische Beziehung zu seinem Handy aufgebaut hat. All das ist natürlich Unfug, weil es vor 1.000 Jahren noch überhaupt keine Handys gab.

Sätze, Seiten & Spass

Viele moderne Schüler gehen mit Büchern total souverän um – nämlich gar nicht. Wer weiß auch schon, wie sich diese verdammten Bücherteile bedienen lassen? Da kann man stundenlang nach einer entsprechenden Buch-Lese-App suchen, aber es gibt einfach keine, was sowohl ärgerlich als auch frustrierend ist.

Gerade Schüler, die es von zu Hause aus nicht gewohnt sind, mit Büchern umzugehen, sind fraglos und mit Recht völlig überfordert, wenn ihr Deutsch- oder Englischlehrer auf einmal mit einer »Lektüre« daherkommt. (Hinweis: Bücher heißen in der Schule nicht Bücher, sondern Lektüren. Das klingt wichtiger. Bücher lesen kann jeder! Lektüren hingegen kann man nur unter Aufsicht oder Anleitung eines aus- und eingebildeten Pädagogen lesen, der seinerseits schon wenigstens ein, gegebenenfalls auch zwei Bücher versehentlich durchgeblättert hat.)

Der Unterschied zwischen Buch und Lektüre ist für ungeübte Leser nicht auf den ersten Blick erkennbar. Lektüren arbeiten aber, anders als normale Bücher, mit Zeilennummern. Immerhin handelt es sich um Werke, die von Schulbuchverlagen hergestellt wurden. Und nur Schulbuchverlage, niemand sonst, verstehen sich auf die Kunst der Zeilennummerierung.

Werden solche Lektüren im Unterricht behandelt und du kommst auf die Idee, dich mit einem Beitrag in die Diskussion einzuschalten, wird dein Lehrer entweder nicken oder den Kopf schütteln und in beiden Fällen nach einem »Textbeleg« fragen. »Textbeleg« ist dabei nicht zu verwechseln mit »Textbelag« – im letzteren Fall ist das Papier dreckig, zurückzuführen auf schmierige Hände. Mit Textbelag ist nicht zu spaßen: Es kann zu Karies und Parodontose führen, und im schlimmsten Fall hilft auch Putzen nicht mehr weiter, sondern nur noch Wegwerfen. Geht es allerdings um einen Text*beleg*, bist du gezwungen, deine Aussage mit irgendeiner Zeile zu »beweisen«, um zu verdeutlichen, dass du den Text verstanden hast und nicht, wie üblich, irgendwelchen sinnfreien Brei in die steril gepflegte Klassenraumlandschaft plauderst.

Bei fremdsprachlichen Lektüren findest du neben den Zeilennummern auch noch »Anmerkungen«, entweder direkt unten auf der Seite oder am Ende des Textes. Kleine Nummern im Text halten dich unaufdringlich und zärtlich dazu an, deinen Blick zur »Anmerkung« schweifen zu lassen, weil du in deiner enormen Doofheit ansonsten wohl kaum in der Lage wärest, die Inhalte wirklich angemessen zu verstehen. Kommt also in einem englischen Text das ungewöhnliche Wort »cat« vor, wird dir die Anmerkung alle Augen mehrfach öffnen: »Cat – a pet that makes miau and is not happy when you stand on its schwanz.«

Sicherheitshalber wird auch Schwanz erläutert: »Schwanz – a thing that can go up when a boy is geil.«

Und auch »geil« wird erläutert: »Geil – feeling of extreme Geilheit when a boy sees a sexy girl or a girl a shop for shoes.«

Es kann schon mal vorkommen, dass eine Lektüre mehr Anmerkungen hat als eigentlichen Text, was das Lesevergnügen erheblich stören kann, vor allem, weil die Seiten ohnehin schon vollgestopft sind mit anderen Buchstaben.

Hinweis: Buchstaben – die schwarz gedruckten Symbole – ergeben, wenn man die richtige Kombination herausfindet, sogenannte Wörter, aus denen sich dann, im Idealfall, Sätze ergeben, wobei diese Sätze wiederum eine Art »Story« produzieren. Allerdings ist es dabei notwendig, stets von links nach rechts zu lesen und von oben nach unten. Ist eine Seite zu Ende, so ist es bei vielen Büchern (und Lektüren) üblich, dass die »Story« auf der Folgeseite ihre Fortsetzung findet. Hierzu ist es zwingend erforderlich, das Konzept des in Fachkreisen als »Umblättern« bezeichneten Vorganges einwandfrei zu beherrschen. Eigentlich eine simple Angelegenheit, an der aber viele Schüler scheitern, da sie mit dem Konzept von Buchstaben, Wörtern, Sätzen und Seiten nicht umgehen können. Solltest du in diese Kategorie der Leseunfähigkeit fallen, ist es zwingend erforderlich, dass du a) schnellstmöglich den Lesebeauftragten deiner Schule aufsuchst, der aber ohnehin keine Zeit hat, und b) dieses Buch (ja, genau: Dieses hier! Welches du jetzt gerade in diesem Moment zu lesen versuchst! Diese völlig lahme, literaturlose Laberei!) in die Ecke klatschst oder es mit einem Saunagang im Backofen erfreust.

Falls du mit Büchern allerdings eher weniger Probleme hast und sie vielleicht sogar »magst« (irre!) – umso besser! Wer lesen kann, ist stets und klar und immer im Vorteil gegenüber desinteressierten Kleiderständern, die ihren Kopf nur haben, um zu vermeiden, dass bei Regen kein Wasser in den Hals tropft.

Leider neigen einige Lehrer mit der Auswahl der Lektüren dazu, die Lesefreude ihrer Schüler auf Negativniveau zu senken. Sprich, sie geben dir was richtig Ödes zu lesen, und/oder etwas, für das du längst zu alt bist. Selbst, wenn sie einmal, natürlich ohne jede Form von Absicht, etwas wirklich Spannendes gefunden haben, schaffen sie es immer wieder, durch ihren lächerlichen Unterricht und die albernen Arbeitsaufträge (Lesetagebuch!) jedes sich langsam aufbauende Gefühl von Spaß per pädagogischem Fußtritt in die Darmgegend zu katapultieren, von wo aus es bekanntlich nur noch einen ziemlich verzwickten Weg wieder ans Tageslicht gibt.

Das sollte dich aber nicht vom Lesen abhalten! Es müssen ja nicht immer Klassiker sein. Bestimmt hast du irgendwelche Hobbys oder Interessen. Diese Hobbys und Interessen finden sich mit etwas Glück auch in Romanen oder Sachbüchern wieder. Das Schöne daran ist, dass du die Dinger normalerweise noch nicht einmal selbst bezahlen musst. Eltern mit zumindest Ansätzen von Verstand freuen sich eine sprechende Giraffe, wenn du dich von Computer, Spielkonsole, Handy oder Fernseher erhebst und stattdessen langsam, aber sicher in die Welt der Lebenden, der Leser, aufsteigst.

Du glaubst gar nicht, mit was für einem Gefühl von Stolz Mama und Papa danach durch die Nachbarschaft rennen und jedem Deppen, der es ganz bestimmt nicht hören und lieber über das Wetter reden will, ins Ohr schreien: Er liest! Wahlweise auch: Sie liest! –Lesen ist nämlich für Jungs *und* Mädels geeignet. Manchmal, auch wenn es wirklich selten vorkommt, siehst du vielleicht sogar einen deiner Mitschüler in der Pause oder in einer Freistunde mit einem Buch in der Hand. Einem geöffneten Buch. Dieser sonderbare Geselle, sofern er sich nicht im Wachkoma befindet, ist mit der Tätigkeit des Lesens beschäftigt. Kein Grund, ihn oder sie zu mobben. Besser wäre: Nachmachen! Weil einfach jede Form von Ablenkung in der Schule eine sinnvolle Ablenkung ist. Hinweis: Telefonbücher, Wörterbücher und Klopapier eignen sich als Lesestoff nur in sehr geringem Maße und sollten mit Vorsicht und Respekt genossen werden.

Lesemuffel sind keine schlechten Menschen. Idioten sind sie trotzdem. Weil sie nicht peilen, dass sie etwas Wesentliches verpassen und dass Lesen (Vorsicht: Kitsch!) tatsächlich Türen in bislang unerschlossene und verborgene Welten öffnen kann. Dazu braucht es keine Schule. Schule kann, bei unfähigen Deutschlehrern, sogar das Gegenteil bewirken, dass man nämlich auf verborgene Welten keinen Bock mehr hat.

Hin und wieder, wenn Deutsch- oder Englischlehrern mal wieder nichts Gescheites einfällt und/oder die Zeit bis zu den Ferien noch elendig lang ist, kommt ihr seit Langem gehütetes pädagogisches Können voll zum Tragen. Ganz tief aus der didaktischen Trickkiste (Didaktik ist so was wie die mehr oder weniger spannende Wissenschaft des Den-Schülern-Beibringens) holen sie den Bodensatz schulischer Banalität, den allseits beliebten Buchvortrag, hervor.

Schüler der Unterstufe tragen anlässlich eines Buchvortrages meist stolz ein Buch nach vorne und glauben, das wäre es schon gewesen. Falsch geglaubt. Man soll, erstaunlich eigentlich, auch noch etwas über das Buch sagen können. Irgendetwas im Sinne von: »Dieses Buch hat 800 Seiten, daraus kann man schließen, dass es sich um ein dickes Buch handelt und dass viele Personen mitspielen, welche ich nun ganz besonders ausführlich beschreiben möchte, und zwar alle. Außerdem möchte ich darauf hinweisen, dass während meines Vortrages keinerlei Fragen erlaubt sind.«

Gut, vielleicht wirst du beim Hören der Vorträge deiner Freunde den einen oder anderen guten Tipp für zukünftigen Lesestoff bekommen, im Regelfall interessieren sie dich aber nicht die Bohne, was verständlich ist, da noch nicht einmal die Bohne selbst Interesse heuchelt, was auch mit der Art und Weise der »Präsentationen« zusammenhängen könnte.

→ Tipp 1: Sei nicht so schlecht wie deine Mitschüler!
→ Tipp 2: Das Buch, das du vorstellen willst, sollte vorher gelesen worden sein.
→ Tipp 3: Von dir!
→ Tipp 4: Eine Zusammenfassung des groben Inhalts, geklaut von Wikipedia, ist ein Zeichen von Erbärmlichkeit.
→ Tipp 5: Inhalt und Figurenerklärungen aus dem Internet klauen ist daher nur in Notfällen gestattet.

Unabhängig davon, ob du in den Ferien etwas für die Schule lesen sollst – Lesen geht praktisch immer. Das ist das Schöne an der Sache. Es ist nicht an Tageszeiten oder Orte gebunden. Lesen geht auch ohne Verpflichtungen. Es gibt nämlich Bücher, die gar nichts mit der Schule zu tun haben. Die man also quasi »freiwillig« liest. Und wenn du dich darauf einlässt, könnte es dir früher oder später sogar Spaß machen. Und vielleicht findest du sogar Möglichkeiten, dein durch Lesen erworbenes Wissen im Unterricht sinnvoll einzusetzen. In diesem Sinne: Entdecke die Möglichkeiten!

Berge, Meer & Mine

Vielleicht hast du das Glück, dass deine Eltern sich in den Kopf gesetzt haben, ihren missratenen Nachwuchs auf seinem schulischen Weg stärker zu fördern, und folglich auf den verdammt löchrigen Trichter kommen, dich ausgerechnet in den Ferien mit speziellen Ferienkursen zu konfrontieren.

Das Prinzip des Ferienkurses ist genauso beknackt, wie es sich anhört. Innerhalb der unterrichtsfreien Zeit soll demnach trotzdem Unterricht stattfinden, am besten in einem Lerncamp, wo du und 20 andere arme Schweine sich tagtäglich zum Beispiel mit lateinischen Vokabeln abplagen dürfen. Deine Eltern zahlen Geld, haben ein gutes Gewissen, und mit etwas Glück ist der Kurs noch nicht einmal in der Nähe, sondern irgendwo in den Bergen (Werbespruch: Landschaftlich reizvolles Lernklima! Geografische Höhen führen zu schulischen Höhen!), am Meer (Meeresbrise gibt dem Hirn genau den frischen Input, den es braucht!) oder in einer ehemaligen Kohlemine 2.000 Meter unter der Erde (Lernen mal anders!).

Nun ja – Schule in den Ferien klingt nicht gerade einladend, aber eventuell ist es trotzdem keine dumme Idee? Nichts gegen Freizeit (hat was!), aber gerade bei miesen Zensuren wäre es nicht schlecht, sich zu fragen, ob man nicht in den Ferien vielleicht ein klein wenig … Ließe sich zumindest mal drüber nachdenken.

Eine Alternative wäre natürlich ein Ferienjob. Macht den Aspekt »Freizeitgestaltung« nicht besser, wohl aber deinen Kontostand. Es soll sogar Eltern geben, sogenannte Horrorerzeuger, die so etwas von ihren Kindern regelrecht erwarten. Selbst wenn dies in deinem Fall nicht der Fall ist – etwas Kohle kann bestimmt nicht schaden, und außerdem zeigst du damit deinen Reifegrad. Je nach Alter lassen sich ziemlich coole Sachen machen: Selbst Nachhilfe geben zum Beispiel. Dabei kann man durchaus was lernen, über den Stoff und über sich selbst.

Natürlich kannst du dich auch im örtlichen Puff als Türsteher oder Gelegenheitsprostituierte verdingen. (Bietet tolle Chancen, neue Leute kennenzulernen!) Oder du hast Lust, irgendeiner alten Schabracke aus der Nachbarschaft den Rasen zu mähen beziehungsweise ihr beim Einkaufen zu helfen? (Da fällt bestimmt auch noch ein Kinderriegel extra ab!) Ansonsten vielleicht Babysitten? (Du kennst doch die nette Familie aus der Nachbarschaft mit den acht Kindern? Ja, genau, die mit dem Hautausschlag! Ganz reizende Menschen!) Unter Umständen bietet sich auch ein Job im Tierheim an. Irgendwer muss schließlich die Durchfallstation für Seniorenkatzen säubern! Bringt gutes Geld – vertreibt aber Freunde, selbst nach mehrmaligem Duschen.

Falls dir das alles trotz der offensichtlichen Vorteile nicht zusagen sollte: Ab ins Lernlager! Dieses lässt sich mit etwas Fantasie auch in den eigenen vier Wänden einrichten. Einfach ein paar Freunde einladen und quatschen, Filme gucken, Spiele spielen und … lernen!

Ach, klingt dir jetzt zu albern? Auch nicht alberner als die dauernde Null-Bock-Haltung.

Hast du einen Kumpel, der gut in Mathe ist? Und du selbst bist scheiße? Eine deiner Freundinnen ist super in Englisch? Du aber leider nicht? Was bitte spricht dagegen, wenn du diesen Kumpel oder diese Freundin einfach mal ansprichst – *auch* in den Ferien – und ihn oder sie fragst, ob man vielleicht gemeinsam lernen könnte? Ist ziemlich unwahrscheinlich, dass diese Person dir ins Gesicht spuckt.

Vokabeln lernen beispielsweise ist eine der stupidesten Angelegenheiten, die es gibt. Macht null Spaß und ist genauso aufregend, wie einem Zehennagel beim Wachsen zuzusehen.

Wozu hast du Freunde, wenn du sie nicht gebrauchen kannst oder willst? Ist ja nicht so, als würdest du Ausbeutung betreiben. Vielleicht könnt ihr euch sogar gegenseitig in verschiedenen Fächern unterstützen. Geht geilerweise sowohl innerhalb als auch außerhalb der Ferien und macht auf jeden Fall deutlich mehr Laune als entweder im stillen Kämmerlein zu hocken und über Selbstmord nachzudenken oder mit Mama/Papa zu »üben«. Ohnehin: »Üben« mit den Eltern ist selten eine Erfolg versprechende Angelegenheit und sollte verboten werden. Gleiches gilt für »Hausaufgaben vorzeigen« oder »Katzenklo putzen«.

17. KAPITEL

LEBEN IM ZEICHEN DER KRISE

Du lebst in schlimmen Zeiten. Wahrlich schlimmen und traurigen Zeiten. Dabei reden wir nicht über die Kriege im Nahen Osten. Auch nicht über politische Krisen am Arsch der Welt. Schon gar nicht über den Klimawandel. Die schlimmste Zeit aller Zeiten ist vielmehr deine eigene Zeit – die Pubertät.

Allein das Wort hat bereits einen abartigen Klang und klingt nach eitrigem Ausschlag am Hinterteil. Der Begriff ist aber nur halb so wild wie die dahinterliegende Praxis: Ab einem gewissen Zeitpunkt verschickt dein Körper ohne Ende Nachrichten (per WhatsApp, Snapchat et cetera) oder, etwas biologischer gedacht, er sendet Hormone an verschiedene Körperregionen (Sack, Vagina, Busen, großer Zeh, kleiner Zeh und so weiter) und macht denen klar, dass ab sofort Schluss mit lustig ist. Ab jetzt ist Pubertät.

Das Schöne daran ist, du merkst es noch nicht einmal, bis du eines Tages morgens in der 5. Stunde aufwachst und feststellst, dass irgendwas anders ist.

Deine Brustwarzen (bei Mädchen oder dicken Jungs) sind härter als üblich, dein Penis (bei Jungs, dick oder dünn) ist steifer als sonst, im Schambereich (Penis, Vagina) finden sich auf einmal Sachen, die da gestern noch nicht waren: Haare. Auf einmal haben alle Geschlechter tierische Lust darauf, sich wie Tiere zu benehmen und bei jeder Gelegenheit zu masturbieren. Auf einmal denken Jungs, dass Mädchen (beziehungsweise ihre Titten) ziemlich geil sind, und

Mädchen denken, dass Jungs zwar generell Idioten sind, aber gar nicht mal so übel aussehen.

Leider kommt man aber gar nicht so einfach an das andere Geschlecht heran, weil sich nämlich herausstellt, dass man gar nicht mal so gut aussieht. Mit der Pubertät breitet sich nämlich auch der vielfach gefürchtete Pickelwurm aus, dessen einzige Lebensaufgabe es ist, Pickeleier auszubrüten in der, leider falschen, Annahme, die Gesichtsoptik seines Wirtstieres damit zu verbessern.

Pickel & Pauken

Der Pickelwurm, ein an sich total sympathisches, eitriges Wesen mit Kuschelfaktor, verfügt selbst über abgrundtief hässliche, von Mitessern übersäte, brutal unreine und mit Fett überströmte Kraterlandschaften von Haut, was aber in der Welt der Pickeltiere als Zeichen von Schönheit gewertet wird.

Dass Menschen anders drauf sind, kann er nicht wissen, da er sich nie die Mühe gemacht hat, ihre Sprache und Gewohnheiten zu studieren, sondern voll und ganz damit beschäftigt ist, sich vor dem gefürchteten »Ausgedrücktwerden« zu schützen. Das Pickeltier, gar nicht blöde, weiß genau: »Es ist für mich die größte Schande, wenn ich denn am Spiegel lande.«

Schulen, die sich um die Optik ihrer Schüler sorgen, machen die Not zur Tugend und bieten im Rahmen des Sportunterrichts Pickelwettbewerbe an: Derjenige, dessen Pickel am weitesten spritzen, gewinnt entweder 100 Tafeln Schokolade oder einen Eimer Mayonnaise, um der Haut auch weiterhin genügend Nährboden für das Pickeltier zur Verfügung zu stellen.

Sobald deine Haut sich in ein Pickelfeld verwandelt, kannst du messerscharf schließen: Juchhe! Ich bin pubertär! Du befindest dich also in der großartigen Welt der Pubertät. Sogar dein Gehirn verändert sich. Deine Kopfform bleibt aber im Wesentlichen gleich, auch wenn sich langsam, aber sicher ein Gefühl von Hohlheit einstellen dürfte. Während des pubertären Desasters (verächtlich auch »Kinderwahn« genannt) werden im Gehirn verschiedene Regionen »umgebaut« – und dass auf einer Großbaustelle das Chaos regiert, ist nachvollziehbar. Es ist sogar felsenfest bewiesen, dass Jugendliche, die sich von heute auf morgen chaotisch verhalten, eigentlich gar nichts dafür können. Schuld ist einzig und allein der biologische Irrsinn in ihrem Kopfinnenraum.

Rein theoretisch wirst du auf diese Weise »reifer«, was dich aber ganz bestimmt nicht hindern wird, jede Menge Mist zu produzieren.

Ausgerechnet in dieser Phase des Umbaus von Körper und Geist, wo man ständig geil ist und alles will, und alles anders will, und Eltern ohne Unterlass nerven und ätzen, wo man keinen Bock auf nichts hat und am liebsten chillen will, wo man trotzdem Bock auf alles hat und Party, Party, Party braucht, wo man sich andauernd mit der Frage beschäftigt, welche Pickelcreme am besten hilft – ausgerechnet in dieser Phase verlangt Schule alles von dir.

Ausgerechnet in der Pubertät sind die Lehrpläne deiner Lehrer voll wie Sau; Umfang und Qualität des Unterrichtsstoffes nehmen in bedrohlichem Ausmaße immer mehr zu. Der als Entschuldigung für schlechte Leistungen gedachte Spruch »Sorry, bin in der Pubertät« funktioniert allerhöchstens bei Lehrern, die sich selbst noch im pubertären Umbruch befinden.

Chaos tangiert mich nur peripher!

Es hilft alles nichts: Du musst da irgendwie durch. Mit Pubertät oder ohne. Auch wenn dir sowieso alles egal ist – denn auch dies ist ein Markenzeichen pubertären Handelns: Alles ist irgendwie schnuppe. Und trotzdem sagenhaft wichtig.

Widerspruch? Klar! Aber es sagt ja auch niemand, dass die Biologie perfekt ist. Was will man schließlich von einer Wissenschaft erwarten, die sich ansonsten mit so spannenden Sachen wie dem Sexualleben von Kröten oder dem Brunftgesang von Hirschen beschäftigt?

Freude & Fun

Pubertät oder nicht – Lehrer gehen gemeinhin davon aus, dass du motiviert bist. Und zwar für alles, wobei unter »Motivation« im Wesentlichen die Abwesenheit von Demotivation zu verstehen ist. Mit Hilfe deiner Motivation bist du in der Lage, dich auf jedes noch so dämliche Thema nicht nur einstellen zu können, sondern es regelrecht zu lieben, inklusive der Feinheiten englischer Grammatik (Unterschied zwischen present perfect und present perfect progressive, den noch nicht einmal Engländer begreifen) und der Besonderheiten mathematischer Gleichungen im Bereich des unendlichen Nichts.

Schlimmer noch, Lehrer erwarten von dir »intrinsische« Motivation: Demnach sollst du ohne jeglichen Druck von außen (Zensuren, Strafen et cetera) richtig Bock haben, weil du einfach interessiert bist. Macht natürlich Sinn. Wer bitte wäre nicht interessiert an Schule, wenn er stattdessen gepflegt zu Hause abhängen, Freunde treffen oder daten könnte. Nicht wenige Schüler sagen klipp und klar, dass sie lieber das Klo putzen würden (auch unter dem Rand und notfalls mit bloßen Händen und unter Zuhilfenahme der Haare), als sich spätestens um acht Uhr morgens verzweifelt und hundemüde in die Bildungsbaracke zu begeben. *Würden* sie zumindest sagen. Aber bekanntlich werden sie gar nicht erst danach gefragt, weil sie bekanntlich »intrinsisch« motiviert sind.

Die meisten Lehrer verstehen dabei nicht, warum ausgerechnet *ihr* Unterricht eben nicht intrinsisch motivierend sein soll. Schließlich haben sie extra und unter großen Mühen die richtige Seite im Schulbuch gesucht, im Idealfall sogar gefunden und die zu erledigenden Aufgaben liebevoll vorgelesen.

(»Ihr lest dann mal Seite 193 und 194 und macht dazu die Aufgaben 1–3, 4–6 und 7a–7c, also alle, und die Aufgaben auf Seite 195, auch alle, auf Seite 196 könnt ihr das Schaubild abmalen und ordnungsgemäß beschriften und dann die Aufgaben 1–9 erledigen. Aufgabe 8 in Stichwörtern und Aufgabe 6b in einem Fließtext, der wie ein Zeitungsartikel aussehen soll. Fragen dazu? Nein? Gut. Wer damit fertig ist, kriegt Extraaufgraben.«)

Ein möglicher Kommentar deinerseits »Insgesamt finde ich das Thema nicht schlecht, aber ich bin leider heute intrinsisch nicht gut drauf« führt auch nicht in die Freistunde, sondern allerhöchstens zum lehrerigen Stirnrunzeln. Bedenke: Deine Meinung ist weder relevant noch gewünscht! Auch gehört es sich nicht, Fremdwörter zu benutzen, die von der Lehrkraft erst noch nachgeschlagen werden müssen.

Aber mal angenommen, dass du wirklich motiviert bist – erwartest du dies nicht auch von deinem Lehrer?

Sagen wir so: Einige Themen sind interessanter als andere, was für dich genauso gilt wie für deinen pädagogischen Dominus. Er findet vielleicht Thema A (Grundlagen des menschlichen Verdauungstraktes unter besonderer Berücksichtigung der Aufgaben der Leber) sagenhaft spannend

Also, ich finde jedes Thema interessant ...

und unterrichtet es sogar gerne, bei Thema B (Grundlagen der Ge-
schlechtsorgane von Haushamstern unter besonderer Berücksichtigung ihres Paarungsverhaltens), welches er blöderweise ebenfalls
unterrichten muss, geht ihm aber komplett die Puste aus. Kann sein,
dass er es einfach nicht mag. Oder dass er keine Ahnung hat und,
wie üblich, keinen Bock, sich einzuarbeiten, was bei einem Thema
wie zum Beispiel »Gleichgeschlechtliche Geschlechterstudien mit
Bezug auf die Literatur des Wilhelminischen Kaiserreiches« auch
nicht verwundern dürfte.

Auf jeden Fall hat er (so Gott will) Spaß an wenigstens einigen
Themen. Du (so Gott will) vielleicht auch. Mit etwas Glück habt ihr
sogar Spaß an denselben Themen. Wobei wir es mit dem Begriff
»Spaß« nicht übertreiben sollten. Wie allgemein bekannt ist, hat Spaß
mit Schule genauso viel zu tun wie Mensaessen mit Geschmack.

Da du ein Mensch bist, dein Lehrer theoretisch auch, gibt es Dinge, die du magst und solche, die du verabscheust. Das Verabscheuen
kann aber häufig auch damit zusammenhängen, dass du Dinge einfach nicht verstehst, was wiederum entweder mit deinen eigenen
geistigen Defiziten oder den pädagogischen Unfähigkeiten deines
Lehrers zu tun hat.

An sich spielt es aber keine große Rolle, ob du Dinge magst oder
nicht. Auch wenn Optimisten anders denken mögen: Das Leben
kann manchmal ganz schön hart sein und ist nicht gerade nur mit
Fun und Freude gepflastert. Schon gar nicht in Zeiten von Mitessern und Pickeln.

Brot & Dose

Da, wie bereits erläutert, in Fachräumen nicht gegessen werden darf
und in AUR (Allgemeinen Unsauberen Räumen) allerhöchstens
während der fünfminütigen Winzpausen, sofern es diese über-

haupt noch gibt – einige besonders moderne Schulen haben ihren Zeitplan »reformiert« und die kleinen Pausen einfach mal rausgeschmissen –, ist für Nahrungsaufnahme kaum noch Luft. Weil Pausen generell überflüssig sind und den Unterrichtshergang stören könnten.

Wer dringend pinkeln muss, kann dies schließlich auch über, unter oder neben dem Waschbecken erledigen bei Verwendung entweder des Beckens selbst oder eines eigens zum Zwecke der Urinaufnahme mitgebrachten Behälters beziehungsweise seiner – vorher geleerten – Brotdose. Bei größeren »Erledigungen« gilt es eben zu warten bis zur »Großen Pause«.

Dass es sich hierbei um einen Euphemismus handelt, sollte klar sein, denn groß ist an der großen Pause mal gar nichts, außer die Schlange vor der einzigen Kasse der Cafeteria, welche aber eher lang statt groß ist, an der wie immer eine Dame arbeitet, die weder deine Sprache spricht noch über Grundfähigkeiten im Umgang mit Geld und einer Kasse verfügt, was daran liegt, dass sie nicht mehr die Jüngste ist und es aus ihrer Jugendzeit gewohnt ist, Tauschhandel mit Muscheln zu betreiben.

Überleg mal, was du alles in einer »großen Pause« erledigen musst: Pinkeln, sofern dies noch nicht während des Unterrichts geschehen ist. Gegebenenfalls auch »richtigen« Stuhlgang betreiben (»einen abseilen«), irgendwas essen (Brotdoseninhalt oder irgendwas vom Cafeteria-Mensa-Kiosk-Ausbeuterladen), mit Freunden sprechen, die in einer anderen Klasse ihre Zeit verplempern, irgendjemanden angraben, anbaggern oder anflirten. Vielleicht noch eine Zigarette rauchen. Irgendeinen dämlichen Wisch bei irgendeinem dämlichen Lehrer in der verseuchten Umgebung des Lehrerzimmers abgeben. Bei irgendeinem Streber-Schleimer-Gesellen Hausaufgaben für die nächste Therapiesitzung abschreiben.

Soll heißen: Große Pause ist vor allem eines: großer Stress!

Da versteht es sich, dass man wenigstens in der Mittagspause ganz gepflegt was zwischen die Beißer braucht. Man will sich hinsetzen, etwas Leckeres essen und sich dann von einem sexy Typen oder einer heißen Maus den Bauch massieren lassen.

Die Realität sieht natürlich geringfügig anders aus. Man könnte auch sagen, völlig anders. Nachdem du nämlich sechs Stunden Terrorherrschaft überlebt und dich in die Mensa deines Vertrauens bewegt hast – sofern deine Schule überhaupt über etwas derartig Modernes verfügt und die einzige Nahrungsquelle nicht doch das Hausmeisterbüro ist, wo der Blaukittelträger für horrende Preise ranzige Bockwürste mit ohne Senf verscherbelt –, wirst du sofort feststellen, dass an schnellen Service (oder Service überhaupt) nicht zu denken ist.

Egal, wie früh du bist: Verlumpte Dreckskinder aus den unteren Klassen sind schon vor dir da. Außerdem hat der ganztägig geöffnete Kindergarten um die Ecke leider keine Futterkrippe, sodass die Stadt beschlossen hat, die plärrenden Babyblagen eben in der Schule zu füttern. Da aber deine von Mama mit Liebe gefüllte Brotdose längst Verwesungserscheinungen aufweist, bleibt außer dem Gang in die Kantine des Grauens keine andere Möglichkeit.

Laut »Menü« (allein das Wort ist zumeist eine Frechheit!) gibt es jeden Tag etwas anderes. Montag Pizza, Dienstag Pommes mit Burger, Mittwoch Burger mit Pommes, Donnerstag Burger mit Pizza und Pommes und Döner und Freitag Fischstäbchen mit Pommes und Pizza. Klingt eigentlich gar nicht mal so schlecht. Tatsächlich aber – und hier holt uns die Realität wieder ein – gibt es jeden Tag Hühnerfrikassee mit Reis und Möhren, wobei man nicht wirklich unterscheiden kann, was auf dem Teller nun Huhn, was Reis und was Möhren ist. Es handelt sich dabei, so die Kantinentante, natürlich um ein »bereits vorgegessenes Produkt, hergestellt aus rein biologischen Lebensmitteln«, welche allerhöchstens drei oder vier, mindestens aber zwei Monate über dem Verfallsdatum liegen. Getreu dem Motto: »Was mich nicht umbringt, macht mich härter.«

Die meisten Zutaten von Mensagerichten sind entweder bereits verboten oder stehen auf der vom Bundesgesundheitsministerium unter Verschluss gehaltenen Liste für »besonders rasch wirkende toxische und für den Verzehr in jeder Hinsicht ungeeignete Stoffe«.

Da aber auch ein Mensabetrieb finanziert werden muss, wird eben vom Mensakoch ein wenig »improvisiert«. So kann es sein, dass es montags Hühnerfrikassee gibt und für den Rest der Woche dasselbe noch mal, dann aber unter anderen Namen wie »isländische Rinderbrühe«, »knackiger Reis-Eintopf mit saftigem Fleischersatz« oder, wenn der selbst ernannte Koch (im wirklichen Leben übrigens meist ein Chemielehrer im Ruhestand) einen besonders kreativen Tag erwischt hat, »Möhrenmansche mit Reisbröckchen«.

Egal. Du hast Hunger. Der Magen knurrt auf Staubsaugerlautstärke. Die nächste Dönerbude ist mindestens zehn Kilometer entfernt. Verlassen des Schulgeländes ist sowieso nicht erlaubt. Noch nicht mal in der Mittagspause. Es sei denn, du täuschst einen Schlaganfall vor. Oder eine Schwangerschaft. Oder Übelkeit. Was angesichts von Möhrenmansche mit Reisbröckchen nicht mal eine besonders hochwertige schauspielerische Leistung darstellen dürfte.

Mensaessen? Kannst vergessen!

Du hast Hunger. Also schaufelst du den Mist in dich hinein. Wenigstens kannst du dabei entspannen. Ach, nein, doch nicht. Um dich herum sitzen schließlich 100 andere Leute, darunter viel zu viel von dem kleinen Gesockse aus jüngeren Klassen. Diese Babys gehen auch beim Essen ihren Lieblingshobbys nach: Durch die Gegend rennen und dabei laut schreien.

Noch lauter schreien nur die wenigen Lehrer, die sich aufgrund finanzieller Engpässe ebenfalls in die Kantine verirrt haben, verwirrt gucken, und eigentlich auch nur eines wollen, Ruhe nämlich. Und was zu essen. Was Richtiges. Gibt's aber nicht. Schade eigentlich. Es gibt ja noch nicht einmal genügend Sitzplätze – zumindest nicht für Lehrer, was sie in besonders mutigen (oder verzweifelten) Momenten dazu verleitet, sich mit an einen Schülertisch zu setzen. Da geben sie sich also den ganzen Vormittag ohne Ende Mühe, zwischen sich und dem grauenerregenden Gesindel ordentlich Distanz aufzubauen, und sind auf einmal doch gezwungen, dessen Nähe zu suchen.

Immerhin führt die Anwesenheit eines Lehrers am Schülertisch meistens zu ziemlicher Schweigsamkeit aller Beteiligten. Irgendwie fühlt sich jeder unwohl, was nicht nur am Essen liegt.

Als Schüler mit zumindest Basiswissen in Sachen höfliches Verhalten solltest du trotzdem ein Gespräch anfangen, wenn schon der einzige Erwachsene am Tisch (mit etwas Pech gesellen sich noch seine Kollegen dazu) dafür nicht den Mumm findet. Frag ihn einfach, ob er gestern die Nachrichten gesehen hat und ob er sie kurz kommentieren könnte. Wäre echt freundlich … und so. Zumin-

Was mich nicht umbringt, macht mich härter.

dest bei Politiklehrern, die sich tatsächlich auskennen, führt dies zu 30 Minuten einschläfernder Langeweile. Aber immerhin bleibt es ansonsten ruhig. Außerdem lenkt das demente Geschwurbel von der »Qualität« der tierisch-pflanzlichen Abfallprodukte auf deinem Teller ab.

Viele Schüler, die jahrelanges Mensaessen, mit oder ohne Lehrer, überstanden und überlebt haben, berichten am Ende ihrer Schulzeit nicht ohne Stolz von Magengeschwüren in der Größe von Golfbällen und der Zerstörung sämtlicher Geschmacksnerven, womit klar bewiesen ist, dass Mensaessen genauso zum Erwachsenwerden gehört wie der erste

Pickel und der erste Orgasmus. Ob alle drei Stationen allerdings in gleichem Maße freudenerzeugend sind, bedarf zweifellos eingehenderer Untersuchungen.

Nötiges & Narren

Du lebst in einer Leistungsgesellschaft. (Aber erzähl das bloß nicht dem Mensakoch, sonst kauft der sich allen Ernstes noch mal ein Kochbuch und versucht sich an richtigen Rezepten.) Demnach ist es deine Aufgabe, Leistung zu bringen, um somit Teil der Gesellschaft zu werden, oder, wenn du viel Leistung bringst, zum Leistungsträger zu werden und irgendwann die Gesellschaft zu regieren.

Schon möglich, dass dir die Gesellschaft momentan ganz gekonnt den Arsch lecken kann – mit ihr klarkommen musst du trotzdem irgendwie, ihre Wertvorstellungen verstehen, lernen, wie man in ihr ein gutes und erfolgreiches Leben führen und sich selbst trotzdem treu bleiben kann. Erstaunlicherweise gibt es nur wenige Firmen, die sich um Schüler reißen, die nach der 7. Klasse die Schule abgebrochen und beschlossen haben, auf »eigenen Beinen« zu stehen. Gegen Letzteres spricht nur wenig. Mal abgesehen davon, dass diese Beine ganz schön klapprig sein dürften. Ein solcher Schüler wird allerhöchstens für Drecksarbeit eingestellt. Falls dies also dein Ziel sein sollte – der Aufwand ist ziemlich gering.

Vielen Schülern fehlt es, eventuell auch aufgrund pubertärer Störungen in der jeden Tag matschiger werdenden Rübe, an klaren Vorstellungen für ihre Zukunft. Einige glauben tatsächlich, sie könnten mit mehr oder weniger ausreichenden Zensuren Medizin studieren, oder Informatik, oder würden einen hoch bezahlten Millionenjob in einer internationalen Großbank ergattern, oder könnten mal einfach so bei Google oder Facebook durchklingeln.

Die Dinge laufen anders.

Wer in der Schule keine Leistung bringt, dem wird im Berufsleben häufig noch nicht einmal eine Chance gegeben, egal, wie gut er vielleicht trotzdem sein könnte und wie sehr er sich wünscht, in einem bestimmten Beruf zu arbeiten. Firmen und Behörden schauen sich das Abgangszeugnis an – taugt das nichts, wird's halt nichts.

Gleiches gilt für ein Studium: Für viele Fächer brauchst du heutzutage einen bestimmten Notendurchschnitt, der ganz bestimmt nicht bei 4,0 liegen dürfte. Ist der gewünschte Wert nicht gegeben, hat sich die Sache für die Uni erledigt und man wünscht dir per Formbrief »viel Erfolg für die Zukunft«.

Die Schulzeit vollkommen ohne Not zu verschwenden ist neben dem Stochern in einer Steckdose so ziemlich die närrischste Sache, die man machen kann, und wird nur noch überboten vom Spielen mit einem eingeschalteten Föhn in der Badewanne.

Ketchup & Majo

Genau das ist aber das nachvollziehbare Problem: In einem Alter, wo du schlicht und einfach andere Sachen als Schule im Kopf hast, sollst du bereits für die Ewigkeit planen und am besten schon am Ende der Grundschule eine klare Berufsperspektive (Favoriten bei Grundschülern: Pilot, Tierarzt, Feuerwehrmann, Polizist, Hartz-IV-Empfänger) haben, auf die du in den kommenden Schuljahren gnadenlos und mit jeder Menge Leidenschaft hinarbeitest. Rein theoretisch wäre dies sehr praktisch. Funktioniert aber höchstens bei einem Prozent aller Schüler.

Mal unabhängig davon, in welcher Klasse du gerade bist: Weißt du bereits, was du mit dem Rest deines Lebens anstellen wirst und willst? Nein? Keinen Schimmer? Null Check? – Typisch. So geht es ziemlich vielen deiner Mitschüler. Außer natürlich den besonders fettleibigen Personenkreisen. Bei denen ist ein Job als Diätberater in der Fast-Food-Branche oder als Bauch-Beine-Po-Masseuse in einer Sahnetortenfabrik bereits sicher gebucht.

Trotzdem ist es vielleicht keine schlechte Idee, sich Gedanken zu machen. Lieblingsfach Physik? Versuch es doch mal mit einer Internetrecherche und finde heraus, in welchen Berufsfeldern man etwas mit Physik machen kann. Als Erstes fällt einem hier natürlich Physiklehrer ein – aber dein Ziel ist es ja, eine lebenswerte Zukunft zu haben.

Du magst Englisch, trinkst außerdem gerne Tee und hast keine Ahnung von guten Essgewohnheiten? Prima! Dann werde doch Engländer! Engländer werden vor allem in England immer gesucht, mit Abstrichen auch in englischen Kolonien wie Australien, Neuseeland, Amerika oder Südwestösterreich. Kannst natürlich auch Englischlehrer werden … aber das hatten wir schon. Du solltest dir für deine Zukunft wirklich etwas Vernünftigeres überlegen – und Leute, die im Park Blätter kehren, werden gerade im Herbst immer gesucht!

Liegen deine Fähigkeiten eher im künstlerischen Bereich? Du malst gerne Bilder von nackten Personen, nackten Personen in verschiedenen Landschaften oder ganz einfach auch nur Blumenvasen auf einem Tisch, auf dem nackte Personen liegen? Was bietet sich also mehr an als Bäckereifachverkäuferin? Ein toller Beruf auch für Jungs! Du kannst außerdem die Farben Rot und Weiß unterscheiden? Umso besser: McDonald's und Burger King werden auch in Zukunft händeringend nach Leuten suchen, die die entscheidende Frage eines Verkaufsgespräches stellen können: Ketchup oder Majo?

Oder ist dir das zu anspruchsvoll? Wie wäre es dann mit Schreiben? Wenn du ein Fach wie Deutsch magst, wäre es doch lohnenswert, es mit der Welt der Bücher aufzunehmen und Bücher wie dieses hier zu schreiben! Du wirst dir auf jeden Fall um Geld nie wieder Sorgen machen müssen, lebst in mehreren Villen auf verschiedenen karibischen Inseln und hast allein schon unter der Matratze so viel Bargeld versteckt, dass du damit ganze Staaten kaufen könntest.

Hin und wieder, man mag es kaum glauben, kann Schule dir tatsächlich helfen, deine Zukunft zu planen – du musst lediglich ein wenig selbst denken. Und komm um Gottes willen nicht auf die Idee, einen deiner Lehrer zu fragen, was er oder sie denkt. Erstens hat er keine Zeit für Gespräche über die Zukunftsplanung anderer Leute, es reicht schließlich schon, dass er seine eigene Zukunft konsequent in die Tonne gekloppt hat, und zweitens hält er eine Zukunft außerhalb der Schule ohnehin für fragwürdig, da er selbst in der normalen Welt nicht existieren könnte und nicht verstehen kann, dass es Menschen gibt, die sich dieser Gefahr freiwillig aussetzen wollen.

Pizzas & Eskimos

Anders als Lehrer haben viele Eltern hingegen durchaus ein Interesse an deiner Zukunft. Unter Umständen, weil sie dich gern haben und vielleicht sogar, in Ausnahmefällen, lieben, was aber wirklich selten vorkommt.

Einige Eltern sähen es gerne, wenn ihre Kinder in ihre Fußstapfen träten, unabhängig davon, ob diese Stapfen vielleicht doch eine Spur zu groß oder zu klein geraten sind. Scheiß drauf! Niemals, absolut niemals, solltest du dir von deinen ehemaligen Windelsklaven eine berufliche Zukunft »aufdrängen« lassen. Auch wenn deine Eltern beruflich Tiefkühlpizzen an Eskimos oder Wärmestrahler an Saharabewohner verscherbeln, ist dies noch lange kein Grund, ebenfalls in diese Welt einzutauchen.

Es gilt: Bringe Leistung, entscheide selbst, lebe dein eigenes Leben! (Für diesen ungewöhnlichen Ratschlag hat der Autor dieses Werkes 100 Prozent mehr Kohle bekommen, weil vor ihm noch nie einer darauf gekommen ist. Schade eigentlich. Viel Unheil hätte vermieden werden können!) Um aber dein eigenes Leben so leben zu können, wie du es möchtest, und vielleicht einen beruflichen Traum zu verwirklichen, ist schulische Leistung genauso notwendig wie das tägliche Zähneputzen oder Onanieren.

Ob du willst oder nicht, auf Dauer ist das Erbringen von Leistung unvermeidlich. Hat übrigens nicht nur zukünftige Vorteile: Lehrer, die leistungsbereite Schüler sehen (selbstverständlich intrinsisch motiviert), freuen sich und finden neuen Lebensmut! So betrachtet rettest du nicht nur deine eigene Existenz, sondern auch noch diejenige deiner pädagogischen Wandelmasse, egal, wie kümmerlich diese auch sein mag.

18. KAPITEL

SOZIALER MARKTPLATZ

Schule bietet mehr als nur Lehrer, Leistung und Leid. Schule erlaubt dir, alte Freunde zu treffen, neue Freunde zu finden, dich vielleicht in jemanden zu verlieben, Beziehungen einzugehen, dich wieder zu trennen und ihn oder sie ab sofort bis an dein Lebensende zu hassen. Kurz: Schule ist ein Ort sozialer Kontakte. So was wie Facebook und WhatsApp und Skype und Instagram und Tumblr und Twitter in einem. Nur eben in real. Direkt zum Anfassen.

Dass du an diesem Sozialleben teilnehmen möchtest, ist irgendwie logisch. Nur wenige Schüler ziehen es vor, den ganzen Tag alleine zu verbringen und in den Pausen einsam auf einem Treppenabsatz neben den Lehrertoiletten zu kauern in der Hoffnung, doch endlich einmal von irgendjemandem wahrgenommen und angesprochen zu werden. Nicht selten sieht man diese Schüler mit jemandem reden, obwohl beim besten Willen niemand in der Nähe ist. Hierbei handelt es sich um eine ganz normale zwangsneurotische Störung, die keinerlei Behandlung bedarf.

Es zeigt sich aber: Soziale Kontakte und Freundschaften sind nicht einfach »da«, sondern müssen sich entwickeln. Gerade in Klassen, die sich neu zusammensetzen, ist es für dich wichtig, ein »Standing« zu erwerben, eine Stellung innerhalb der Hackordnung der Klasse.

So kannst du dich zum Beispiel bewusst entscheiden, ab sofort für alle Beteiligten der »Clown« zu sein. Als solcher darfst du zu jedem Scheiß einen besonders »witzigen« Kommentar abgeben, am liebsten ungefragt. Du darfst zappeln und hampeln und besonders alberne Grimassen machen. Damit steigt zwar vieles, nicht aber dein Beliebtheitsgrad. Falls dir das Clownesque nicht liegt, weil du schlicht und einfach null witzig bist, bietet sich auch die Arschlochrolle an. Allerdings ist diese Rolle schwierig auszufüllen und führt dazu, dass dich keiner mag, noch nicht mal ein ausgestopfter, offensichtlich toter Iltis in der Biologiesammlung.

Prinz und Prinzessin

Selbstverständlich kannst du dich, als Junge, auch um eine Position als Aufreißer bewerben. Dies bringt zwar deine Zensuren nicht auf Vordermann, durchaus aber dein Liebesleben. Quatsch einfach jedes halbwegs hübsche oder hässliche Mädel an, geh mit ihr aus, knutsch mit ihr rum, und lass sie dann wieder fallen.

Aufreißer sind stets männlich; bei Mädchen hingegen kommt der Begriff »Prinzessin« zum Tragen. Als Prinzessin ist es wichtig, jeden Tag absolut perfekt gestylt zum Unterricht zu erscheinen. Perfektes Make-up. Perfekte Haare. Perfektes Alles. Bad-Hair-Days gibt es für dich nicht. Klamotten stets passend zum Make-up und sonstigen Accessoires. Blaue Fingernägel, blaue Ohrringe, blaue Turnschuhe. Rosa Handtäschchen. Wenn möglich von Yves Saint-Laurent oder wenigstens vergleichbarer Billigschrott aus Bangladesch. Ein kurzer Rock geht immer, auch bei −30 Grad und Schneesturm. Mindestens zehn Zentimeter Schminke im Gesicht sind außerdem Pflicht.

Dein hauptsächlicher Job ist es, besser auszusehen als jedes andere Mädchen (sind eh hässliche Fotzen!) in der Klasse (am besten der ganzen Schule) und jedem Jungen, egal, wie interessant oder uninteressant er ist – also auch dem schweigsamen Typen mit den Pickeln und dem Bierfass, das er Bauch nennt, der sich in seiner

Freizeit ausschließlich mit Computern beschäftigt –, ein Sabbern auf die Visage zu zaubern.

Als »Prinzessin Oberstufe« wird sich dein Äußeres sicherlich auch auf deine Zensuren auswirken, ein schöner Nebeneffekt! – zumindest bei männlichen Lehrern über 50, die noch bei ihrer Mutter wohnen und Hemden mit ulkigen Hawaiimotiven tragen, die witzig aussehen sollen, es aber nicht tun.

Das Tolle an einer solch adligen Existenz: Ein Intelligenzquotient unter Zimmertemperatur, gerne auch einstellig, ist völlig ausreichend. Was du sagst und denkst, ist für niemanden von Bedeutung, da dir jeder Mensch mit Penis oder Penisansatz ohnehin nur auf die Brüste oder den Hintern starrt. Das fürchterlich anstrengende Konzept des »Denkens« hat sich also für dich erledigt. Kann zum schulischen Überleben ausreichen. Muss aber nicht.

Als Prinzessin bist du nicht nur Mitglied (und zwar einziges Mitglied) im Prinzessinnenklub, sondern außerdem Vorstands-

vorsitzende der Gossip Girls. Als Gossip-Girl-Prinzessin-Tussi-Lackhuhn hast du jedoch einige Verpflichtungen. So musst du ohne Unterlass lästern, vor allem über andere Mädchen, und benötigst außerdem eine deutlich hässlichere »Freundin«, die dir deine Sachen hinterherträgt, selbst aber natürlich nicht Mitglied im Klub sein darf.

Problem der Prinzessinnen-Sache: Andere Mädchen werden dich entweder beneiden oder aber dir die Augen auskratzen wollen oder beides.

Problem der Aufreißer-Sache: Andere Jungs werden dich beneiden, alle Mädchen, die dich noch nicht hatten, werden dich wollen. Alle anderen werden dich hassen. Und clevere Mädchen wollen mit dir ohnehin nichts zu tun haben, es sei denn, du kannst deine Optik mit entsprechenden IQ-Werten kombinieren.

Sein und Tun

Intelligenz schadet deinem Standing nicht die Bohne. Deine Mitschüler, wenn sie nicht gerade über das Hirn einer Küchenschabe verfügen, werden dich deshalb nicht weniger mögen. Intelligenz spricht nicht gegen Beliebt-Sein, sondern kann im Gegenteil ganz schön sexy wirken. Nur solltest du deine Intelligenz nicht heraushängen lassen. Kein Mensch steht auf Klugscheißer.

Sei einfach jemand, auf den sich andere verlassen können. Ein guter Freund. Eine gute Freundin. Ein netter Mensch. Hilfsbereit. Vertrauenswürdig. Verlässlich. Mit klaren Meinungen, die du dich auch zu äußern traust. Innerhalb und außerhalb des Unterrichts. Sei kein Mitläufer. Be different! Finde einen eigenen Stil.

Was nicht heißen soll, dass du dich in einen Emo-Jünger oder ein Gothic-Babe verwandeln und deine Tage damit zubringen sollst, zu jammern, zu heulen, zu weinen, rumzumädeln, schwarze Kutten spazieren zu tragen und abends deine Hausaufgaben auf dem Friedhof zu erledigen, wo du, da du eh schon da bist, auch gleich bei schwarzem Kerzenlicht den Fürsten der Finsternis wimmernd anflehst, doch endlich deinen Beliebtheitsgrad zu erhöhen.

Das lass mal lieber. Denn was ist noch mal der Unterschied zwischen einem überfahrenen Emo und einem überfahrenen Igel? – Vor dem Igel sieht man eine Bremsspur …

Schläger und Schlampen

Vielleicht aber möchtest du lieber Chiller sein? Hierzu musst du nichts anderes tun, als immer lässig zu gucken, und bist aufgrund deiner Relaxtheit nicht gezwungen, dich im Unterricht in irgendeiner Form einzubringen. Deine betont lockere Körper- und Geisteshaltung (sofern genügend Geist vorhanden) nötigt allen anderen Mitschülern enorme Ehrfurcht ab, sodass sie am liebsten genauso wären wie du, wobei sie gar nicht merken, dass dieses bemühte Wollen bereits total unchillig und damit scheiße ist.

Falls du ein eher offener Typ bist, bietet sich freilich auch die Rolle als Schlägertyp an. In Ausnahmefällen können auch Mädchen diesem Typus zugerechnet werden – in diesem Fall sprechen wir von »Aggroschlampen«. Als Schlägertyp/in ist es vornehmlich deine Aufgabe, Streber und Schleimer und alle Leute mit Brillen (auch Schulsekretärinnen, Hausmeister und Lehrpersonal sind davon nicht ausgenommen) an die Wand zu klatschen und von allen Mitschülern, die zu blöd sind, wegzulaufen, Geld fürs Mittagessen zu erpressen.

Als Schläger (beziehungsweise Aggroflittchen) hat man ein anstrengendes Leben, da Mitschüler immer wieder Gewaltaktionen steigender Intensität erwarten. Werden diese nicht erfüllt, kann es schnell sein, dass man von einem anderen aufs Maul bekommt, womit die eigene Rolle als gescheitert angesehen werden dürfte.

Als Schläger/in gelangst du nicht zu Beliebtheit, was bedauerlich ist. Aber immerhin wirst du respektiert und gefürchtet, was schließlich auch nicht zu verachten ist. Somit ginge es dir immer noch besser als deinen Lehrern, denen man mit Respekt oder Furcht eher nicht so sehr begegnet.

Sprecher und Petzer

Eine gewonnene Wahl zum Klassensprecher sagt noch lange nichts über tatsächliche Beliebtheit aus – meist wird jemand nur gewählt, weil alle anderen ganz einfach keinen Bock auf den Job haben. Dabei handelt es sich durchaus um einen verantwortungsvollen Job, für den es eigentlich eine jahrelange psychologische Schulung braucht, die aber nicht finanzierbar ist.

Von daher sind Klassensprecher Personen, die gestern noch normale Menschen waren und heute schon »wichtig« sind. Sie dürfen an besonderen Sitzungen oder Versammlungen teilnehmen, wofür sie immer wieder vom Unterricht freigestellt werden.

Klassensprecher sollte man nur werden, wenn man keine Angst hat, sich notfalls auch mal mit einem Lehrer anzulegen, um für einen Mitschüler einzutreten. Mit »anlegen« ist wiederum nicht das Aufschlitzen von Autoreifen oder gar das Verbrennen der ganzen Karre gemeint. Vielmehr sollten Klassensprecher in der Lage sein, ohne auf Konfrontationskurs zu gehen, ruhig und überlegt mit einem Lehrer Probleme innerhalb der Klasse zu diskutieren, unabhängig davon, ob sie selbst vielleicht Gefahr laufen, dadurch im Ansehen des Kotzbeschleunigers zu sinken. Dies ist übrigens einer der Gründe, warum Schleimer niemals Klassensprecher werden wollen, sich stattdessen aber sofort auf eine Funktion als Lehrersprecher bewerben würden. Wenn zum Beispiel der Physiklehrer fragt, welche unterbelichtete Genitalhaaramöbe das Labor in die

Luft gejagt hat, versehentlich natürlich, kann ja mal passieren, erwartet er vom Klassensprecher, den oder die Schuldigen nicht nur zu finden, sondern sogleich die entsprechenden Namen aufzulisten. Dass Klassensprecher sich also im Bereich des effektiv-funktionalen Petzens auskennen müssen, ist offensichtlich. Sicher sind Petzen normalerweise genauso unerwünscht wie Riesenpickel, doch ist die Sachlage bei Klassensprechern anders. Die Fähigkeit des Petzens wird nicht nur vorausgesetzt, sie ist eine absolute Kernkompetenz, um ein Lehrerliebling zu werden, was, wie wir alle wissen, natürlich einziger Sinn und Zweck der Klassensprechertätigkeit ist.

Das, und natürlich die dringende Sitzung des Schülerrats oder der Schülerverwaltung, oder wie auch immer dieses Gremium für Arte-Gucker noch genannt wird. Mit dem simplen Satz »Ich kann heute nicht am Matheunterricht teilnehmen, hab noch Schülerratssitzung« kommst du aus jedem Unterricht problemlos heraus.

Erfahrene Lehrer jedoch könnten misstrauisch werden, wenn solche SR-Sitzungen immer mittwochs und freitags stattfinden und immer dann, wenn Mathe anliegt. In solchen Fällen reagierst du natürlich mit dem Zusatz »Ich bin doch in der Afrika-Projektgruppe des SR, wo wir Geld sammeln für hungernde Eisbärenbabys – ist vom Schulleiter genehmigt.« – Allein bei »ist genehmigt« vergessen Lehrer alle eventuellen anderen Fragen, denn was vom Schulleiter genehmigt ist, muss korrekt sein. Sonst wäre die niemals zu sehende Person im Schulleiterzimmer schließlich nicht Schulleiter geworden.

Auch für dich als Schüler ist wichtig zu wissen: Schulleiter sind die kompetentesten Lehrer überhaupt,

Ich leg mich auch mit Lehrern an!

quasi die Elite der Pädagogik. Sie sind so dermaßen abgespaced gut, dass die klügsten Leute in der klügsten Behörde überhaupt, der Landesschulbehörde, eine Art Aufbewahrungslager für verbeamtete Nichtskönner, gesagt haben: »Der ist so unverschämt scheiße gut, hat noch nie eine eigene Meinung zu nichts gehabt, der hat es sich verdient, nicht mehr unterrichten zu müssen. Den befördern wir, damit er ohne je zu widersprechen unsere Reformen umsetzen kann. Das Rückgrat ist, wenn noch vorhanden, mit sofortiger Wirkung operativ zu entfernen.«

Ich und alle

Du kannst dich den Prinzen und Prinzessinnen, Schlägern und Schlampen, den Gothic-Girls und den Emo-Spacken, den Computer-Nerds oder den Sportnieten zuwenden, gerne auch den Vegetariern und denjenigen, die nichts essen, was einen Schatten wirft – es ist eigentlich egal. Nicht schlecht wäre es allerdings, wenn du dir selbst einigermaßen treu bleibst. Um es kurz zu machen: Versuch nicht, jemand zu sein, der du nicht bist. Klar kannst und darfst und sollst du deinen Typ verändern, wenn dir danach ist, aber bitte nicht und nie und niemals nimmer, um anderen zu gefallen. Weder Mitschülern noch Eltern noch Lehrern, und Letzteres schon mal gar nicht.

Du bist du. Du bist nicht alle. Du bist ein Individuum – was keine Krankheit ist, sondern Tatsache. Ein Individuum mit allen Stärken und Schwächen, allen Ecken und Kanten, allem Durchgeknallten, allem Beknackten, das in dir haust und das Lehrer und Eltern besser nicht zu Gesicht bekommen.

Individualismus lässt sich ungefähr mit der Formel »Anders sein als der Rest« umschreiben. Obwohl – welch ein Quark! *Jeder* ist »anders«. Auch die, die dem »Rest« angehören.

Extreme Individualisten wollen mit dem Rest der Welt nichts zu tun haben, weil sie diesen Rest der Welt – manchmal mit absolutem Recht – für eine Ansammlung von grenzdebilen Arschlöchern mit Intellektmigräne und Hang zum Mitläufertum halten. Spannende Einstellung! Zynische Einstellung! Individuelle Einstellung! Mit der man nur leider nicht sehr weit kommt. Du bist nicht allein auf diesem Planeten. Und in der Schule schon mal gar nicht.

Du bist gezwungen, mit anderen zu leben und zu arbeiten, hin und wieder sogar, mit diesen Menschen zu denken. Dies ist vor allem bei Gruppenarbeiten wichtig: Hier wird generell total viel gedacht, immer schön miteinander, dabei manchmal sogar gelacht, aber insgesamt extrem wenig gemacht. Arbeit mit anderen führt also nicht, wie viele Lehrer fälschlicherweise glauben, zum Erfolg. Einige deiner Mitschüler betrachtest du als Freunde. Einige sind Freunde, die dir trotzdem auf die Eier gehen. Wieder andere sind Lehrer – sie gehen dir schon aus Prinzip gegen den Strich.

Gegenstück zum Individuum ist das Kollektiv – eine riesige Masse von Leuten, die immer alles gleich machen und nicht den Hauch von »Ich« besitzen. So zumindest die Theorie. In der Praxis bestimmst *du*, was du machst und was du willst. Kein Grund, sich an andere Leute anzuhängen, es sei denn, sie schaffen es, dich

Wir alle sind anders »anders«.

mit vernünftigen Argumenten – oder Geld – zu überzeugen. »Das Kollektiv« gibt es nicht. Jeder ist »Ich«, jeder ist »anders«. Fragt sich bloß, wie viel »anders« du selbst bist. Oder sein willst. Oder es dir leisten kannst zu sein. Sein eigenes Ding drehen, insbesondere, wenn alle anderen in eine andere Richtung latschen als man selbst, ist nicht immer einfach. Trotzdem zuweilen notwendig.

Aber: Geh deinen eigenen Weg oder deine eigene Straße oder deinen eigenen Trampelpfad nicht aus Prinzip, sondern weil du es in einem bestimmten Moment für richtig hältst. Drauf geschissen, was der Rest so sagt und von dir hält. Deinen eigenen Stil findest du von ganz allein. Deinen Klamottenstil, Musikstil, Frisurstil, Lernstil, Lebensstil.

Andere Leute können dir als Kompass dienen. Sie zeigen dir eine Richtung an. Dieser kannst du folgen. Kannst es aber auch sein lassen. Ein kluger Mann namens Forrest Gump aus dem gleichnamigen (und großartigen) Film über einen Typen namens Forrest Gump sagte einst: »Dumm ist der, der Dummes tut.« – Dummes tun wiederum heißt in diesem Zusammenhang: immer jedem Trend, jeder Clique, jedem, der zufällig mal angesagt ist, wie eine verhungerte Katze hinterherzurennen.

Und wenn du dauernd gegen eine Wand klatterst, darfst du mit ziemlicher Sicherheit annehmen, dass du dir neue Kompassmenschen suchen solltest. Es sei denn, du legst Wert darauf, auch zukünftig dumm zu bleiben. Oder hohl. Oder blöd. Oder sonstwie bescheuert.

Dass dieses Buch ein großartiger Kompass ist, gar nicht dumm oder hohl oder blöd, muss nicht extra erwähnt werden. Wir tun es natürlich trotzdem. Also: Dieses Buch ist ein großartiger Kompass. Du kannst unseren sagenhaften, manchmal ganz schön moralisch aufgeblasenen Ratschlägen und Hinweisen folgen – oder es sein lassen, weil du vielleicht moralisch aufgeblasene Ratschläge zum Kotzen findest.

Soll uns egal sein. Wir geben dir trotzdem noch einige letzte Infos mit auf den Weg. Wie immer moralisch aufgeblasen wie ein Ballon im Gewitter und natürlich stets mit pädagogischem Zeigefinger.

19. KAPITEL

LETZTE ANTWORTEN

Was mache ich, wenn ich total in jemanden verliebt bin, aber überhaupt keine Zeit zum Verliebtsein habe wegen des ganzen Schulmists?
Ganz einfach: Du lässt deinen Schwarm sausen! Eure Liebe hat keine Zukunft! Allein deine Frage zeigt, wie absolut unreif du eigentlich bist! Merk es dir ein für alle Mal: Schule geht vor! Das heiße Mädel spielt keine Rolle! Der geile Typ ebenso wenig.

Alternative: Zeit ist immer da! Du musst sie nur finden. Das ganze Leben ist eine Frage des richtigen Managements! Wenn du es schaffst, deinen stressigen Alltag einigermaßen vernünftig zu strukturieren, bleibt auch Zeit für Liebe, Sex und Zärtlichkeiten. Eine mögliche Beziehung aufgeben wegen Schule? Lohnt nicht!

Was mache ich, wenn absehbar ist, dass ich das Schuljahr nicht schaffe und es vielleicht wiederholen muss oder meine Eltern auf die Idee kommen, mich auf eine andere Schule oder Schulform zu schicken?
Kein Problem: Freu dich! Bis zum Schuljahresende kannst du ganz lässig und chillig auf deinem Tisch abhängen. Hausaufgaben brauchst du nicht mehr, Mitarbeit schon mal gar nicht. Spätestens, wenn der Zeitpunkt der Niederlage klar ist, darfst du gerne und jederzeit deine Lehrer, und zwar alle, nach Strich und Faden beschimpfen. Spielt schließlich keine Rolle mehr.

Oder aber: Du kämpfst. Wie viel Zeit ist noch? Wo gibt es zumindest kleine Chancen auf Erfolg? Mathe klappt gar nicht, weil ihr, also du und Mathe, einfach nicht harmoniert? Okay, dann probiere es mit Englisch. Irgendwo geht immer was. Sprich mit deinen Lehrern – frag sie, was zensurenmäßig noch drin ist. Biete Referate an. Extra-Hausaufgaben. Alles. Notfalls auch deinen Körper. Sprich mit deinen Eltern. Wenn Sprechen nicht läuft, dann schrei halt! Verklickere ihnen ganz genau, was du willst, auf welcher Schule du sein willst und wie du dir deine Zukunft dort vorstellst. Was wiederum voraussetzt, dass du dir zuvor Gedanken darüber gemacht hast. Und wenn's doch nicht klappt mit der Versetzung: Hauptsache, du hast gekämpft!

Was mache ich, wenn mich ein Lehrer wirklich abgrundtief verabscheut, mich zum Kotzen findet und einfach nur hasst?
Wie schon in der Bibel steht: »Wer Hass sät, wird Hass ernten.« Oder so ähnlich. Du darfst also zurückhassen. Lass dir nichts gefallen!

Obwohl: Woher weißt du, dass »Hass« im Spiel ist? Vielleicht bildest du es dir nur ein. Schadet also nichts, mit der Schnarchnase darüber zu reden. Erzähle ihm, wie es dir geht, was du fühlst, und frag, was ihn an dir und deinem Verhalten stört. Stört ihn dein bloßer Anblick und er gibt es sogar zu – dann ist's halt schlecht. Stört ihn aber zum Beispiel deine Hausaufgabenmoral, dein dauerndes Geschnatter mit Sitznachbarn während seiner spannenden Monologe oder dein erbärmlich lautes Schnarchen, dann kannst du etwas ändern. Wichtig ist: Ohne miteinander zu reden, lassen sich Probleme nicht aus der Welt schaffen. Es sei denn, du wirst zum Mörder.

Was mache ich, wenn ich das dringende Bedürfnis habe, Amok zu laufen und meine Lehrer, meine Mitschüler, einfach jeden, der mir in die Quere kommt, über den Haufen zu schießen?
Abwarten. Durchatmen. Länger abwarten. Noch mehr atmen. Viel länger abwarten. In dir hat sich ziemlich brutaler Frust aufgeladen.

Aggression. Gewalt. Einfach nur Wut. Du glaubst, du würdest platzen. Willst dich entladen. Willst alles rausschreien. Alles und jeden um dich herum gegen die Wand klatschen. Na und? Du glaubst doch nicht im Ernst, dass es nur dir alleine so geht? Schau dich mal um!

Kein Grund also, gleich die ganze Welt zu erschießen. Du bist unter Gleichgesinnten! Niemand ist vollkommen glücklich. Lieber andere Wege zum Wutabbau finden. Joggen gehen. Sport treiben. Zu Hause die Wand anschreien. Mit Kissen werfen. Oder mit Blumenvasen. Außerdem: knutschen. Viel knutschen – ideal zum Stressabbau. Steht kein Typ oder Mädel dazu zur Verfügung, nimm eine Bananenschale. Funktioniert ähnlich und hat den Vorteil, dass es kein Gequatsche gibt. Dir außerdem Mozart anhören, aber nur, wenn dich klassische Mucke nicht noch aggressiver macht.

Finde Menschen, die dir helfen können. Solche, mit denen du reden kannst, solche, die zuhören können. Triff dich mit ihnen und kotz dich aus. Mit »triff dich mit ihnen« ist übrigens ein persönliches Gespräch gemeint. Ganz ohne Online. Stattdessen live und direkt! Und ja, du darfst auch mit Lehrern sprechen.

Was mache ich, wenn sich Schule ohne Ende auf mein Familienleben auswirkt und dauernd nur Stress in der Bude ist?

»Hast du deine Hausaufgaben gemacht? – Ach ja? Wirklich alle? Ich glaub dir kein Wort. Und in Physik gab es nichts auf? Na ja, wenn du das sagst … Obwohl, zeig mir doch mal dein Hausaufgabenheft. Wann gibt's denn die Deutscharbeit zurück? Ach, gab es schon? Könntest du ja mal zeigen. – Eine Vier? Was für eine Schande! So schwer war das doch nun wirklich nicht. Das liegt alles an diesen neuen Medien. Ab sofort also kein Internet mehr. Irgendwann musst du mal lernen, dich auf das zu konzentrieren, was wirklich wichtig ist.«

Kommt dir so was irgendwie bekannt vor? – Irgendwann ist das einzige Thema zu Hause nur noch Schule. Scheiß auf Politik und Weltgeschehen und Klimawandel und die siebte Hochzeit von Onkel Hubertus – wichtigstes Thema beim Abendessen ist natürlich deine Lernkontrolle in Geschichte. Nun kannst du reagieren, wie moderne Teenager eben so reagieren: Schreien. Türen knallen. Lauter schreien. Brüllen, dass du deine Eltern für abgefuckte Wichser hältst. Oder du erklärst deinen Eltern – jedes Mal aufs Neue –, dass du über Schule nicht reden möchtest. Dass du willst, dass sie dir Zeit geben, die Dinge in Ordnung zu bringen, und dir dabei verdammt noch mal ein bisschen Vertrauen entgegenbringen. Zugegeben, dieser Prozess könnte länger dauern. Und natürlich musst du dir das gewünschte Vertrauen auch verdienen. Nicht unbedingt gleich mit sehr guten Leistungen. Aber mit anständigen. Mit solchen, bei denen man als erfahrener Elternteil nicht gleich Mitglied wird im Verein »My child has no future«.

Was mache ich, wenn ich dieses dauernde Am-Schreibtisch-Sitzen und Irgendwas-Lernen einfach nicht hinkriege und mich null und nicht die Bohne konzentrieren kann?
Hast du Freunde? Großartig! Triff dich mit ihnen. Macht den Kram zusammen, miteinander, gegeneinander, über- und untereinander. Spielt alles keine Rolle. Zwei Köpfe sind besser als einer. Meistens jedenfalls. Kommt ganz auf die jeweiligen Hirninhalte an.

Was mache ich, wenn ich morgens immer hundemüde bin und mir in der Schule ohne Ende die Augen zufallen?
Geh verdammte Scheiße früher schlafen!

Was mache ich, wenn mir mein Lehrer wegen immer wieder fehlender Hausaufgaben immer wieder auf die Nerven geht und mich blöd von der Seite anmacht?
Mach die Hausaufgaben!

Was mache ich, wenn ich eine schlechte Arbeit geschrieben habe und Angst habe, sie meinen Eltern zu zeigen, weil die mich dann bestimmt anschreien, verprügeln oder aufs Internat schicken?

Richtigen Moment abwarten. Wenn Mum und Dad guter Laune sind. Meistens, nachdem sie Sex hatten. Ideal wäre, wenn du neben der schlechten Nachricht auch noch eine gute Nachricht parat hättest, um das Desaster aufzufangen. So was wie »Mathe war zwar 'ne glatte 5 – im Kunstplakat hab ich aber 'ne 2!« Oder: »Latein 6 ist schlimm, klar, aber wenigstens nehme ich keine Drogen wie Justin-Dustin.«

Was mache ich, wenn ich mich, obwohl es komplett plemplem ist, tatsächlich in einen Lehrer oder eine Lehrerin verliebt habe?
Na, was schon? Was du bei einem normalen Girlie oder einem normalen Boy auch tun würdest. Schenke Blumen, schreib Gedichte, stelle Playlists romantischer Songs zusammen, koche ein sagenhaftes Abendessen mit Kerzenlicht.

Oder: Lass es! Ist nur eine Phase. Vergiss es! Klar sind alle Lehrer sexy und intelligent und mit einem fast schon erotischen Augenklimpern gesegnet – lass es trotzdem sein. Du kannst angraben und anbaggern und anflirten, was du willst, aber deine Lehrer solltest du aus dieser Gleichung raushalten.

Falls du aber allen Ernstes trotzdem glaubst, dass du und er/sie/es eine Zukunft habt, gilt es zu warten. Wenn du die Schule beendet hast oder er/sie/es endlich in Rente geht – dann sagt auch der Gesetzgeber: Lass knattern!

Was mache ich, wenn ich vor oder bei schriftlichen Tests und so immer voll die Angst habe und mir am liebsten in die Hose machen würde, was aber nicht geht, weil es stinken und riechen und mümmeln würde, und ich eigentlich niemals jemals wieder irgendeinen Test schreiben möchte?
1. Gute Vorbereitung hilft immer. Wer sich vorbereitet, braucht keine Angst zu haben. Wer sich viel vorbereitet, braucht erst recht keine Angst zu haben. Was soll denn schon schiefgehen? Klingt simpel wie ein Pfannkuchen – ist simpel wie ein Pfannkuchen.

2. Belohne dich mit etwas Schönem! So kannst du während der Arbeit statt an deine verschissene Angst an etwas Positives denken. Zum Beispiel an Pfannkuchen.
3. Schieb dir Schokolade rein während der Prüfung. Gibt zwar Pickel, bis der Arzt kommt, setzt aber Glückshormone frei. Ist also mit einem mit Schokolade gefüllten Pfannkuchen durchaus zu vergleichen.
4. Vergiss sämtliche Beispiele mit Pfannkuchen.

Was mache ich, wenn ich mich über einen Lehrer, sein Verhalten mit gegenüber oder seine Bewertung beschweren will?
Natürlich suchst du dir die Nummer von der Landesschulbehörde raus. Oder du rufst am besten direkt den obersten Dienstherrn aller Lehrer an: Ja, richtig, Gott! Falls Gott in einer Besprechung sein sollte, wende dich vertrauensvoll an den Kultusminister. Der ist zwar nicht Gott, verhält sich aber wie er.

Natürlich könntest du auch zuerst das Gespräch mit dem Problempädagogen selbst suchen. Wenn das nicht hilft, sprich deinen Klassenlehrer an. Sofern dieser nicht identisch ist mit dem Problemfall. Hilft das auch nicht, geh zum Vertrauenslehrer deiner Schule. Hilft auch das nicht, sprich mit deinen Eltern. Sprecht dann zusammen mit dem Arschlochlehrer. Hilft das auch nicht, geht zur Schulleitung. Und wenn auch das nicht hilft, lauere dem Lehrherrn im Dunkeln auf und zeige ihm, was man mit Fleischermessern so alles Spannendes anstellen kann.

Was mache ich, wenn ich länger krank war, deshalb nicht in die Schule konnte/durfte/musste und nun überhaupt nicht mehr mitkomme?
1. Hör ab sofort auf, krank zu werden.
2. Sofern du nicht todkrank bist, gibt es keinen Grund, dich nicht während der Krankheitszeit mit der Schule zu beschäftigen. Allerdings so, dass du davon nicht noch kränker wirst … Halte dich

auf dem Laufenden! Informiere dich! Ruf Freunde an und frag sie nach Aufgaben und Inhalten und neuen Beziehungskrisen. Ruf Lehrer an und frag sie nach Aufgaben und Inhalten und ihrem jeweiligen Liebes- und Sexleben!

3. Wenn du zukünftig krank sein möchtest, plane voraus und lege die Krankheitszeit in die Ferien!

Was mache ich, wenn ich meine Frage weder hier noch sonst irgendwo in diesem blöden Buch gefunden habe?
Schicke in diesem eigentlich nicht nachvollziehbaren Fall eine Mail an den Verlag dieses Buches.

Überweise den dir in der Antwortmail genannten Betrag (wahlweise in Euro, Dollar oder Goldbarren) auf das ebenfalls genannte Konto, stelle deine Frage und zeige Geduld. Autor und Verlag haben sehr, sehr, sehr viele Fragen zu beantworten. Außerdem brauchen Verlag und Autor sehr, sehr, sehr viel Zeit, um all die Extra-Kohle zu verbraten.

Falls du nun aber wirklich keine Antwort bekommen solltest, gibt es verschiedene andere Leute oder Institutionen, die du anrufen und mit deinen schulischen oder privaten Sorgen nerven kannst:

1. All deine Lehrer. Fehlen dir die Telefonnummern, besuche sie einfach direkt zu Hause. Am besten noch heute! Wichtige Dinge soll man nicht aufschieben.

2. Das örtliche Tierheim! Wer gut zu Hunden und Katzen und Sittichen ist, ist im Regelfall auch gut zu Teenagern. Steckt immerhin das Wort »Nager« drin!

3. Telefonseelsorge. Nummer von Ort zu Ort verschieden, im Internet aber problemlos zu finden. Dort sitzen nette Menschen, die – meist ohne Bezahlung – nichts anderes tun, als sich anderer Leute Sorgen anzuhören. Absolut anonym, trotzdem manchmal hilfreich. Mehr als »Tut mir leid, wir haben auch keine Ahnung« kann nicht passieren.

Was mache ich, wenn ich in meiner Klasse voll der Außenseiter bin?
Den größten Teil deines Unterrichts verbringst du im Klassen-verband. Da wäre es wirklich nicht schlecht, irgendwie »dazu-zugehören«. Tatsache ist aber: Freundschaften kann man nicht erzwingen, und sie zu schließen ist für viele Menschen ungefähr so einfach wie mit einem Geodreieck die Strecke zwischen Lett-land und Lampukistan zu messen. Fehlende Kontakte innerhalb der Klassengemeinschaft schaden deinen schulischen Leistungen, weil du einfach Kontakte brauchst, um einigermaßen zufrieden und glücklich zu sein. Und nur wer zufrieden und glücklich ist, kann auf Dauer erfolgreich arbeiten.

Um deine Situation zu ändern, gibt es kein perfektes Backrezept. Was es vor allem braucht, ist Mut. Es nützt nichts: Wenn du mit Leuten was machen willst, in der Pause oder privat, musst du auf sie zugehen und mit ihnen reden. Ohne Eigenaktivität wird das nichts. Clever ist es, nicht gleich auf eine ganze Gruppe zuzugehen, sondern zu versuchen, einzelne Personen kennenzulernen. Hierzu musst du dich weder besonders interessant machen noch angeben, sei es mit »coolen« Storys oder mit Klamotten oder Kohle – stell einfach Fragen, erzähl von deinen Hobbys und sei so freundlich, deinen Gesprächspartner ebenfalls zu Wort kommen zu lassen. Vielleicht klappt's mit einer Freundschaft. Vielleicht auch nicht. Noch lange kein Grund aufzugeben.

Fass dir aber auch an die eigene Nase: Woran hapert es? Bist du ein Schleimer? Schnatterst du den ganzen Tag nutzlos in der Gegend herum? Glaubst du, witzig zu sein, bist es aber gar nicht? Kurzum: Suche auch nach eigenen Schwachstellen und stell sie ab. (Aus der Reihe: Wenn's bloß so einfach wäre …)

Was mache ich, wenn mein Lehrer mit meinen Meinungen nicht klar kommt?
Häh? Du spinnst ja wohl! Du kleine Lusche/in hast eine andere Meinung als dein Lehrer? Für dich sieht das Gemälde in der Kunst-

stunde eher positiv aus? Das Gedicht interpretierst du vollkommen falsch? Und die Kurzgeschichte hast du offenbar auch nicht verstanden? – Traurig eigentlich, wie dumm du dich mal wieder anstellst. Dein Lehrer ist ein hochintelligenter Mensch (lol, rofl). Er weiß, was er tut und sagt, und dass er in allem Recht hat, sollte selbstverständlich sein. Es geht in der Schule nicht um deine lächerlichen und belanglosen Ansichten – vielmehr geht's darum, der Ansicht deines Lehrmeisters konsequent zu folgen und zu begreifen, dass deine eigene Ansicht falsch ist. Ende! Mehr muss zu dieser Frage wohl nicht gesagt werden. Außer, dass Meinungen alleine nichts taugen. Wenn du sie nicht begründen kannst im Sinne von »Das Gemälde ist depressiv, weil die Farbgebung … und weil die Darstellung der Landschaft und weil und wegen und weil und wegen …«, sind Meinungen tatsächlich egal. Lass dich also nicht überrumpeln und überzeuge mit klugen Erläuterungen. Wenn dein Lehrer dann immer noch den Kopf schüttelt, ist er ein klugscheißender Ego-Darsteller. Und gegen solche Leute ist leider noch kein Mittel erfunden worden, außer vielleicht Rattengift.

Ich komm vor lauter Videospielespielen überhaupt nicht dazu, was für die Schule zu tun. Was soll ich bloß machen?
Komische Frage. Jeder weiß doch, dass Videospielespielen total viel wichtiger ist als alles andere. Was du machen sollst? Natürlich noch mehr Videospiele spielen, und zwar bis zum Erbrechen. Aber natürlich keine Standardspiele, eher coole Sachen wie actionreiche Multi-Player-Games in HD-Optik mit Vokabeln und englischer Grammatik oder physikalischen Formeln. Geiler Scheiß! Spätestens nach zehn Minuten hast du souverän die Schnauze voll und beginnst mit Hausaufgaben.

Nach spätestens einem Ferientag hab ich wieder total Bock auf Schule. Was stimmt nicht mit mir?
Offenbar ist dein Verstand durchgebrannt – zurückzuführen auf

extreme Langweile, die es zu bekämpfen gilt. Lerne zum Beispiel sämtliche historische Jahreszahlen auswendig, oder zähle bis unendlich, gerne auch mehrfach, oder schreibe sämtliche Vokabeln der englischen oder französischen oder lateinischen Sprache in ein Vokabelheft und lerne sie dann auswendig. Allein der Wortschatz der Engländer umfasst etwa eine halbe Million Begriffe. Dürfte also viele vergnügliche Stunden mit sich bringen. Kann man übrigens auch ganz wunderbar mit Freunden machen!

Ich gehe total gern zur Schule. Sollte ich deswegen einen Arzt aufsuchen?
Unbedingt! Und zwar sofort. Gern zur Schule gehen – völliger Unsinn! Falls dein Arzt keine Heilung versprechen kann, solltest du dich echt schämen und ordnungsgemäß im Boden versinken.

Wenn ich vor der Klasse ein Referat halten muss, bin ich total nervös, hab Angst und krieg kein Wort raus. Was tun?
Erstens: Vielen Mitschülern geht's vielleicht genauso. Zweitens: Bei guter Vorbereitung ist die Sache mit der Angst und der Nervosität und der krächzenden Stimme meistens recht schnell erledigt. Dann sagt dein Hirn nämlich zum restlichen Körper: Klappe zu und los geht's! Und drittens: Referate vor der Klasse können sogar Spaß machen – endlich hört dir mal jemand zu …

Was mache ich, wenn ich Lust habe, eine AG zu belegen, aber keiner meiner Freunde will mit?
Dann kannst du natürlich nicht an dieser AG teilnehmen, egal wie wichtig sie dir ist und wie sehr dich das Thema vielleicht fasziniert. Du darfst a) immer nur solche Sachen machen, die deine Freunde auch für richtig halten, und musst b) immer schön brav um Erlaubnis bitten. Nee, im Ernst: Was soll passieren? Glaubst du, Freunde hören auf, Freunde zu sein, nur weil du Interesse an etwas hast, worauf sie selbst keine Lust haben? Dann wäre die Welt eine ganz schön freundlose Veranstaltung.

Was mache ich, wenn mein Lehrer mich immer wieder vor der ganzen Klasse runtermacht?
Wie immer gilt: Sprich mit ihm, vernünftig und demütig. Falls das nicht helfen sollte, darfst du ihn gerne anspucken! Eine solche herrlich emotionale Reaktion voller Witz wird er nicht erwarten und sich folglich freuen, dass er endlich zu dir durchgedrungen zu sein scheint. Hat außerdem den Vorteil, dass die Sache einen Klassen- oder Schulwechsel zur Folge haben dürfte und du somit deinen Lehrer nicht wiedersehen musst. Vergiss aber nicht: Lehrer sind wie Fliegen! Tötest du eine, kommt die ganze Familie zur Beerdigung …

Meine Lehrer geben viel zu viele Hausaufgaben auf. Was kann ich tun?
Gar nichts! Zu viele Hausaufgaben gibt es nicht! Höchstens zu wenig!

Ich kann mich im Unterricht nicht konzentrieren, weil ich dauernd meinen Schwarm angucken muss. Lässt sich da was machen?
Aber sicher doch! Zum einen ist es schön, dass du einen Schwarm hast. Und wer starrt die Person, auf die er steht und in die er hammermäßig verknallt ist, nicht gerne an? Andererseits ist Anstarren aber ganz schön unhöflich. Stell dir also vor, der Typ oder die Schnitte wäre dein Lehrer, absolut und vollkommen nackt, allerhöchstens mit einem Leopardentanga bekleidet, und mit wenigstens fünfzig Kilo Übergewicht. Sollte reichen, um dich wieder auf den Stoff zu fokussieren.

Ich kann mich im Unterricht nicht konzentrieren, weil ich dauernd meinen Lehrer angucken muss. Lässt sich da was machen?
Dein Problem ist nicht erkennbar! Mit dir scheint alles in Ordnung zu sein.

Ich kann mich im Unterricht nicht konzentrieren, weil mir das dauernde Stillsitzen total schwer fällt. Soll ich also besser im Bett bleiben?

Nö. Wenn du nicht mehr sitzen kannst, dann steh halt auf und lauf rum, mach Hampelmannfiguren, Dehnübungen, renne ausgelassen durch den Raum, wedle dabei fröhlich mit den Armen, um die Schultermuskulatur aufzulockern, setz zum Weitsprung über den Mülleimer an, gönn dir einige Liegestützen direkt an der Tafel, mach kurz vor deinem Sitzplatz noch einen letzten Salto über wenigstens zwei Sitznachbarn und pflanz dich dann wieder – ganz relaxed natürlich – auf deinen Stuhl. Kein Lehrer wird ernsthaft etwas gegen sportliche Übungen haben. Falls dir das alles zu blöde ist und du mit Sport nicht viel am Hut hast: Trag bequeme Kleidung und bring – kein Scherz jetzt – ein Kissen mit zur Schule! Wirklich wahr: Kommt auf den ersten Blick vielleicht komisch rüber, lohnt sich aber. Auf den sonderbaren Holz- oder Plastikstühlen, die es offenbar nur an Schulen und nirgendwo sonst gibt, nicht mal in Gefängnissen, kann man es auf Dauer ohne Popo-Polsterung nicht aushalten.

20. KAPITEL

PERSÖNLICHE BEMERKUNGEN AN DIE LESERSCHAFT

Liebe Lehrer! Liebe Lehrerinnen! Liebe Lehrkräfte!

Sie sind in diesem Buch bislang ausführlich beleidigt und beschimpft worden. Vielleicht haben Sie dieses Buch aber auch gar nicht gelesen. Weil Sie aufgrund Ihrer Unterrichtsbelastungen einfach keine Zeit für Bücher finden, die einen humoristischen Hintergrund haben. Humoristische Bücher gehören nicht zu Ihrem Bildungsanspruch. Gerade deshalb ist es so wichtig, dieses Buch trotzdem zu lesen. Es ist nämlich gar nicht humoristisch.

Falls Sie es trotzdem weder lesen wollen noch werden, sagen wir es Ihnen an dieser Stelle trotzdem. Es ist wahr – wir haben Sie nach Strich und Faden beleidigt und beschimpft.

Seien wir ehrlich: Es ist leicht, Lehrer zu beleidigen und zu beschimpfen. Einige von Ihnen – Sie selbst gehören natürlich nicht dazu – sind an einer Schule einfach fehl am Platz und sollten sich dringend eine berufliche Anschlussverwendung suchen. In osteuropäischen Staaten werden jedes Jahr aufs Neue praktisch-zupackende Leute für die Landwirtschaft gesucht, die Spargel stechen oder Erdbeeren pflücken oder Radieschen von unten betrachten. Wäre das nicht was für Sie?

Viele von Ihnen haben vielleicht gute Absichten, aber noch keine guten Qualitäten. Hätten Sie nämlich gute Qualitäten, würden die

Schüler Ihnen vielleicht besser folgen. Arbeiten Sie an sich. Dies erwarten Sie schließlich auch von Ihren Schülern. Seien Sie Fachlehrer. Beherrschen Sie Ihr Fach. Seien Sie gleichzeitig Pädagoge. Gehen Sie auf Ihre Schüler ein. Fragen Sie sich, was für ein Mensch jeweils dahintersteckt. Sie müssen Ihre Schüler nicht lieben. Sie sollten aber wenigstens versuchen, sie zu mögen und sie respektvoll zu behandeln.

Dazu gehört zum Beispiel die scheinbare Kleinigkeit des pünktlichen Erscheinens. Warum sollten Schüler pünktlich sein, wenn Sie selbst damit so Ihre Probleme haben? Dazu gehört ebenfalls, dass Sie auf Ihren Unterricht vorbereitet sind. Vorbereitung erwarten Sie schließlich auch von Ihren Schülern. Mit Vorbereitung ist nicht gemeint, dass Sie eine Kopie nach der anderen in den Raum werfen oder dass Sie stundenlang an der Tafel stehen und Monologe halten, die selbst den gutwilligsten Zuhörer zu Tode langweilen.

Machen Sie sich doch den Spaß und versuchen Sie, den Unterricht interessant(er) und spannend(er) zu gestalten. Dass das nicht immer gelingen kann, ist logisch und wird auch gar nicht verlangt. Bemühen sollten Sie sich trotzdem. Genau das erwarten Sie schließlich auch von Ihren Schülern. An dieser Stelle sei Ihnen gesagt: Einige Ihrer Schüler sind Idioten! Da brauchen wir uns gar nichts vorzumachen. Das ist purer Realismus. Aber wissen Sie was? Unter Ihren Kollegen befinden sich ebenfalls eine ganze Menge Nichtsnutze, Faulpelze, Dünnbrettbohrer und Vollpfosten. Deppen gibt es überall.

Der Unterschied ist, dass Schüler Ihre Schutzbefohlenen sind – es ist folglich Ihr Job, sich so gut wie möglich um sie zu kümmern und im Sinne des Bildungsauftrages ihren geistigen Horizont zu erweitern. Auch wenn diese horizontalen Erweiterungsmaßnahmen in einigen Fällen aufgrund von Baustoffmangel (Hirnmasse) arg limitiert sein dürften. In diesem Kontext gilt aber auch, dass Sie selbst nicht aufhören, sich konstant zu verbessern und herauszufinden, was für eine Art Lehrer Sie eigentlich sein wollen. Es sollte

Ihnen dabei nicht darum gehen, Beliebtheitspreise zu gewinnen. Es ist nicht Sinn und Zweck Ihres Berufes, von Ihren Schülern geliebt zu werden. Ebenso wenig notwendig ist es, dass Sie selbst Ihre Schüler lieben. (Wurde bereits gesagt! Wir mussten lediglich noch etwas Platz füllen. Sicherheitshalber aber gerne ein weiteres Mal: Liebe hat an einer Schule nichts zu suchen!) Lassen Sie Liebe lieber in Ihrem Privatleben stattfinden.

Flippen Sie nicht aus, wenn Schüler irgendwelche Dinge nicht auf Anhieb verstehen. Verstehen *Sie* denn alles gleich beim ersten Mal? Schreien Sie Kinder und Jugendliche nicht an, nur weil Sie sich in einer Position der Stärke befinden. Sicherlich wollen auch Sie nicht von Ihrem Schulleiter angeblafft werden. Falls Sie so was schon mal erlebt haben – es handelt sich um eine ziemlich kränkende Erfahrung, die Sie bestimmt nicht jeden Tag erleben wollen. Also atmen Sie in Notfällen tief durch und quetschen Sie Ihren Antistressball. Falls Sie keinen haben, geht auch eine Banane.

Gehen Sie entspannt und relaxt in Ihren Unterricht – dafür sollten Sie morgens einigermaßen früh die Schule betreten und nicht erst zum ersten Klingelzeichen. Die Schlange vor dem Kopierer wird durch Ihr mieses Zeitmanagement auch nicht kürzer. Niemandem ist damit gedient, wenn Sie abgehetzt und angenervt einen Klassenraum betreten. Wenn Sie Familie haben (richtige Kinder), so ist es legitim, »Familie« als Entschuldigung herauszuholen bei zu spät korrigierten Tests oder Klausuren oder einem nicht ganz super vorbereiteten Unterricht. »Familie« ist allerdings nicht für alles eine Entschuldigung. Ihre Schüler haben auch Familie und kommen trotzdem nicht auf die Idee, diese als Entschuldigung für fehlende Hausaufgaben anzuführen.

Akzeptieren Sie Fehler Ihrer Schüler. Der dämliche Spruch, dass man aus Fehlern lernt, ist gar nicht so dämlich. Außerdem machen Sie selbst doch auch Fehler. Wenn Sie jedoch Arbeitsblätter erstellen, wäre es enorm wünschenswert, wenn diese ohne orthografische oder grammatische Mängel auskommen. Arbeitsblätter erstellen ist übrigens eine Kernkompetenz. Tatsächlich müssen Sie nicht jeden Dreck aus einem Ihrer spannenden Lehrerbücher kopieren. Sie können auch selbst aktiv werden, selbst, wenn Sie die Begriffe »aktiv« und »Schule« bislang eher selten miteinander kombiniert haben.

Passen Sie Ihre Unterrichtsmaterialien dem Schülermaterial an, und vermeiden Sie das Wort »Schülermaterial«. Sie stehen nicht am Fließband einer Autofabrik. Sie stehen jeden Tag erneut zusammen mit Ihren Schülern am Anfang eines Weges, den sie gemeinsam beschreiten müssen. Schreiben Sie nicht in jedem Schuljahr identische Klassenarbeiten. Ihre Schüler sind nicht blöd. Zumindest nicht alle. Nehmen Sie auch nicht jedes Jahr dieselben Lektüren durch. Zwar sind diese für jede Schülergeneration wieder neu, für Sie selbst aber wird das ewig Gleiche langsam, aber sicher ewig langweilig. Ihnen selbst werden somit Spaß und Reiz und Aufregung abhandenkommen.

Richtig gut werden Sie nur sein, wenn Sie unter Strom stehen. Leiten Sie diese elektrischen Stöße auf die Klasse um. Vielleicht können Sie auf diese Weise auch unliebsame Gestalten loswerden. Seien wir ehrlich: Egal, welche Klasse Sie unterrichten – sie hat zu viele Schüler. Zu viele Schüler sind schlecht! Zu viele Schüler rauben kostbaren Sauerstoff. Zu viele Schüler agieren parasitär. Dagegen gilt es also etwas zu unternehmen! Früher wurde »unnötiges Schülermaterial« einfach während einer großen Pause hinter dem Schulhaus verbuddelt, was aufgrund neuer Umweltrichtlinien allerdings heute nicht mehr möglich ist.

Sollte ein Schüler Ihnen auf die Eier oder sonstige Körperteile gehen, führen Sie umgehend Elterngespräche und drängen Sie die Eltern dazu, ihr Kind schnellstmöglich von der Schule zu nehmen. Werben Sie ganz aktiv mit den »besseren Fördermöglichkeiten« anderer Bildungsinstitutionen. Auch Jugendgefängnisse mit ihren reichhaltigen Bildungsangeboten sind in diesem Kontext als faszinierende Alternativen nicht außer Acht zu lassen! Bedenken Sie:

Weniger Schüler machen Ihr Leben einfacher! Weniger Schüler sind nicht nur besser für Sie selbst, sondern auch für Ihre Kollegen. Man wird Sie mit Dankbarkeit überschütten. Sie werden Lieblingskollege werden.

Apropos Kollegen: Leider können Sie mit deren Eltern keine »Abgangsgespräche« führen und sind also gezwungen, mit ihnen zu leben beziehungsweise wenigstens einigermaßen klarzukommen. Dabei können Sie, müssen aber nicht, intensiv mit diesen Leuten zusammenarbeiten, auch wenn einige den Begriff »Arbeit« als einen unnötigen Neologismus ohne tieferen Sinn identifizieren. Vergessen Sie nicht: 90 Prozent Ihrer Kollegen sind absolut unfähige Versager. Bleiben zehn Prozent übrig. Fragen Sie sich selbst: Zu welcher Gruppe gehöre ich? Fragen Sie anschließend Ihre Schüler – gerne auch anonym. Könnte sein, dass sich Ihre Sichtweise und diejenige der Kids geringfügig unterscheiden …

Beurteilen Sie Ihre Schüler nicht nach optischen Gesichtspunkten. Klar sind einige dieser Hormonbomben erschreckend-abgrundtief-abstoßend hässlich und nicht mal nachts ansehnlich, doch können sie in den meisten Fällen nichts dafür. Auch der willensstärkste Schüler kann gegen Biologie und Genetik nicht viel ausrichten, außer vielleicht, mit einer Plastiktüte über dem Kopf zur Schule zu gehen; ein Tipp, den Sie als mitfühlender Pädagoge durchaus anbringen dürften. Versuchen Sie es mit Fairness, nicht nur bei optisch suboptimalen Schülern. Es sei an dieser Stelle angemerkt, dass auch Sie selbst – traurig, aber wahr – vielleicht aussehtechnisch nicht immer so supergut auf der Höhe sind.

Nicht alle Schüler sind hyperintelligent und sagenhaft wissbegierig. Leider wahr! Dieser Tatsache müssen wir ins Auge blicken. Nicht alle Schüler wachsen in Elternhäusern auf, wo Bildung großgeschrieben und beim gemeinsamen Abendessen über Politik, Literatur und Geschichte debattiert wird. Einige Schüler sind schon froh, wenn ihre Eltern a) nicht vollständig und b) nicht den ganzen Tag betrunken sind. Ziehen Sie also in Betracht, dass Ihre Schüler auch ein Zuhause haben und dass schulische Probleme vielleicht genau darin ihre Ursache finden. Sie können und sollen nicht die Welt retten. Sie können aber Ihren Blick erweitern und jede der kleinen oder mittelgroßen Koboldfiguren, die vor ihnen sitzt, als Individuum wahrnehmen.

Überlegen Sie nochmals ganz genau, warum Sie Lehrer geworden sind. Weshalb haben Sie es getan? Sie hätten auch Bankkaufmann werden können. Oder Toilettenfrau bei Kochlöffel. Sie sind aber stattdessen in die wunderbare Welt der Pädagogik hinabgestiegen. Warum? Dies ist die alles entscheidende Frage, auf die Sie dringend eine Antwort finden sollten. Denn in dieser Antwort liegt Ihre ganze pädagogische Zukunft.

Liebe Eltern! Liebe Mamas, liebe Papas! Liebe Alleinerziehende! Liebe Nachwuchserziehungstherapeuten! Liebe Erzeugergeneration!

Aus irgendeinem nicht mehr nachvollziehbaren Grund haben Sie sich irgendwann dazu entschlossen, Kinder zu bekommen. Selbstverständlich erkennen Sie heute, dass Sie einen Fehler gemacht haben! Einen schwerwiegenden, nicht wiedergutzumachenden Fehler. Meistens ist es für eine Freigabe zur Adoption jedoch schon zu spät, denn welches Tierheim würde sich bereit erklären, einen weiblichen oder männlichen menschlichen Teenager aufzunehmen? Dann lieber eine Wagenladung Blindschnecken.

Was haben Sie damals nicht alles geglaubt und gehofft. Dass Ihre Kinder sich zu Lebewesen mit Verstand entwickeln. Dass sie all Ihren Befehlen ohne zu zögern gehorchen! Dass alles, was Mama und Papa sagen, mit göttlichen Gesetzen gleichbedeutend ist. Ach herrje, was lagen Sie daneben.

Vielleicht sind Sie auch einfach nur sauer auf sich selbst, dass Sie in Ermangelung eines funktionstüchtigen Kondoms spontan auf einen alten Putzlumpen zurückgegriffen haben in der ziemlich bedauerlichen Annahme, er wäre bestimmt total dicht und würde hundertprozentig nichts durchlassen. Nun haben Sie den Salat – und nach neuesten Schätzungen kostet ein Kind von der Geburt bis zum 18. Lebensjahr schlappe 100.000 Euro! Dafür hätten Sie auch einen Hund haben können, zwei Katzen oder vielleicht noch einen Hamster samt Käfig und Rad. Entscheiden Sie nach der offiziellen Schulzeit, dass Ihre Kinder studieren sollen, kommt sogar noch mehr Geld hinzu.

Und ja, natürlich müssen *Sie* diese Entscheidung treffen. Sie glauben doch nicht ernsthaft, dass ein Teenager, der zehn Stunden täglich auf einen kleinen Bildschirm starrt und immerfort auf dessen Oberfläche herumwischt, zu solch weitreichenden Überlegungen überhaupt auch nur im Ansatz fähig ist. Ein Teenager weiß normalerweise noch nicht einmal, dass an Heiligabend Weihnachten ist oder was er oder sie morgens anziehen soll. Nein – es ist Ihre Pflicht, und Ihre alleinige Pflicht, jegliche Entscheidung für Ihren Nachwuchs selbst zu treffen. Was er oder sie anziehen soll. Inklusive Unterwäsche. Mit wem er oder sie sich herumtreibt. Was er oder sie denken, sagen und machen soll. Welche Zukunft er oder sie haben wird.

Nun sind entgegen dieser klaren Logik vor Kurzem erst transsilvanische Wissenschaftler aus Usbekistan auf die absurde Idee gekommen, dass Kinder und Jugendliche durchaus ein Recht haben sollten, sich selbst zu entfalten und zu entwickeln. Demnach sollten Sie als Eltern aufhören, unbedingte Kontrolle auszuüben, und Ihrem Nachwuchs sogenannte »Freiräume« einräumen! Die Kinder sollen, so die Kernaussage des Forschungsberichts der Transsilvanieresen, als eigenständig denkende junge Menschen wahrgenommen werden.

Verständlicherweise lösten diese vor Beknacktheit triefenden »Erkenntnisse«, sofern ein solcher Begriff für derartigen Pseudohokuspokus überhaupt in den Mund genommen werden darf, in der pädagogischen Fachwelt und in Schulelternratsgremien quer durch alle Staaten der Erde enormes Entsetzen aus – das sich aber natürlich blindlings in hohles Gelächter verwandelte! Ganz offenbar hatten sich die wissenschaftlich zurückgebliebenen Transen-Eumel einen ziemlich unpassenden Scherz erlaubt! Würde man Kindern Freiräume lassen und sich nicht in alles und jedes einmischen, dann ist doch wohl klar, was passiert: Kinder, unschuldig geboren und mit klarem Blick, würden sich in talentlose, intellektlose, desinteressierte, andauernd mit den Armen wedelnde und trottelig im Kreis grinsende Zombies verwandeln, zu dumm, um eine Scheibe Toast mit Nutella zu beschmieren.

Diese Gefahr gilt es zu bannen! Sie als Eltern dürfen niemals die Kontrolle verlieren. Ihre Aufgabe ist es, stets und immerfort den Überblick zu behalten – vor allem natürlich bezüglich der schulischen Leistungen Ihrer Kinder.

Machen Sie aber nicht den Fehler anderer Eltern und geben Sie die Schuld für schlechte Zensuren Ihrem Nachwuchs! Zumindest nicht gleich am Anfang! Zuallererst sind die Lehrer verantwortlich! Machen Sie sich um Gottes willen nicht die Mühe, mit einem Lehrer reden zu wollen, sei es telefonisch oder von Angesicht zu Angesicht. Es bringt ja doch nichts! Nein, Sie müssen die Initiative ergreifen! Telefonieren Sie sofort mit der Schulleitung und beschweren Sie sich! Noch besser: Sie fahren direkt in die Schule und bitten, nein, *verlangen* einen Termin. Schreien Sie die Sekretärin so lange an, bis Sie einen bekommen! Benutzen Sie dann im Gespräch mit dem Häuptling immer wieder die Phrase »schlecht für das Kindeswohl« – das sollte locker für ein Disziplinarverfahren gegen den jeweiligen Pädagogen ausreichen. Drängen Sie auf Entlassung. Oder Versetzung. Hauptsache weg! Auf jeden Fall sollte ein Lehrerwechsel drin sein. Es kann schließlich nicht angehen, dass Ihr hochgebildeter Sohn oder Ihre tollgeniale Tochter vom Lehrpersonal gedemütigt wird! (Schlecht für das Kindeswohl!) Zögern Sie keine Minute, auch den Schulelternrat einzuschalten.

Falls Sie zwischendrin zweifeln, denken Sie immer daran, dass Ihr Kind nicht dumm ist, sondern lediglich an stinkender Faulheit krankt, und dass es der Lehrkraft obliegt, diese Faulheit zu bekämpfen. Da die Lehrkraft offenbar dafür keine Kraft hat, muss sie halt »verschwinden«.

Ganz elementar ist, dass Sie Ihr Kind während seiner Kindheit einzig und allein auf seine Schülerrolle reduzieren. Vergessen Sie unbedingt, dass es sich um einen Menschen mit Gedanken, Gefühlen, Ängsten und Träumen handelt! Denken, fühlen, Angst haben und träumen kann es immer noch, wenn es die Schule verlassen hat. Schreien Sie Ihr Kind an, wenn die Mathearbeit nicht wenigstens eine 2+ war. Schuld ist zwar der Lehrer – aber Ihr Kind war immerhin ein Komplize! Fügen Sie hinzu, dass alle anderen Kinder sich offenbar mehr anstrengen und sowieso klüger und fleißiger sind und außerdem – falls Ihr Kind ein Mädchen ist – besser aussehen! Hausarrest, Handyverbot und sechsmonatiger Kloputzdienst sind absolut angemessene Bestrafungen.

Vergessen Sie nicht: Unsere ach so liberale Gesellschaft hat sich bedauerlicherweise vor geraumer Zeit zur Abschaffung der Prügelstrafe entschlossen (und es freilich längst wieder bereut). Bis sich die Gesetzeslage wieder ändert – dürfte nicht mehr lange dauern –, sind Schläge, inklusive Würgen, verboten. Einsperren im Keller, wenn auch nur für ein Wochenende oder die Sommerferien, übrigens auch. Der Dachboden hingegen ist vom Gesetz nicht erfasst und folglich in Ordnung. (Hinweis: Schale mit Wasser hinstellen! Gegenüber den Nachbarn erwähnen, dass Ihr Kind im Ferienlager ist! Unbedingt Handy wegnehmen!)

Haben Sie keine Selbstzweifel, wenn Sie Ihr Kind bestrafen: Sie wollen schließlich nur das Beste für Ihren Nachwuchs! Am besten noch Ihre eigenen Träume mit Hilfe des Kindes verwirklichen. Wozu würden Sie sonst 100.000 Euro für Ihren ganz persönlichen Blutsauger ausgeben? Doch wohl nicht dafür, dass Kinder einen eigenen Weg beschreiten! Sie als Eltern sind die Architekten der

Zukunft! Ihr Kind ist demnach das Haus. Und wenn Sie nicht wollen, dass es gleich beim erstbesten Windhauch umgenietet wird, müssen Sie notfalls auch für das Kind unbequeme Entscheidungen treffen.

In besonderen hartnäckigen und damit ärgerlichen Fällen, falls sich also Ihre Kinder absolut nicht so entwickeln, wie Sie es bereits vor der Geburt haarklein geplant haben, bleibt nur ein einziger Ausweg: Verfrachten Sie den nutzlosen Hausgast in ein Internat! Auch wenn Sie vielleicht von anderen Ignoranzeltern komisch angeguckt und als Rabenmutter oder Schweinevater beschimpft werden – alles in allem tun Sie das Richtige!

Falls Sie über das nötige Kleingeld verfügen, bietet sich natürlich auch ein amerikanisches Bootcamp an: Herrlich angenehmer militärischer Drill, dauerndes Angeschrien-Werden, jede Menge brutaler Sport und knallharte körperliche Arbeit bringen das verwöhnte Flennpack schnell wieder auf Spur! Sie werden sehen! Töchterchen und Sohnemann werden nach nur einem Wochenende Bootcamp auf Knien darum betteln, doch endlich wieder englische Vokabeln und chemische Formeln büffeln zu dürfen. Brutalität in der Erziehung hat noch niemandem geschadet – haben Sie also keine Befürchtungen, dass Sie fortan vom Nachwuchs nicht mehr geliebt werden. Sie sind schließlich nicht Eltern geworden, um geliebt zu werden.

Warum Sie überhaupt Eltern geworden sind? Vielleicht hatten Sie in Ihrem Haus einfach noch ein Zimmer frei und wollten es nicht an einen Obdachlosen vergeben? Oder Sie glaubten allen Ernstes, dass Kinder Ihnen Spaß und Freude bringen und vielleicht im Alter für Sie sorgen würden. Vergessen Sie's! Wenn die Schulbildung nichts taugt, können Sie sich direkt erschießen – auf den beruflichen Erfolg Ihrer Kids und der damit verbundenen finanziellen Komplettförderung, falls Sie selbst einmal alt und gebrechlich sind, werden Sie jedenfalls lange warten können! Deshalb gilt: Förderung des Kindes ist auch in Ihrem höchsteigenen Eigeninteresse!

Liebe Schülerin, lieber Schüler!

Dich haben wir uns bis zuletzt aufgehoben. Weil du so wichtig bist. Weil du klasse bist. Weil wir dich gern haben. Und weil du es geschafft hast. Ja. Echt wahr. Du hast dieses Buch zu Ende gelesen, was toll ist. Schulbildung heißt schließlich noch lange nicht, dass Schüler lesen können. *Du* aber kannst es.

Vielleicht hast du dieses Buch aber auch gar nicht gelesen. In diesem Fall wirst du wahrscheinlich auch diesen Satz jetzt nicht lesen. Alles halb so wild. Du hast dieses Buch doch ohnehin geschenkt bekommen, richtig? Wolltest du es haben? Natürlich nicht! Wenn schon ein Buch, dann bitte auf Blu-Ray in der Uncut-Version, aber doch nicht in dieser altmodischen Fassung mit nicht-ausblendbaren Buchstaben und Seiten.

Gehen wir trotzdem davon aus, dass du die bisherigen Seiten eiskalt durchgezogen hast. Wir haben versucht, dich mit unserer faszinierenden Geschichte zu unterhalten. Schlau wie du bist, hast du natürlich bemerkt, dass es gar keine Geschichte war. Es gab keine wirklichen Helden und auch keine Story, noch nicht einmal einen Höhepunkt. Eigentlich haben wir versucht, dich zu manipulieren. Indem wir immer wieder kübelweise Dreck auf Lehrer ausgeschüttet haben, hast du gar nicht gepeilt, was zwischen den Zeilen stand.

Dass Lehrer vielleicht doch nicht an allem schuld sind. Noch nicht einmal an Sturmfluten oder dem Klimawandel. Dass Schule vielleicht auch Momente mit sich bringt, für die sich das morgendliche Aufstehen tatsächlich lohnt. Dass Bildung nicht völlig für'n Arsch ist, sondern vielmehr das Fundament deiner Zukunft darstellt. – Allein dieser Satz müsste dir zeigen, dass dieses Buch eine moralische Botschaft verfolgt.

Auch wenn es Spaß macht, sich über Lehrer lustig zu machen, sich über sie zu ärgern, sie in Gedanken (oder in Wahrheit) zu quälen und zu foltern und zu frittieren und zu filetieren, und auch wenn Lehrer wirklich häufig problematisch sind – du bist ebenfalls nicht immer ganz einfach zu nehmen. Wir kennen dich genau! Haben dich lange analysiert! Dich beobachtet! Auch unter der Dusche! (Eigentlich kein schlechter Anblick.)

Wir haben Folgendes erkannt – ganz individuell nur auf dich zugeschnitten. Auf niemand anderen. Auch nicht auf Justin-Dustin oder Cheyenne-Anastasia. Also: Basierend auf unseren Erkenntnissen bist du launisch. Mal himmelhochjauchzend. Mal zu Tode betrübt. Du bist viel zu häufig interessiert an gar nichts, lebst aber in virtuellen Welten vor dich hin und glaubst, dass eine Stunde ohne irgendeinen Mist zu posten bereits dein sozialer Untergang wäre. Du hast eigentlich keine große Ahnung, was weltpolitisch um dich herum passiert. Kennst nur wenige Zusammenhänge. Willst viele vielleicht auch gar nicht kennen. Du liest Bücher. Aber nicht genug. Klassiker finden sich darunter fast gar nicht.

Du hast keine Lust auf Lernen und findest Schule zum Sterben langweilig. Meistens jedenfalls. Du gehst nur hin, um Freunde zu treffen oder um mit irgendwem zu flirten. Bei »irgendwem« handelt es sich indes nur in Ausnahmefällen um einen Lehrer – was wir durchaus positiv finden!

Du zweifelst häufig an dir selbst. Entweder weil die Selbstzweifel berechtigt sind oder weil dir einfach nur langweilig ist. Du zweifelst am Sinn von allem und jedem und willst eigentlich nicht zweifeln, sondern einfach nur chillen. Aber niemand lässt dich. Deine Eltern werden jeden Tag spießiger, sind dauernd angepisst wegen nichts, durchwühlen deine Sachen, kontrollieren dich auf Schritt und Tritt, haben Kameras in deinem Schlafzimmer installiert und erfinden am laufenden Band neue nutzlose Bestrafungsformen. Du bist mit deinem Aussehen unzufrieden und möchtest an einigen Tagen gar nicht erst vor die Tür gehen, weil du Angst hast, sogar den Köter der Nachbarn zu erschrecken. Selbst, wenn du insgesamt ganz happy bist, findest du, dass andere Leute mehr Style haben.

Anstatt dich aber auf dich selbst konzentrieren zu können, bist du gezwungen, mit einem schlecht gekleideten Vollnerd physikalische Experimente durchzuführen. Oder Plakate über den Regenwald oder New York zu machen. Hinfahren wäre dir viel lieber als Texte zu lesen, gerne auch auf Englisch, und anhand dieser Texte grammatische Strukturen zu lernen. Verständlich eigentlich.

Hast du wirklich Lust, schon wieder ein Referat über das politische System der USA zu halten? Bestimmt nicht. Aber du musst. Weil Lehrer es so wollen. Haben Sie dich gefragt? Natürlich nicht. Niemand fragt dich. Du bist ganz allein. Oder fühlst dich so. Obwohl du jede Menge Kumpels, Buddys, Freundinnen, BFFs und whatever else hast. Manchmal fragst du dich, ob die Welt ohne dich nicht besser dran wäre. Ums kurz zu machen: Nein, wäre sie nicht. Ums doch noch etwas länger zu machen: Ohne dich wäre die Welt zwar etwas weniger voll, dafür aber auch trauriger und dunkler.

Wer hat denn bitte jemals behauptet, dass das Leben, auch das eines Schülers, mit einem Ponyhof zu vergleichen ist? Leben ist kein Kindergeburtstag mit Clown, dem man als Special Effect minütlich in die Glocken kicken darf. Leben rast. Leben kennt keine Limits. Du kennst keine Limits. Überschreiten darfst du sie trotzdem nicht, schon Austesten ist nicht gerne gesehen. Zu jung. Zu unerfahren. Noch zu dumm. Zumindest sagen andere dir das. Also muss es stimmen.

Erkennst du dich irgendwie wieder? Haben wir dein Leben nicht ziemlich exakt abgebildet? Klar haben wir das! Wir sind schließlich Profis! Das Überwachen deines Zimmers hat sich also gelohnt! Allerdings solltest du dich um etwas mehr Ordnung bemühen. Die Bude sieht aus wie ein Kaninchenkäfig nach Löwenbesuch.

Falls du dich aus sonderbaren Gründen nicht erkannt haben solltest, falls du also »anders« bist als hier beschrieben, haben wir offenbar falsch recherchiert. Schade. Tut uns leid. Aber jetzt ist's auch zu spät. Drauf geschissen!

Egal, wer du bist und wie du bist und was du bist – du selbst musst tun und machen. Das nämlich, was du für richtig hältst. Aber eben auch, was ein Laden wie Schule von dir erwartet.

Es geht dabei nicht darum, der Schule oder irgendeinem Lehrer einen Gefallen zu tun oder sich unterzuordnen oder unterdrücken zu lassen, es sei denn, du stehst auf permanente Demütigung – es geht um den Rest deines Lebens. Dieser »Rest« beginnt jetzt. Hat schon längst begonnen. Ist volle Axt im Fluss. Ob du ihn verplempern willst, musst du selbst entscheiden. Du kannst ihn aber auch einfach nutzen.

Auch wenn Schule ein ziemliches Irrenhaus ist, inklusive einem beachtlichen Stapel vollkommen bekloppter, gehirnamputierter Trottel, auch wenn du nach einer Woche Schule eigentlich eine Therapiesitzung in der geschlossenen Abteilung mit den Gummiwänden bräuchtest, auch wenn bestimmte oder alle Fächer oder bestimmte oder alle Lehrer dir mit perfekter Regelmäßigkeit auf den Senkel gehen, auch wenn man viele deiner Lehrerinnen und Lehrer eigentlich in die Klapse sperren und den Schlüssel in den nächstbesten Graben werfen müsste, so sind diese Leute, so behämmert und unbespaßt sie auch manchmal sein mögen, Teil deines momentanen Lebens. Eigentlich ganz schön kacke!

Aber du kannst dir die Leute, mit denen du zusammenarbeitest, eben nicht immer aussuchen. Doch selbst wenn das Schicksal mal wieder gegen dich ist und dir einen Schwurbelschwachmaten nach dem anderen schickt: Manchmal lohnt es sich auch bei Lehrern, hinter die Fassade zu schauen. Sind die wirklich alle so scheiße? Gibt es nicht auch gute? Sind unter den Hafenpennern und Ballermannbarbies nicht vielleicht doch ein paar wenige, die man sich einmal genauer ansehen müsste? Die vielleicht auch mal ein wenig Hilfe brauchen? Psychologische Hilfe selbstverständlich!

Gib deinen Lehrern eine Chance. Vielleicht auch eine zweite oder dritte. Der erste Eindruck kann täuschen. Immerhin erwartest du doch auch von ihnen, dass sie dich nicht beim ersten Misserfolg in den mit Urin getränkten Sandkasten der örtlichen Kinderkrippe stecken.

Laut Zukunftsaufbewahrungsbildungshortverordnung (Schulgesetz) bist du als Schüler zum Aufenthalt in der vom Staat finanzierten Intellektschmiede verpflichtet, wodurch natürlich in deinem Seelenleben ein Druckzustand entsteht. Druck ist schlecht. Unter Druck kann man nicht arbeiten.

Stell dir also vor, du hättest freiwillig eingecheckt! Wie in einem Hotel, das darauf spezialisiert ist, möglichst viele Gäste (Bekloppte) unter einem Dach einzupferchen in der Hoffnung, dass somit wenigstens in den Vormittagsstunden das Alltagsleben normaler Menschen nicht gestört wird.

Ha, aber so ein olles Hotel kann gegen Schule ja gar nicht anstinken! Statt einem ekeligen Frühstück mit allem Drum und Dran (was kein Mensch wirklich will) serviert man dir herrlich ranzigen abgelaufenen Quark mit grüner Oberschicht und dem Etikett »ökologisch wertvoll«. Statt in einem schrecklichen und viel zu kleinen Einzelzimmer logierst du wie der europäische Hochadel in einer wundervoll einladenden Großraumunterkunft mit dezentem Duft nach billigem Reinigungsmittel (wenn überhaupt) sowie dem nicht minder erotisch stimulierenden Aroma verschiedener Parfüm- und Deodorantsorten (vor allem nach Sportstunden). Die Wandfarben und Klebebandreste geben dir das wohlig-kribbelnde Gefühl, in ein zu Recht längst vergessenes Zeitalter einzudringen.

Hach, und erst die Sicht! Regelrecht betörend! Statt anödendem und an Langeweile nicht zu überbietendem Meerblick hast du, ganz ohne Aufpreis, panoramaartigen Blackboard-View. Ein architektonisches Spitzenprodukt in Rechteckform, in Grün, Weiß oder Rosa, ein wahrer Orgasmus für die Augen, um den dich alle Nichtschüler beneiden! Und wenn du dir die Mühe machst, genauer hinzuschauen, kannst du darauf auch mehr erkennen. (Wortspiel beachten!)

Statt dich die Zeit vergessen zu lassen, stellt dir das System Schule ein fest getaktetes, hammermäßig ausgeklügeltes Zeitmanagementsystem (Pausenklingel) bereit, welches dich nach jeder Schlafpause direkt in die richtige Pause befördert. Statt langsamer und lahmarschiger Kellner bietet dir Schule den Umgang mit waschechten, fast total gut ausgebildeten Lehrerluschis, die du im normalen Leben wohl kaum antreffen dürftest und mit denen jede Begegnung eine ganz besondere Erfahrung darstellt, die man so schnell nicht mehr vergisst.

Du siehst also: Schule ist geil! Du brauchst lediglich ein bisschen Fantasie. Und guten Willen. Und von Letzterem eventuell auch ein bisschen mehr.

Also, sei kein ewig im Kreis flennender Softwürfel! Bewege deinen Arsch zu sämtlichen deiner psychotherapeutischen Sitzungen (Unterricht), sei einigermaßen lieb zu deinem Wärter (Pädagogischer Hirnklempner) und sieh zu, dass du den Schulkram irgendwie vernünftig und ohne dauernd auf die Fresse zu fallen gewuppt kriegst. Was soll schon passieren? Mehr als Verkacken geht nicht. Du bist Schüler. Verkacken gehört zur Berufsbeschreibung.

Dass deine Lehrer – sagen wir es positiv – ein wenig »anders« sind, solltest du inzwischen begriffen haben, auch ohne dieses Buch. Folglich gilt für dich: »Dem anderen sein Anderssein verzeihen, das ist pure Weisheit.« Und dämliche chinesische Zitate verbraten ist eigentlich Blödsinn. Außer, wenn sie passen. Dein Lehrer ist insgesamt gesehen ein Tier. Ein sabberndes, urinierendes, fressendes Viech, das zu nichts nutze ist. Außer zum Knuddeln vielleicht. Und zum Kuscheln. Und zum In-den-Arm-Nehmen. Dazu musst du seine Verhaltensweisen und Ansichten und Lebensumstände aber genau verstehen – und vielleicht hat dir dieses Buch wenigstens ein bisschen dabei geholfen.

Nehmen wir die Katzenmetapher zu Hilfe (weil andere Metaphern gerade nicht zur Verfügung stehen): Eine Muschi, der du regelmäßig, und natürlich immer versehentlich, den Schwanz in der Kühlschranktür einklemmst, wird sich nicht unbedingt in Liebe und Hingabe zu dir ergehen. Ganz im Gegenteil wird sie in ihrem kleinen Hirn alle möglichen Foltertorturen für dich ausbrüten, die allesamt irgendwas mit »Augäpfel fressen« zu tun haben.

Gibst du Muschi aber regelmäßig Schlagsahne, noch mehr Schlagsahne, ganz viel mehr Schlagsahne und Speckstückchen und noch mehr Speckstückchen, und kraulst sie liebevoll am Bäuchlein – dann wird sie sich, mit etwas Glück, langsam, aber sicher zu dir hingezogen fühlen. Mit anderen Worten: Du hast das Tier gezähmt.

Gleiches lässt sich relativ problemlos auch mit Lehrern machen. Wobei noch nicht felsenfest bewiesen ist, ob die ebenfalls auf Speckbröckchen im Schlagsahnebrei stehen. Könnte sein. Muss aber nicht.

Dein Job: Erfülle Erwartungen. Am besten deine eigenen. Dazu musst du aber erst einmal welche haben. Eventuell sind deine Erwartungen an dich und die Erwartungen des Lehrers an dich sogar identisch. Bleib, wer du verdammt noch mal bist. Es gibt niemals einen Grund, sich zu verbiegen. Ist vielleicht einfach gesagt, stimmt aber. Niemals! Auch nicht für Lehrer! Auch nicht für Eltern! Niemals und für niemanden.

Bring Struktur in dein Leben. Und in deine Arbeit. Ein Genie durchschaut das Chaos, schon klar, aber wie hoch bitte stehen die Chancen, dass du ein Genie bist? Eher nicht so hoch? Eher mittelprächtig hoch? Dann organisiere dich: Lerne. Leiste. Strebe. Schleime. (Und finde den Fehler in dieser Liste!)

Auf jeden Fall gilt: Nicht alle Lehrer sind mordlüsterne Bestien, die sich bei Vollmond in noch mordlüsternere Bestien verwandeln. Rein biologisch betrachtet sind sie dir sogar recht ähnlich. Für Hass und Abscheu und Ekel gegenüber Lehrern und auch gegenüber ihrem und deinem Arbeitsplatz gibt es somit keinen Grund. Denk dran: Schule ist dein ganz persönlicher Spielplatz. Die Spielgeräte sind alt und rostig und sowieso kaputt, die architektonische Gestaltung ist ein feuchter Furz und die Aufseher sind arme Wichte (wenngleich nicht mordlüstern), die genau wie du so ihre Probleme haben. Leider meistens zu viele davon. Und leider darfst du darunter leiden.

Aber so ist es eben. Lehrer verkacken genauso schön wie du. Einziger Unterschied: Sie tun es definitiv häufiger. Immerhin kann man sich darauf einstellen. Und sie können sich ja auch bessern. Was im Übrigen auch dein Job ist – es besser machen! Schlechter kann jeder Depp.

In diesem Sinne: Pimp your Bildungslevel! (Aus der Reihe: Wie man sich mit coolen Ausdrücken bei jugendlichen Lesern anzubiedern versucht und hofft, dass es nicht auffällt.) Dann wird auch das Leben in einer Irrenanstalt erträglich und du kommst mit etwas Glück, beziehungsweise ganz viel Glück, ohne Zwangsjacke da durch. Obwohl die Dinger echt herrlich warm halten und in guten Klapsen (die etwas teurer, dafür aber gemütlicher sind und nicht ganz so sehr nach Urin riechen) auch noch einen hohen Kuschelfaktor mitbringen.

Viel Spaß dabei!

21. KAPITEL

IM GESPRÄCH: DER SUPERHAMMER-BESTE LEHRER ALLER ZEITEN (ODER SO)

Warum hast du dieses Buch geschrieben?
Es geht um Schule und Lehrer, also bekanntlich um die wichtigsten Themen der Menschheitsgeschichte. Mal im Ernst: Im Leben eines Jugendlichen dreht sich um Schulscheiß so ziemlich alles – allein schon, was die Zeit betrifft, die man damit verbringt, sich mit Schule und Lehrern und allem, was so dazugehört, auseinanderzusetzen. Dass man dabei manchmal die Krise kriegt, ist nachvollziehbar. Dieses Buch soll wenigstens ein bisschen zur Krisenbewältigung beitragen und einem stressgeplagten und verzweifelten Schüler zeigen, dass er oder sie nicht allein ist, dass auch andere Leute mit Schule so ihre Probleme haben.

Noch weitere Gründe?
Mir war langweilig.

Seit wann bist du eigentlich Lehrer?
Seit 2003, ich unterrichte Englisch und Geschichte und Darstellendes Spiel. Ich denke heute noch an meine erste Unterrichtsstunde zurück.

Weil sie so gut war?
Weil ich einfach nur hammermäßig nervös war.

Ist das noch immer so?
Ein bisschen Lampenfieber gehört einfach dazu. Gerade, wenn man eine neue Klasse bekommt. Was sind das für Menschen, mit denen ich es zu tun habe? Wie sind die drauf? Haben sie Interesse am Fach? Und wenn nicht, wie wecke ich dieses Interesse?

Warum ausgerechnet diese Fächer?
Für Mathe war ich zu blöd und für Sport zu fett. Aber im Ernst: Englisch ist einfach eine wunderbare Sprache. Geschichte ist spannend und erklärt die Welt. Und Darstellendes Spiel, also Theater, ist ein Fach, in das ich eher reingerutscht bin – und das ich wirklich zu lieben gelernt habe, weil ich hier Schüler komplett anders erleben kann als im »normalen« Unterricht.

War Lehrer schon immer dein absoluter Traumberuf? Oder bist du da auch so reingerutscht?
Na ja, als Kind wollte ich Pilot werden. Auch professionelles Unterhosenmodel war mal im Angebot. In der 9. Klasse gab es dann ein Praktikum, das ich bei einer Bank machte. Für mich aber zu langweilig, auch weil ich gemerkt habe, dass man das Geld gar nicht mit nach Hause nehmen durfte. Lehrer wollte ich nicht wegen der Ferien und der tollen Bezahlung werden, sondern wirklich in der Hoffnung, vielleicht dem einen oder anderen Menschen helfen zu können, seinen Horizont zu erweitern.

Echt jetzt? Klingt ganz schön kitschig.
Mag sein. Stimmt aber. Und weil ich immer irgendwie wusste, dass ich gar nicht mal so schlecht sein würde.

Bist du also ein perfekter Lehrer?

Weit entfernt davon. Perfektion ist ohnehin zu öde. Ich mag meine Schüler und mache guten Unterricht. Einige Stunden gehen auch mal komplett in die Hose, einige Stunden sind absolut großartig, und einiges ist durchschnittlich. Aber ich liebe meine Arbeit und ich glaube, die Schüler merken das auch. Dass da vorne jemand steht, der da gerne steht und der nicht nur den Schüler, sondern auch den Menschen dahinter sieht.

Gab es Lehrer, die dich inspiriert haben, selbst Lehrer zu werden?
Einige sogar, vor allem aber mein Geschichtslehrer Peter Behrens, meine Kunstlehrerin (ja, kein Scherz) Marita Krützkamp und mein Deutschlehrer Alfons Heuermann. Dass ich dann doch nicht Deutsch, sondern Englisch studiert habe, ist vielleicht komisch, war aber die richtige Entscheidung. Allein schon, weil die Engländer viel mehr Tempusformen haben, mit denen man Schülern herrlich auf die Nerven gehen kann.

Hast du einen guten Draht zu deinen Schülern – trotz der Gemeinheiten der englischen Grammatik?
Zu den meisten. Einige mögen mich. Einige finden mich bestimmt auch eher scheiße. Aber so ist das eben, wenn Menschen aufeinandertreffen. Schüler können mir blind vertrauen, wenn sie es wollen. Ob sie diese Chance nutzen möchten, müssen sie aber selbst entscheiden. Ich bin aber nicht Lehrer geworden, um Beliebtheitspreise zu gewinnen. Wichtig ist, dass mein Unterricht ankommt, dass die Schüler meinen Unterricht mögen, etwas lernen und eine Stunde mit dem Gefühl verlassen, sich in irgendeiner Weise zumindest ein kleines Stückchen weiterentwickelt zu haben. Fachlich oder emotional.

Apropos emotional. Du siehst wahnsinnig toll aus, bist sexy, intelligent und überaus charmant. Schon mal einen Liebesbrief bekommen?
Ja.

So richtig mit Herzchen drauf? Lass mal einige Details raus.
Wie gesagt – im Schüler-Lehrer-Verhältnis geht es um Vertrauen.
Also kann ich dazu nichts weiter sagen.

Lehrer kommen in diesem Buch nicht besonders gut weg. Ist das nicht alles ein bisschen übertrieben?
Mag sein, aber das müssen die Leser selbst entscheiden. Unter meinen eigenen Kollegen jedenfalls gibt es unglaublich tolle und faszinierende Leute, die wirklich für ihren Beruf und ihre Schüler brennen. Das sind Lehrer, die auch für mich jeden Tag wieder als Vorbilder dienen. Diese Leute sind fachlich top, pädagogisch top, überall top. Sie empfinden den Job eben nicht als Beruf, sondern wirklich als Berufung. Davor habe ich großen Respekt.

Aber?
Es gibt eben leider auch die anderen, die Faulpelze und Nichtskönner. Die es übrigens in jedem Beruf gibt. Viele Lehrer sind, glaube ich wenigstens, nur Lehrer geworden, weil sie nichts »Besseres« gefunden haben und sich vielleicht gedacht haben: »So schwer kann das ja alles nicht sein.« Ist es auch nicht – aber es braucht schon ein wenig Talent und die Bereitschaft, nicht nur Dienst nach Vorschrift zu machen. Nachts bis Mitternacht Klausuren zu korrigieren, ist eine verdammt einsame Tätigkeit. Außerdem muss man tatsächlich auch mal mit seiner »Kundschaft« kommunizieren. Um es kurz zu machen: Klar gibt es schlechte Lehrer, viele sogar, es gibt auch sauschlechte Lehrer, und darüber sollte man auch reden dürfen. Der neuseeländische Bildungsforscher John Hattie hat herausgefunden, dass von allen Faktoren, die in der Schule eine Rolle spielen (Klassengröße, Klassenzusammensetzung, Lehrpläne), nur einer von wirklicher Bedeutung ist: das Können des Lehrers!

Das heißt also, wenn Schüler schlechte Leistungen erbringen, ist der Lehrer schuld. Dies müsste dann ja auch für dich gelten. Ober gibt's

bei dir keine schlechten Schüler?
Logisch gibt es die. Und manchmal haben schlechte Leistungen von Schülern auch damit zu tun, dass irgendwie die Harmonie nicht stimmt. Andererseits: Es gibt auch Schüler, die wirklich große Schwierigkeiten haben, Dinge zu verstehen – da nützt auch der beste Lehrer nichts, zumal in einem Klassenraum noch 30 andere Schüler sitzen. Ich kann mich leider nicht um jeden Schüler so kümmern, wie es vielleicht wirklich nötig wäre und wie die Kids es verdient hätten. So gesehen hat Schule also einen Systemfehler.

Einige Schüler haben Lieblingslehrer – hast du auch Lieblingsschüler?
Sollte man vielleicht nicht sagen, aber ja. Doch natürlich hat Sympathie niemals Auswirkungen auf die Bewertung. Auch Antipathie übrigens nicht – ein Pädagoge, der so handelt, hat an einer Schule nichts zu suchen.

Bist du eher der harte oder der weiche Typ?
Insgesamt wohl eher der härtere. Ich mag Weicheierei nicht. Ich stehe auf klare Ansagen – mit denen die meisten Schüler hervorragend zurechtkommen. Schüler wollen Lehrer, die sich durchsetzen können. Ein wenig Diktatur im Unterricht ist also nicht schlecht und den Schülern lieber als »Wir stimmen jetzt mal drüber ab, was wir als Nächstes machen wollen«.

Schon mal mit anderen Lehrern aneinandergeraten?
Logisch. Lehrer sind schließlich auch nur Menschen, und Menschen geraten eben hin und wieder in Konfliktsituationen. Da darf man sich schon mal anschreien, wenn es nötig ist. Wobei man natürlich immer zuerst auf »rationaler« Ebene miteinander diskutieren sollte.

Und mit Eltern?
Meine eigenen Eltern sind prima, danke der Nachfrage. Die meisten Eltern der meisten Schüler, die ich kennengelernt habe, ebenfalls.

Und einige sind eben, nun ja, etwas schwergängig.

Auch schon mal Schüler angeschrien?
Aber sicher.

Warum?
Weil ich's kann.

Um zum Ende zu kommen – warum sollte man dieses Buch lesen?
Weil ich Geld brauche. Ach ja, und weil es einfach ein verdammt gutes Buch ist. Ein sagenhaft gutes Buch sogar! Aber ich hatte ja auch viel Zeit dafür: Lehrer haben schließlich nur einen Halbtagsjob … und die Behauptung, dass wir locker 50 Stunden oder mehr pro Woche arbeiten, ist natürlich an den Haaren herbeigezogen …

Jetzt mal im Ernst …
Na gut. Also, man sollte dieses Buch lesen, weil es das System Schule ganz gut beschreibt und auch für Schüler, die den Laden als Insassen schon ziemlich gut kennen, jede Menge Zusatzinfos bietet. Außerdem gibt es Tipps und Anregungen und Hilfen zu allen möglichen wichtigen und unwichtigen Themen. Und Spaß machen soll es natürlich auch noch.

Was wünschst du dir in der Zukunft von deinen Schülern?
Dass sie mir Urlaubspostkarten schicken, meinen Rasen mähen, mein Auto waschen und mir Muffins backen – jeden Tag. Ich finde, das ist eine absolute Selbstverständlichkeit. Und dass sie Schule nicht nur als Terroranstalt betrachten und dem Wissenserwerb nicht mit dauernder Ablehnung gegenüberstehen. Francis Bacon hat mal gesagt: »Wissen ist Macht.« – Damit lag er richtig.

Und von deinen Kollegen oder Lehrern ganz allgemein?
Dass sie anfangen zu brennen und jeden Tag ihr Bestes geben.

Und von den Eltern deiner Schüler?

Dass sie ihre Kinder, egal, wie gut oder beschissen deren schulische Leistungen sind, trotzdem als Menschen wahrnehmen, und zwar immer, mit allen Schwächen und Fehlern, und dass sie diese Schwächen und Fehler auch den Lehrern ihrer Kinder zugestehen.

Und was wünschst du dir für dich selbst?

Dass die Freude am Unterricht und der Spaß am Umgang mit Kindern und Jugendlichen nicht aufhören. Wird aber nicht passieren, da bin ich mir sicher. Einen reizvolleren Beruf als meinen kann ich mir zumindest für mich nicht vorstellen. Vielleicht noch Schriftsteller …

Unterhosenmodel scheidet also aus?

Na ja, wäre zumindest eine nette Nebentätigkeit für die Ferien.

STEPHAN BORCHERS, geboren 1977, ist seit tausend Jahren Lehrer für Englisch, Geschichte und Darstellendes Spiel an einem Gymnasium in Emden und liebt seine Arbeit immer noch. Seine Schüler auch. Meistens jedenfalls. Grund genug, ein Buch darüber zu schreiben. Lehrer haben schließlich Zeit genug. Nach zwei Jugendromanen ist dies sein zweites Ratgeberwerk, das sich speziell an Teenager richtet.

Stephan Borchers
LEHRER ZÄHMEN LEICHT GEMACHT
Wie du es schaffst, im sympathischsten Irrenhaus der Welt zu überleben
Mit Illustrationen von Jana Moskito

ISBN 978-3-86265-497-0
© Schwarzkopf & Schwarzkopf Verlag GmbH, Berlin 2016
Alle Rechte vorbehalten. Dieses Werk ist urheberrechtlich geschützt. Jede Verwendung, die über den Rahmen des Zitatrechtes bei korrekter und vollständiger Quellenangabe hinausgeht, ist honorarpflichtig und bedarf der schriftlichen Genehmigung des Verlages. | Autorenfoto: © Moritz Thau | Illustrationen: © Jana Moskito | Coverfotos: © Maksim Shmeljov/depositphotos.de; © nilswey/depositphotos.de; © ljsphotography/depositphotos.de

KATALOG
Wir senden Ihnen gern kostenlos unseren Katalog.
Schwarzkopf & Schwarzkopf Verlag GmbH
Kastanienallee 32, 10435 Berlin
Telefon: 030 – 44 33 63 00
Fax: 030 – 44 33 63 044

INTERNET | E-MAIL
www.schwarzkopf-schwarzkopf.de
info@schwarzkopf-schwarzkopf.de